기회의
심리학

WHAT ARE THE CHANCES?

기회의 심리학

WHAT ARE THE CHANCES?

사소한 우연도
놓치지 않는
기회 감지력

바버라 블래츨리

권춘오 옮김

인터레스

기회는
오직 **준비된 마음**만을
선호한다.

루이 파스퇴르

:: 차례 ::

1

운이란
무엇인가

행운은 우연이 아니다—
힘들게 일한 것
포르투나 여신의 값비싼 미소는
애써서 얻은 것—
광산에서 일하는 아버지
낡고 철 지난 동전
우리가 무시했던—

에밀리 디킨슨

행운의 바다, 불운의 바다

이 책은 '운(運, luck)'에 관해 이야기한다. 우연한 '기회(chance)'는 '운'과 밀접한 관련이 있기 때문이다. 우리는 개인적으로 모두 운이 무엇을 뜻하는지 알고 있지만, "한 사람의 천장은 다른 사람의 바닥"이라는 말처럼 각자의 관점에 따라 다를 수 있다. 여러분에게 행운인 것은 여러분 옆 사람에게는 완전히 다른 무엇일 수도 있다.

질문으로 시작해보자. '운'이란 정확히 무엇일까? 앞의 시에서 에밀리 디킨슨(Emily Dickinson)이 묘사한 수고의 대가일까, 아니면 정말로 우연한 기회가 인생 대반전을 가져다주는 것일까? 그리고 '행운(幸運, good luck)'과 '불운(不運, bad luck)'이 동시에 올 수 있을까? 아마도 이 이야기에서 그 답을 찾을 수 있을 것이다. 여기 새라 케선스(Sarah

기회의 심리학

Kessans)와 에밀리 콜(Emily Kohl)에게 무슨 일이 일어났는지 살펴보도록 하자.

때는 2005년, 이 두 젊은 여성은 세계에서 가장 위험한 조정 경기로 알려진 '우드베일 대서양 횡단 조정 경주 대회(Woodvale Events Transatlantic Rowing Race)'에 참가했다. 대회 이름에서 알 수 있듯이 보트를 타고 노를 저어 무려 대서양을 건너는 경기였다. 새라 케선스는 그때의 모험에 대해서 알고 싶다는 내 인터뷰 요청에 흔쾌히 응해 줬다. 내가 그녀에게 던진 첫 번째 질문은 이것이었다.

"7미터 남짓 되는 작은 배로 드넓은 대서양을 횡단하겠다고 결심한 이유는 무엇인가요?"

그녀의 대답은 매우 솔직했다.

퍼듀대학교 1학년 때였어요. 워배시(Wabash) 강에서 처음으로 이 노 젓는 스포츠에 흠뻑 빠지게 됐죠. 방학 때 런던으로 여행 갔다가 돌아오는 길에 비행기에서 읽을거리를 찾겠다고 옥스퍼드 거리에 있는 한 서점에 들렀어요. 거기에서 데브라 빌(Debra Veal)의 《나 홀로 조정(Rowing It Alone)》을 집어 들었는데, 시카고 공항에 도착할 때까지 거의 다 읽었죠. 그때 이미 넘어간 거예요. 바다 조정이 내 모든 게 된 거죠. 바다를 내 힘으로 노 저어서 가겠다는 생각이 내 모든 모험심을 사로잡았어요. 게다가 다행스럽게도 퍼듀 조정팀에는 나만큼이나 미친 사람이 또 있더라고

요. 에밀리 콜 말이에요!¹

그 조정 경주는 아프리카 연안 카나리아 제도(Canary Islands)에서 출발해 약 4,800킬로미터에 떨어진 과테말라 안티과(Antigua)에서 끝나는 코스였다. 그 사이에는 그저 광활한 바다만 펼쳐져 있을 뿐이었다. 두 사람은 '더블(double)' 부문 대서양 횡단 여자 세계 신기록을 깨고 싶었다.² '더블'이란 선미에는 한 번에 한 사람만 들어갈 수 있는 비좁은 선실이 있고 뱃머리에는 그보다 더 작은 사물함 공간이 있는 작은 2인승 보트를 말했다. 노는 두 개인데, 한 사람이 양팔로 노를 젓는 동안 다른 사람은 쉬거나 쪽잠을 자야 했다. 그렇게 교대하면서 쉬지 않고 노를 저어 바다를 건너는 경기였다.

새라와 에밀리는 자신들이 탑승할 길이 7.5미터 너비 1.8미터 보트에 '아메리칸 파이어(American Fire)'라는 이름을 붙였고, 대회를 본격적으로 준비하기 위해 2005년 봄에서 여름까지 그야말로 미친 듯이 훈련했다. 두 사람 모두 퍼듀대학교 조정팀에서 활동했기에 장거리 조정 경험이 많았다. 하지만 퍼듀대학교 스포츠팀 '퍼듀 보일러메이커스(Purdue Boilermakers)'의 근거지 인디애나 웨스트라피엣(West Lafayette) 캠퍼스는 옥수수와 콩이 물결치는 바다로 둘러싸여 있을 뿐 탁 트인 '진짜 바다'라고 부를 만한 곳은 없었다.

실제 바다에서의 훈련이 필수임을 잘 알고 있던 두 사람은 2005년

기회의 심리학

여름 아메리칸 파이어를 플로리다(Florida)로 옮겼다. 대서양 해안을 따라 이어진 연안 내수로를 이용하기 위해서였다. 새라와 에밀리는 포트로더데일(Fort Lauderdale)과 마이애미(Miami) 사이를 오가며 하루에 95킬로미터 이상의 거리를 노 저어 갈 수 있는 체력을 쌓았다. 그래야만 신기록 수립을 기대할 수 있었다.

그러나 대회 날짜가 다가올수록 불길한 기운이 감돌았다. 이 대회는 대서양 허리케인 시즌이 끝나는 시점을 고려해 2005년 11월 27일에 시작하기로 예정돼 있었다. 하지만 공교롭게도 2005년은 기상 역사상 가장 많은 허리케인이 발생한 해였다. 전무후무한 피해를 가져온 '카트리나(Katrina)'를 비롯해 너무 많은 허리케인이 출몰함에 따라 준비한 알파벳 공식 명칭을 모두 사용했고, 시즌 마지막 여섯 개의 허리케인에는 그리스 문자 이름까지 동원해야 했다.

대회는 예정일보다 사흘 늦은 11월 30일에 개최됐다. 참가 팀과 선수들은 카나리아 제도 라고메라(La Gomera)를 출발해 안티과로 향했다. 바다는 잠잠하지 않았다. 이들은 시작부터 거센 바람과 높은 파도에 직면했다. 빠르게 형성된 허리케인 '엡실론(E, Epsilon)'은 바다를 휘저으면서 동쪽으로 이동 중이었다.[3] 예전 같았으면 항해에 도움이 될 무역풍이 불었겠지만, 엡실론 때문에 강한 서풍이 맞바람으로 불어왔다. 선수들은 노 젓기를 멈추고 보트가 서풍에 밀리지 않도록 '시앵커(sea anchor)'를 던져야 했다. 시앵커는 풍랑으로 보트가 전복되는 불상사를 막고자 물을 채워 뱃머리 아래로 내리는 닻 대용의 원뿔 모양 가방이다. 시간이 흘러 다시 서쪽으로 나아갈 수 있게 됐을 때는 열대성 폭풍 '제타(Z, Zeta)'의 남쪽 가장자리를 통과하는 상황이 벌어져 훨씬 더 위험해졌다.

한 달 반 동안 바다와 사투를 벌이며 쉬지 않고 노를 저어 이듬해 1월 15일이 됐다. 그렇지만 상황은 더욱 나빠져 아메리칸 파이어의 두 여성은 또 한 번 시앵커를 내려야 했다. 보트 조종 장치 몇 군데가 끊어져 있었고, 다시 이으려면 잔잔한 파도가 필요했지만, 몰아치는 비바람에 새라와 에밀리는 비좁은 선실로 몸을 피할 수밖에 없었다. 1인용인 공간에 두 사람이 들어가니 금세 숨 쉴 공기가 부족해졌다. 그들은 통풍구가 선체 외부의 물이 들어오지 않도록 설계됐으리라고 확신하면서 자동 환기 시스템을 수동으로 바꿔서 내부 캡을 열었다.

오후 2시 30분경, 새라가 두 대의 경주 지원선 중 가장 가까이 있던 '오로라(Aurora)'에 라디오 주파수로 통신을 시도했다. 오로라는 아메리칸 파이어에서 480킬로미터나 떨어진 곳에 있었으나, 965킬로미터 뒤에 있던 '술라(Sula)'보다는 가까웠다. 다행히 통신은 연결됐지만, 그들이 당장 해줄 수 있는 일은 없었다. 시앵커를 내리고 기상 악화에 조심하라는 조언뿐이었다. 그도 그럴 것이 오로라는 그날 아침 전복된 다른 배를 구조하는 데 온 힘을 쏟고 있었다.

오후 4시 30분경, 이번에는 에밀리가 오로라와 다시 통신하려고 무

기회의 심리학

전기를 손에 쥐었다. 그 순간 바라지 않던 최악의 일이 벌어졌다. 엄청난 악성 기형 파도가 아메리칸 파이어의 좌현을 강타하면서 보트가 완전히 뒤집혔다. 바닷물이 통풍구를 통해 선실로 들이닥쳤다.

눈 깜짝할 사이 두 사람은 목숨이 위태로운 상황에 빠지고 말았다. 순식간에 물이 선실을 가득 채웠다. 대서양 한가운데서, 한겨울에, 끔찍한 폭풍우 속에서 뒤집힌 배를 돌려놓을 방법은 없었다. 가라앉지 않은 게 그나마 다행이었다. 새라가 재빨리 먼저 선실을 빠져나와 구명 뗏목을 확인했다. 그러나 그 자리에는 끊어진 줄만 보였고, 반쯤 펼쳐진 구명 뗏목이 도와달라는 듯 파도 사이를 표류했다. 그 옆으로 구명 뗏목에 실려 있던 생존 장비도 덩달아 출렁거렸다. 뒤이어 선실을 탈출한 에밀리도 금세 상황을 파악했다.

새라와 에밀리는 구명 뗏목을 찾을 수 있기를 바라면서 뒤집힌 보트 바닥 위로 올라갔다. 어느새 구명 뗏목과 생존 장비는 파도 너머로 사라져 보이지 않았다. 운이 없었다. 두 사람은 간신히 정신을 가다듬고 몸을 배에 묶었다. 천만다행으로 그들에게는 새라가 선실을 뛰쳐나오면서 본능적으로 움켜쥔 방수 침낭과 비상용 조난 신호기 EPIRB가 있었다. 새라와 에밀리는 EPIRB를 꼭 쥔 채 구조를 기다리며 애써 웃고 농담하고 노래를 부르면서 서로 사기를 북돋고 희망을 높였다.

"마음을 다잡을 수 있다면 어떤 것이든, 절망적인 상황 말고 다른 데 신경을 쏟을 수 있다면 무엇이든 해야 했어요."[4]

그렇게 16시간이 흘렀을 무렵 카나리아 제도에서 안티과로 항해하던 대형 선박 '스타브로스 S. 니아르코스(Stavros S. Niarchos)'가 두 사람 시야에 들어왔다. 언제 그랬냐는 듯 파도는 잠잠해졌고 푸른 하늘이 드러나 있었다. 사고가 일어났을 때 스타브로스 S. 니아르코스는 약 160킬로미터 떨어진 곳에 있었는데, EPIRB의 긴급 신호를 받은 해안경비대로부터 이들을 찾아 구조하라는 요청을 받은 것이었다. 무사히 안티과에 도착한 새라는 이후 〈피플(People)〉과 인터뷰에서 자신과 에밀리가 엄청나게 운이 좋았다고 인정했다.[5] 아마 여러분도 그녀의 말에 동의할 것이다. 식량도 무엇도 아무것도 없이 수평선만 보이는 바다 한가운데서, EPIRB마저 없었다면? 생각만 해도 악몽이다.

다친 데 없이 구조돼 살아남는 것만으로도 두 사람에게는 어마어마한 행운이 따른 것이다. 그런데 새라는 2005년 경주 대회 당시 자신들의 운과 관련해 이렇게 설명했다.

돌이켜보면 아메리칸 파이어가 전복될 때까지 좋은 기회이든지 나쁜 우연이든지 결국 그 결과로 이어지게 된 변수가 많았어요. 철저한 준비와 무작위적인 기회가 있었죠. 둘 다 최종 결과에 핵심 역할을 한 셈이에요. 자연에서 일어날 수 있는 모든 상황에 대비하기란 어려운 일이죠. 그래도 할 수 있는 게 있었어요. 우리가 안 한 거죠. 그런 비정상적인 큰 파도가 칠 것을 제대로 인지했다면 환기 시스템을 마음대로 바꾸지 않았을

기회의 심리학

거예요. 그러면 애초 설계대로 내부 캡이 물을 막았겠죠. 정말 그 정도로 폭풍우가 거셀 수 있다는 걸 알았으면 구명 뗏목이 견고한 상태인지 확인했을 테고 생존 장비도 더 안전한 곳에 옮겨놨겠죠. 허리케인 시즌이 1월 중순까지 이어질 수 있다는 사실을 허투루 여기지 않았더라면 대회 참가를 취소했을지도 몰라요. 목숨은 소중하니까요. 그런데 그러지 않았죠. 하지만 우리가 막지 못한 불운만큼 운이 좋았다는 건 분명해요. 아메리칸 파이어가 침몰하지 않은 것도 그렇고, 카리브해로 향하던 큰 배에 구조된 것도 그래요. 다른 선수들은 지원선이나 화물선을 타고 갔는데, 함께 구조된 사람들이 많아서 붐비고 재미도 없었을 테니까요.[6]

나는 그녀의 놀라운 이야기를 읽고 나서 이들에게 내린 행운이 어느 정도인지 생각해봤다. 보트를 순식간에 전복시킨 이른바 '로그 웨이브(rogue wave)'라는 비정상적이고 무시무시한 파도부터 살펴보자. 미국 국립해양대기국은 7미터 높이 파도는 대양에서 폭풍우가 몰아칠 때 상당히 흔하게 발생하며, 극단적인 상황에서는 높이 15미터도 관측된다고 설명한다.[7] 아메리칸 파이어의 길이와 같은 7.5미터 파도가 얼마든지 몰아칠 수 있다는 뜻이다. 로그 웨이브는 비정상적으로 거대해 마치 물의 벽처럼 보인단다. 일설에 따르면 10층 건물 높이도 있었다. 이 기형 파도는 경고도 없이 나타나 일반적인 파도 방향과 반대로 움직인다. 아메리칸 파이어가 이런 괴물 파도에 공격당한 것은 참으로 불운이었다. 설상가상으로 생존 장비가 실린 구명 뗏목도 그 여파로 휩쓸려 떠내려갔다.

그나마 다행이라면 두 사람이 선실을 빠져나오기 EPIRB를 챙길 수 있었던 것은 행운이었고, 새라가 말했듯이 그들의 아메리칸 파이어가 선실에 물로 가득 찼는데도 가라앉지 않은 것 또한 행운이었다. 나아가 그들의 보트가 '싱글(single)'이 아닌 '더블'이어서 재난이 닥쳤을 때 서로 의지할 수 있었던 것도 행운이었다. 희망을 품고 구조되기를 기다리는 시간 동안 서로의 기운을 북돋을 수 있었던 것 역시 행운이 아닐 수 없었다.

하지만 두 사람 모험 이야기의 다른 부분은 우리가 일반적으로 생각하는 '행운 대 불운'의 이분법에 그리 깔끔하게 들어맞지 않는다. 침수를 방지하는 자동 환기 시스템은 행운이고, 통풍구 내부 캡을 수동으로 열어 선실에 물이 들이닥친 것은 불운일까? 로그 웨이브에 얻어맞기 전 두 사람이 선실에 있었던 것은 행운이고, 1인용으로 설계된 선실에 두 사람이 들어가 무게중심을 잃게 한 것은 불운일까? 같은 조건과 상황이 행운과 불운을 동시에 불러일으키는 걸까? 대체 운이란 무엇일까?

우리는 저마다 운이 무엇이고 어떻게 작용하는지 나름의 믿음을 갖고 있다. 운을 연구하는 학자들에게 행운은 어떤 결과가 개인의 능력과 노력에서 비롯한 것이 아닌 듯 보일 때 그 성공이나 실패를 설명하

기회의 심리학

는 데 사용하는 인과의 범주다. 우리는 어떤 일이 발생했는지 평가할 때 그 결과의 원인을 알아내고자 가능한 모든 정보를 이용한다. 기억을 통해 이전 경험을 참조하고, 감각 시스템이 우리에게 일어나고 있다고 말하는 정보를 활용한다. 우리의 꿈과 욕망, 어떤 일이 일어나야 하는지에 대한 우리의 기대, 그 기대대로 상황이 진행되기를 진심으로 바라면서 무심코 한 행동 과정도 되돌아본다. 우리는 이 모든 정보를 우리가 타고난 장치에 입력해 무슨 일이 일어났는지 파악하고 그 원인을 판단한다.

우리는 우리에게 일어난 일 대부분이 우리 자신의 노력 또는 노력 부족에 의한 결과이며, 우리가 했거나 하지 않은 무언가가 그 결과의 근본적 원인이라는 사실을 알고 있다. 그에 반해 노력이 전혀 효과가 없던 것처럼 보일 때, 즉 어떤 결과가 우리의 통제 범위 밖에서 발생했을 때 우리는 그것을 '운'이라고 말한다. 아메리칸 파이어를 전복시킨 로드 웨이브는 새라와 에밀리가 통제할 수 없었고, 두 사람의 준비나 노력과는 완전히 독립적이었다. 이메일 인터뷰에서 새라는 자신과 에밀리의 아메리칸 파이어 팀이 다른 어떤 팀보다 준비가 더 잘돼 있다 믿었다고 말했다. 그러나 자신들이 2년 동안 그렇게 열심히 훈련하고 준비했는데도 소용없었다고 토로했다.

"바다는 우리가 얼마나 준비돼 있는지 따위는 전혀 신경 쓰지 않아요."[8]

두 사람은 앞으로 일어날지 모를 모든 사건을 일일이 통제할 수 없었다. 그들이 얼마나 열심히 얼마나 오랫동안 준비했는지와 상관없이 그런 사건은 통제할 수 없었을 것이다. 그 잔혹한 파도는 그저 명백한 불운일 뿐이었다.

운과 무작위성

《옥스퍼드 영어사전(Oxford English Dictionary)》에 따르면 영어 단어 'luck(럭)'은 '행복'을 뜻하는 중세 독일어 단어 'gelucke(겔뤼케)'에서 파생했다.[9] 이 단어는 처음에 도박사들이 사용하다가 결국 '운' 또는 '행운'을 의미하는 일반적인 용도로 쓰이게 됐다. 《옥스퍼드 영어사전》은 '운'을 이렇게 정의하고 있다. 첫째는 "개인의 이익에 유리하거나 불리한 사건이 우연히 일어나는 것"이다. 둘째는 "행복, 성공, 번영, 이익 등을 노력이나 의지의 결과가 아닌 우연한 기회로 얻는 것"이다.

첫 번째 정의에서 '우연'은 그야말로 '예기치 않은', '뜻밖의' 일을 말한다. 따라서 '우연한 운'이라는 표현은 중복이다. '운'은 이미 그 정의 속에 '우연'을 포함한다.

두 번째 정의는 '운'을 '기회'라는 개념으로 확장하고 있다. '운'은 우리의 통제 밖에 있으며, 우리의 노력이나 우리가 그것을 얻을 자격이 있는지와 연결되지 않는다. 행운의 사건들은 무작위적이다. 우리가 그것을 위해 준비했거나, 훈련했거나, 우리에게 일어나기를 바랐건 간에 상관없이 '기회'로 나타난다. 하지만 이 무작위적인 사건들을 생각할 때 우리 대부분은 문제에 직면한다.

과학적 관점에서 '무작위성(無作爲性, randomness)'은 말 그대로 예측할 수 없는 것을 의미한다. 예컨대 수학자라면 '임의의 숫자'를 "다음번에 뽑힐 확률이 동일한", "이미 뽑힌 숫자를 근거로 예측하는 것이 불가능한" 일련의 숫자라고 설명할 것이다.[10] 무작위성의 수학적 정의에서 '무작위인 것'은 결과가 아닌 선택의 '과정'이라는 생각에 크게 의존한다. 하나의 무작위 사건은 다른 사건과 똑같이 보일 수 있지만, 선택 '과정'도 무작위라면 결과는 유의미하지 않다.

인간은 무작위가 어떤 모습인지에 대해 비슷한 생각을 하고 있으며, 과정보다 결과에 초점을 맞추는 경향이 있다. 이런 경향이 우리를 곤경에 빠뜨릴 수 있다. 내가 동전을 열 번 던져서 뒷면이 세 번 나오고 앞면이 일곱 번 나왔다고 가정해보자. 내 동전에 문제가 있을까? 결과만 놓고 보면 내 동전은 앞면에 편향돼 있다고 생각할 수 있다. 그렇지만 나는 '공정하게' 동전을 던졌고 앞면이 더 나왔다. 핵심은 내 동전에 문제가 없다는 사실이다(나는 내 오른손을 활짝 펼쳐 보여준 뒤 동전통에서

기회의 심리학

동전 한 개를 꺼내 열 번 연속으로 던졌다). 우연한 기회로 내 동전은 뒷면보다 앞면이 더 자주 나온 것이다.

"잠깐만요!"

여러분은 이렇게 반문할 수 있다.

"확률의 법칙에 따르면 동전을 던질 때마다 앞면이 나올 확률과 뒷면이 나올 확률은 '50 대 50'으로 같습니다. 열 번 던지면 앞면도 다섯 번 뒷면도 다섯 번 나와야 한다는 뜻 아닙니까?"

바로 이 부분에서 통계학 입문 수업 때 많은 학생이 고개를 갸우뚱하는 문제가 있다. 그렇긴 하다. 확률의 법칙대로라면 절반은 앞면이 나오고 절반은 뒷면이 나와야 한다. 그런데 어디까지나 '장기적으로' 그렇다. 모든 확률은 이 '장기적으로'가 얼마나 오랫동안 지속하는지에 달려 있다. 문제는 확률 이론에서 '장기'는 사실상 '무한대'에 가깝다는 데 있다.

이번에는 똑같이 동전을 열 번 던졌는데 열 번 모두 앞면이 나왔다고 가정해보자. 연속 열 번 앞면이 정말로 무작위일 수 있을까? 우리의 기대를 완전히 저버린 결과다. 전혀 무작위로 보이지 않기 때문이다. 그렇더라도 이는 동전 던지기에서 얼마든지 가능하고 완전히 무작위인 결과다. 동전을 던질 때마다 앞면이나 뒷면이 나올 확률은 '50 대 50'으로 같다. 다만 동전을 다시 던질 때마다 이 확률은 '50 대 50'으로 재설정된다. 우리의 세상은 이 동전 던지기 과정에서 "이런, 연속으로 앞면만 나왔으니 다음번은 뒷면이 틀림없어요"라고 말하지 않는다. 무작위는 실제로도 연이어 발생할 수 있고 한꺼번에 나타날 수도 있다. 무작위 사건은 패턴을 형성하지 않는다고 말하고 싶어 하는 쪽은 우리 인간이다. 그리고 실제로 그렇게 되면 더는 무작위가 아니라고 이야기한다.

무작위에 대한 인간의 인식은 믿을 수 없을 정도로 주관적이다. 우리 눈앞에 놓여 있어도 이를 인식하지 못할뿐더러 무작위적인 일련의 사건을 찾는 데도 능숙하지 않다.[11] 《춤추는 술고래의 수학 이야기(The Drunkard's Walk)》에서 수학자이자 물리학자 레오나르드 플로디노프(Leonard Mlodinow)가 "무작위성이 우리 삶을 지배한다"고 표현한 것처럼 무작위는 놀라운 일을 한다.

"인식하려면 상상력이 필요하다. 왜냐하면 사람들이 살면서 접하는 데이터는 완전하지 않고 늘 모호하기 때문이다."[12]

인간의 감각 시스템은 세상에서 의미 있는 것들은 극대화하고 관련 없는 것들은 무시하도록 만들어졌기 때문에 우리는 상상력에 의지할 수밖에 없다. 상상력은 우리가 의미 있는 것들을 인식해야 할 때 발동한다. 우리의 감각 시스템은 카메라나 녹음기 이상의 능력이 있다. 카메라는 렌즈에 투과되는 빛을 필름이나 이미지 센서에 기록만 하지만, 인간의 감각 시스템은 세상을 보고 들을 뿐만 아니라 그 정보를 해석한다. 어떤 카메라도 이렇게 할 수 없다. 그런데 카메라나 녹음기와 달

기회의 심리학

리 인간의 감각 시스템은 우리가 접하는 '모든' 데이터를 기록하지는 않는다. 들어오는 데이터 대부분은 중앙 처리 장치인 '뇌'에 도달하기 전에 손실되며, 우리는 그 공백을 상상력을 사용해 채운다.

좋은 일이 연달아 일어나면 우리는 그런 좋은 일은 자주 일어나지도 않을뿐더러 같은 사람에게 계속해서 일어나지도 않는다고 생각하는 경향이 있다. 우리 대부분은 세상이 그런 식으로 작동한다고 믿지 않는다. 그것이 세상에 대한 우리의 이해에 커다란 차이를 낳는다. 그 공백을 메우려고 우리는 무작위 사건에서 일종의 패턴을 만든다. 그리고 그 패턴이 나타나는 이유가 있다고 생각한다. 어떤 무작위적인 기회가 그런 사건들을 결정하는 게 아니라면, 그것은 우리가 '운'이라고 부르는 것임이 틀림없다.

도박사의 오류와
와이모토의 반딧불이

《옥스퍼드 영어사전》은 '무작위'를 "이해할 수 있는 패턴이나 조합 또는 질서가 없는 것"이라고 정의한다. 우리 대부분이 생각하는 '무작위' 개념도 이 정의와 다르지 않다. 질서나 패턴이 없는 것이 '무작위'라고 여긴다. 그래서 정말로 무작위적인 것에서는 패턴을 발견할 수 없다고 주장한다.

그런데도 무작위에서 패턴과 질서를 찾으려는 인간의 성향은 여러 사례에서 드러난다. 확률의 법칙에 대한 전형적인 오해 사례로 가장 유명한 '도박사의 오류(Gambler's Fallacy)' 또는 '몬테카를로 오류(Monte Carlo Fallacy)'를 생각해보자. 1913년 8월 18일, 모나코 몬테카를로에 있는 카지노(제임스 본드가 마티니를 젓지 않고 흔들며 악당들과 도박을 즐긴 그곳)의 한 룰렛 게임에서 무려 스물여섯 번이나 연속으로 구슬이 '검은색'에 떨어지는 일이 벌어졌다. 구슬이 열다섯 번 계속해서 검은색으로 떨어지자 룰렛 게임 테이블은 술렁이기 시작했고, 스무 번째에도 검은색에서 멈추자 수많은 게이머가 몰려와 이제는 '붉은색'에 구슬이 떨어질 차례라며 큰돈을 걸었다. 이들은 벌써 스무 번이나 '검은색'이 나왔으니 다음 판에 '검은색'이 나올 확률은 천문학적으로 낮으리라 확신했다. 구슬이 기대를 저버리고 스물한 번째에도 '검은색'으로 떨어졌지만, 게이머들은 확률이 '더 낮아진다고' 굳게 믿은 채 '붉은색'에 베팅했다. 게임은 계속 이어졌고, 결국 스물일곱 번째에 가서야 비로소 '붉은색'에서 멈췄다. 그러나 그때는 이미 대다수 게이머가 판돈을 탕진한 상태였다. 최후의 승자는 수백만 달러를 벌어들인 카지노뿐이었다.

이 사건은 무작위에서 패턴처럼 보이는 일이 발생한 실제 사례다. 구슬은 스물여섯 바퀴를 무작위로 돌았고, 스물여섯 번 연속 '검은색'으로 떨어졌다. 카지노 도박사들은 이 '연속된 결과'가 단순한 무작위가 아니라 '운'이 만들어낸 패턴이라고 판단했고, 그 '운'은 다음 판에서 끝난다는 데 스스로 내기를 걸면서 그 '운'이 만든 패턴을 역이용하려고 했다. 하지만 룰렛 게임에서 작동한 것은 '무작위'가 우연히 형성한 똑같은 '기회'의 패턴이었다. 도박사들은 이 패턴이 '무작위'와는 아무런 관련이 없고 전적으로 '운'이 좋은 것과만 관련이 있다고 생각했다.

진화생물학자 스티븐 제이 굴드(Stephen Jay Gould)는 무작위성에 직면할 때 인간이라서 느끼는 혼란의 또 다른 예를 설명했다.[13] 이 사례는 뉴질랜드 와이토모(Waitomo) 동굴에서 발견된 독특한 곤충과 관련이 있다. 동굴이면 으레 그렇듯 어둡고 축축한 이 동굴은 우리가 일반적으로 '반딧불이(glowworm)'라고 부르는 곤충에게 완벽한 서식처다. 그런데 사람들이 반딧불이라고 믿는 와이토모 동굴의 그것은 사실 곤충이 아니다. 정확히는 '버섯파리(fungus gnat)'의 구더기다. 구더기도 유충이니 곤충처럼 보이고 빛이 나기도 하니까 통칭해서 '반딧불이'라고 부르는 것이다. 어쨌든 이 유충의 몸 뒤쪽 끝에는 청록색 빛을 내는 일종의 꼬리등(taillight)이 있다. 육식성이어서 다른 벌레를 먹는다. 아마도 근처에 있는 모든 것, 심지어 같은 버섯파리 구더기도 먹을 것이다. 이 유충은 먹이를 사냥할 때 끈끈한 올가미를 내뿜은 뒤 어두운 동굴에서 다른 벌레가 빛에 이끌려 다가오기를 기다린다. 그렇게 먹잇감이 올가미에 꼼짝없이 걸려들면 유충은 저녁 만찬을 즐긴다.

와이토모 동굴을 방문한다면 여러분은 보트를 타고 동굴 물길을 통과하면서 수천 마리 '반딧불이(버섯파리 구더기)'가 동굴 벽 어둠을 빛으로 수놓는 놀라운 광경을 감상할 수 있다. 그 모습이 마치 밤하늘에 무작위로 흩뿌려진 별처럼 보인다. 하지만 밤하늘의 별자리 패턴과 확률의 법칙에 익숙한 스티븐 제이 굴드에게는 예외였다. 그는 이곳을 방문했을 때 불빛 배열이 전혀 무작위로 보이지 않는다는 사실에 충격을

기회의 심리학

받았다. 그는 불빛을 바라보면서 그가 '억제 영역(zones of inhibition)'이라고 표현한 공간을 발견했다. 반딧불이 불빛 뒤쪽을 둘러싼 빈 곳이었다.[14] 이 억제 영역이 불빛을 고르게 분산시켜 무작위적으로 보이도록 하고 있었다. 그렇지만 무작위로 형성된 배열에는 덩어리나 글자나 소용돌이처럼 보이는 패턴이 있어야 한다. 밤하늘의 별을 올려다보면 분명히 무작위로 배열된 것이지만 패턴이 보인다. 언제나 이 패턴이 일관되게 보이므로 '오리온자리', '천칭자리', '쌍둥이자리' 같은 별자리 이름을 부여한 것이다. 반면 반딧불이 불빛은 전혀 그렇게 보이지 않았다.

굴드는 반딧불이가 동굴 벽과 천장을 가로질러 무작위로 배열하지 않은 데는 타당한 이유가 있으리라고 유추했다. 그리고 그 이유가 이들의 사냥 행동과 관련이 있다는 사실을 알아냈다. 근처 같은 유충에게 서로 잡아먹히지 않으려면 각각의 유충은 사냥터를 무작위로 배치해서는 안 된다. 동족의 저녁 만찬이 되지 않기 위해서는 사냥터가 겹치지 않도록 거리를 둬야 한다. 물리학자 에드워드 퍼셀(Edward Purcell)은 굴드가 이론화하려는 내용을 입증하고자 컴퓨터 시뮬레이션 프로그램을 고안했다. 〈그림 1.1〉은 그가 이 시뮬레이션을 통해 만든 두 가지 종류의 점 배열이다. 각각의 점은 반딧불이의 불빛이다. 왼쪽 배열은 난수 생성기를 사용해 점의 위치를 지정했다. 오른쪽 배열의 경우 난수 생성기에 규칙을 추가해 나온 결과로, 완전한 무작위가 아니다. 생성된 점 주변 공간이 빈 경우에만 난수 생성기가 출력한 위치에 점

그림 1.1 | 밤하늘의 별과 같은 무작위 배열(왼쪽)과 반딧불이가 형성한 배열(오른쪽).

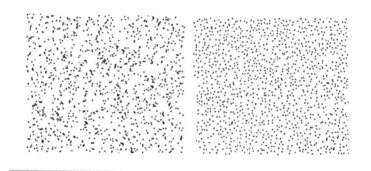

을 배치했다. 퍼셀의 컴퓨터 시뮬레이션 프로그램은 억제 영역을 점 배열에 적용해 서로 먹히지 않으려고 애쓰는 유충처럼 작동했다. 왼쪽 배열은 그야말로 무작위이고, 오른쪽 배열은 나름의 질서가 있다. 그러나 사람들 대부분은 '무작위성'을 가장 잘 보여주는 배열을 고르라고 하면 오른쪽을 선택한다.

우리는 실제로 질서가 있는 배열에서 질서를 보지 못한다. 우리의 뇌는 효율적인 확률 계산기가 아니기에 완전한 무작위 배열에서 질서를 보려고 고집한다. 흡사 패턴을 우주 질서의 증거로 인식하도록 프로그래밍된 것 같다. 왜 그럴까? 스티븐 제이 굴드는 우리가 보는 패턴에 문제가 있는 게 아닌 모든 패턴에 의미, "특히 우리에게 편안함을 주거나 혼란을 제거해주는 의미"가 있다고 여기는 우리의 태도에 문제가 있다고 지적했다.[15]

기회의 심리학

무작위 패턴

여러 다른 과학자들도 무작위성과 인간의 독특한 관계를 인식했고 이를 설명하는 갖가지 용어를 창안해냈다. 통계학자 예지 네이만(Jerzy Neyman)과 이건 피어슨(Egon Pearson)은 통계적 의사결정을 연구하면서 인간이 저지르는 두 가지 의사결정 오류를 설명했다.[16] 하나는 거짓을 참으로 판단하는 '거짓 긍정(위양성, false positive)'인 '제1종 오류(Type I error)'로, 무작위성에 패턴이 있다고 여기는 것처럼 아무런 의미가 없는 것에서 의미나 중요성을 찾을 때 나타난다. 참을 거짓으로 판단하는 '거짓 부정(위음성, false negative)'인 '제2종 오류(Type II error)'는 실제로 유의미한 현상이나 사건에 아무 의미나 중요성이 없다고 여길 때 발생한다.

심리학자 카를 구스타프 융(Carl Gustav Jung)은 자신이 '동시성(同時性, synchronicity)'이라고 이름 붙인 현상, 즉 실제 인과관계나 연결고리가 없는 우연의 일치에서 어떤 관계를 경험하게 되는 인간 무의식에 관해 자주 언급했다.[17] 융에 따르면 어떤 사건들은 원인과 결과로 연결돼 있고, 어떤 사건들은 인과 없이 의미로만 연결돼 있다. 그는 우리의 삶이 그저 무작위적인 사건의 연속이 아니라고 믿었다. 개인의 삶뿐 아니라 역사를 통틀어 모든 인간의 삶에 근본적인 패턴이 있다고 여겼다. 그는 이 패턴을 '집단 무의식(collective unconscious)'이라고 불렀다. 그는 우리가 함께 일어나는 두 사건에서 의미를 보면 그 모든 것을 연결하는 근본적 패턴을 보는 셈이라고 말했다.

조현병(정신분열증) 연구에 큰 업적을 남긴 독일 신경학자이자 정신과 의사 클라우스 콘라드(Klaus Conrad)는 "서로 연관이 없는 현상이나 사건에서 의미나 패턴을 인식하려는 경향"을 일컬어 '아포페니아(apophenia)'라고 명명했다.[18] 최근에는 심리학자이자 저널리스트 마이클 셔머(Michael Shermer)가 "무의미한 잡음에서 유의미한 패턴을 찾으려는" 인간의 경향을 설명하고자 '패턴성(patternicity)'이라는 용어를 만들어냈다.[19] 그리고 여러분이 여름날 하늘의 구름 속에서 사람 얼굴을 봤거나 페퍼로니 피자에서 성모 마리아를 본 적이 있다면 '파레이돌리아(pareidolia)'를 경험한 것이다. 마찬가지로 파레이돌리아도 무작위 배열에서 패턴을 찾아 의미를 부여하려는 심리 현상을 말한다. 사

기회의 심리학

람에게 사람 얼굴보다 의미 있게 다가오는 것이 어디 있겠는가?

신경과학자들은 왜 우리 인간에게 파레이돌리아 같은 특정 패턴을 보려는 경향이 있는지 설명하기 위해 실험을 진행했다. 스위스의 한 연구팀이 피실험자들에게 실제 사람 얼굴 사진과 '얼굴 같은' 이미지(벽에 있는 전기 콘센트를 가까이에서 찍은 사진 등)를 보여준 뒤 그들의 뇌 활동을 기록했다.[20] 그 결과 진짜 사람 얼굴 사진과 얼굴 같은 이미지 모두 '방추형 얼굴 영역(Fusiform Face Area, FAA)' 신경 세포가 반응한다는 사실을 발견했다. 관자놀이 바로 아래에 있는 뇌 피질 측두엽 일부인 '방추형 얼굴 영역'은 주로 얼굴에 대한 시각 정보를 담당하는 뇌 영역이다. 이 부위 세포 반응은 피실험자들이 '얼굴 같은' 이미지를 보는 순간과 거의 동시인 150밀리초(millisecond) 만에 일어났다. 이에 연구팀은 그 시각 정보가 그것이 무엇인지 생각할 겨를도 없이 '얼굴'로 분류된다고 결론지었다. 이로 볼 때 우리는 주변 세계에서 특정한 패턴을 보도록 프로그래밍된 것 같다. '아포페니아', '패턴성', '파레이돌리아' 이 모든 용어는 무작위성을 그대로 받아들이기를 거부하고 잡음에 불과한 것들에서 의미를 찾는 인간 고유의 근본적 성향을 가리키고 있다.

그렇다면 한 '종(種, species)'으로서 인간 성향이 무작위성을 받아들이지 않으려 할 때 '운'은 대체 무엇일까? 마이클 셔머는 이 질문에 대한 답을 아는 듯 보인다. 그는 '패턴성'에 이어 우리가 인간이기에 가진 또 다른 성향, 즉 "보이지 않는 어떤 행위자의 의도에 따라 세상이 통제된다고 믿는 경향"을 설명하면서 '행위자성(行爲者性, agenticity)'이라는 용어를 제시했다.[21] 먼 과거에 우리가 무작위 사건과 마주했을 때, 달리 말해 그냥 일어난 일이 일어났을 때, 우리는 '운'이라고 부르는 것을 발명했다. 눈에 보이지 않고, 변덕스럽고, 예측할 수 없는 '행위자'의 이름을 그렇게 지은 것이다. 이후 인류 역사에서 '운'은 '우연'이나 '기회'라는 개념과 뒤섞이며 이어져 내려왔다.

　독일계 미국 철학자 니콜라스 레셔(Nicholas Rescher)는 운은 인간의 지위를 정의할 정도로 인간 삶에서 본질적이고 중요한 요소라고 썼다.[22] 실제로 우리는 운을 매우 중요하게 여긴다. 우리는 세상이 근본적으로 불공평하며, 다행인지 불행인지 어쨌든 세상이 불공평하다는 사실을 이해할 만큼 이성적이기 때문이다. 우리가 무엇을 하든 좋은 사람에게 나쁜 일이 일어날 수도 있고 나쁜 사람에게 좋은 일이 일어날 수도 있다.

행운의 네 가지 유형

많은 사람이 운을 눈 깜짝할 사이 운명을 바꿀 수 있는 우주의 보이지 않는 힘이라고 믿는다. 한편으로 또 많은 사람이 에밀리 디킨슨의 말에 공감한다. 우리가 운이라고 부르는 그것은 힘들게 일하고 애써서 얻은 결과일 따름이라는 것이다. 어떤 사물에 이름을 붙이면 그 사물에 힘을 부여하는 셈이다. 어떤 사람들은 우리가 어떤 결과를 놓고 우연이라고 믿고 싶지 않을 때 그 무작위적인 기회에 부여한 이름이 운이라고 말한다. 똑같은 무작위 결과를 누구는 '우연', 누구는 '운', 누구는 '기회'라고 여긴다. 이렇게 보면 사람들이 생각하는 운은 자신들이 처한 상황과 조건에 따라 그때그때 달라지는 것 같다.

2013년 워싱턴 퓨젯사운드(Puget Sound) 주민들을 대상으로 실시한 설문 조사에서 응답자의 70%가 행운을 믿는다고 답했다.[23] 3명 중 1명이 자신을 "매우 또는 다소 미신적"이라고 응답하거나, 33%가 "길을 걷다 1센트라도 주우면 하루 내내 운이 좋을 것"이라고 답한 다른 설문 조사 결과와 확실히 비교되는 수치다.[24] 양쪽 결과에 큰 차이가 나는 이유는 무엇일까? 퓨젯사운드 설문 조사가 3월 둘째 주에 진행됐다는 사실을 알면 도움이 될 것이다. 바로 '성 패트릭의 날(Saint Patrick's Day)'이 있던 때다. 아일랜드 수호성인 성 패트릭을 기리는 이 날은 모든 아일랜드계 미국인들이 아일랜드 유산을 기리고, 초록색 옷을 입고, 초록색 맥주를 마시면서 이른바 '아일랜드인의 행운(Luck O' the Irish)'을 기원한다. 다른 두 여론 조사는 각각 9월과 1월 말에 진행됐는데, 아마도 사람들 머릿속이 직장과 학교로 돌아가고 휴일이 끝나 일상으로 복귀하는 등의 현실적인 생각으로 가득할 때였을 것이다. 우리가 어떤 상황에 있느냐에 따라 운을 바라보는 생각도 달라질 수 있다. 운명과 행운의 여신 '포르투나(Fortuna)'의 미소가 필요할 때, 연인과 새끼손가락을 마주 걸거나 시험을 치르거나 승진을 앞두고 있을 때 우리는 운을 믿는다. 그렇지 않을 때 우리는 결심하고, 준비하고, 노력해야 함을 믿는다.

이와 같은 믿음의 변덕은 신경과학자이자 의사 제임스 오스틴(James Austin)이 제시한 무작위적인 기회와 부단한 노력의 조합으로 나타나는 여러 유형의 행운에서 두드러진다.[25] 그가 설명하는 첫 번째 유형의

기회의 심리학

운은 우리의 행동이나 노력과는 상관없이 무작위적이고 우발적으로 발생한다. 라스베이거스(Las Vegas) 카지노 카드 게임에 참여한 사람 모두가 바라는 그런 종류의 행운이다. 여러분이 대부호이고 벨라지오(Bellagio) 호텔 카지노에서 포커 게임을 한다고 가정해보자. 여러분은 뒷일 생각할 것도 없이 과감하게 가족 소유 농장을 내기로 건다. 그런데 '로열 스트레이트 플러시(Royal Straight Flush)'가 떴다. 여러분은 가족 농장을 지키고 백만장자로서 카지노를 떠난다. 이것이 '제1종 행운(Type I luck)'이다. 원래 여러분이 이길 확률은 최악이었다. 로열 스트레이트 플러시 패가 손에 들어올 확률은 52장 카드 한 벌로 플레이할 때 '0.00015%'다.[26] 여러분은 포커 게임을 한 것 말고는 아무것도 한 게 없다. 이런 운은 그야말로 '눈먼 행운(blind luck)'이다.

　'제2종 행운(Type II luck)'은 우리가 계속 움직이면서 무언가를 할 때 나타난다. 부단히 움직일수록 유리하다. 활발한 움직임은 주변 사물을 자극한다. 더 많은 일을 할수록 아이디어는 새로운 방식으로 결합하고 잠재적으로 더 나은 결과가 나올 가능성을 높인다. 제임스 오스틴은 이 '제2종 행운'을 발명가 찰스 케터링(Charles Kettering)의 이름을 따 '케터링 원리(Kettering Principle)'라고 불렀다. 1876년 오하이오의 작은 시골 마을에서 태어난 찰스 케터링은 열심히 공부하고 노력해 1920년부터 1947년까지 제너럴모터스(General Motors, GM)의 연구 책임자로 일했고 이후 델코(Delco)를 설립했다. 186개 특허를 보유한

케터링은 근면하고 성실하게 일하는 것을 신봉했다. 그 또한 운을 믿었지만, 그 운은 이를 꽉 물고 열심히 일할수록 자주 찾아오더라고 말했다. 그는 자신의 창조적인 발자취를 따라가고자 하는 사람들에게 이렇게 조언했다.

"계속해서 가다 보면 예상치 못한 순간에 무언가를 발견하게 됩니다. 나는 가만히 앉아서 걸림돌에 넘어졌다는 사람은 한 번도 본 적이 없습니다."[27]

'제3종 행운(Type III luck)'은 프랑스 화학자이자 미생물학자 루이 파스퇴르(Louis Pasteur)의 한마디 말로 요약할 수 있다.

"기회는 오직 준비된 마음만을 선호한다."[28]

이런 운은 우연과 노력의 조합이며 분별력에서 온다. 똑같은 무작위적 기회가 찾아와도 누군가는 흘려보내고 누군가는 그 기회를 잡는다. 마음에서 준비가 안 됐기 때문에 기회인 줄도 모르는 것이다. 우주의 무작위적이고 비합리적인 기운인 우연은 준비된 마음, 즉 열심히 노력하는 여러분의 길에 이끌려 의미와 패턴과 연결고리가 된다. 관찰하고, 기억하고, 연관성을 찾으려고 부단히 애쓰는 사람이 마주하게 되는 운이다. 루이 파스퇴르에게 우주는 신비로운 분자, 세균, 미생물로 가득한 세계였고, 그는 그 세상을 이해하고자 끊임없이 노력했다. 그에게 인내와 준비로 극복하지 못할 도전은 없었다. 운은 준비가 덜 된 마음이 놓친 패턴을 보는 것이었다.

기회의 심리학

제임스 오스틴이 설명한 마지막 운의 유형인 '제4종 행운(Type IV luck)'은 개인의 행동과 준비가 개인 고유의 성향과 결합해 발생하는 운이다. 달리 말해 여러분이 매우 독특한 방식으로 행동하다가 겪게 되는 우연한 사건에서 이 운이 나타난다. 따라서 이 운은 순전히 개인적이다. 개인의 독특한 취향, 생활방식, 관심사, 지식 등이 전혀 다른 영역에서 표출될 때 그 사람에게만 찾아오는 운이다. 요컨대 보통 사람들과 '다르게' 세상을 바라보는 특별한 개인이 기존 질서에 반하는 특이한 접근법으로 자신만의 운명을 개척해나갈 때 만나는 행운이다. 오스틴에 따르면 이 운은 개인의 특정 행동과 준비가 우연과 조우할 때까지 꼭꼭 숨어 있으며, "특정 상황에서 특정 행동을 실행에 옮길 때" 촉발한다.[29]

우리는 앞서 새라 케선스와 에밀리 콜이 아메리칸 파이어로 대서양을 횡단하려던 이야기에서 이 네 가지 유형의 운을 모두 발견할 수 있다. 우선 옥수수와 콩만 물결치는 바다에 살던 두 젊은 여성이 자신들의 의지와 준비 그리고 행동으로 쟁취한 대서양 횡단 조정 대회 참가 자격은 '제4종 행운'이라고 볼 수 있다. 보트가 전복되는 사고가 벌어지기 전까지 대서양은 이들에게 무궁한 기회의 바다였다. 새라는 "하고 싶은 일을 할 수 있는 적절한 때 적절한 상황이 찾아왔고, 마침 그 상황을 이용할 여유와 자금이 있었기에 그 기회를 잡을 수 있었던 것"이라고 말했다.[30] 이는 개인의 행동과 준비가 개인 고유의 성향, 관심사,

가치관 등과 결합할 때 나타나는 제임스 오스틴의 '제4종 행운'에 대한 설명이다.

준비된 마음이 만나게 되는 '제3종 행운'은 두 사람이 내륙의 호수, 강, 개울에서 열심히 연습한 뒤 플로리다 연안 내수로에서 고된 실전 훈련을 수행한 사실로 명확히 확인할 수 있다. 이들은 장거리 조정에 대비하기 위한 모든 기회를 잡았고, 그때까지 다진 체력과는 비교할 수 없을 정도로 지구력을 쌓았다.

부단한 움직임이 가져오는 '제2종 행운'은 새라가 조정에 빠지게 된 계기와 실행 과정에서 찾을 수 있다. 자기 삶의 경계를 넓히고 싶다는 열망은 그녀가 새로운 도전 과제를 스스로 수립해 움직이도록 이끌었고, 어느새 대서양 횡단이라는 원대한 목표를 세우는 데 이르렀다.

마지막으로 완전히 무작위적이고 우발적인 '제1종 행운'은 다름 아닌 그 몹쓸 로그 웨이브에서 볼 수 있다. 예측도 준비도 하지 못한 상황에서 갑자기 들이닥친 무지막지한 파도는 최악의 불행인 동시에 최고의 행운이었다. 그 와중에도 온전히 살아남았기 때문이다.

그러나 죽을 뻔한 경험이 새라와 에밀리의 도전을 멈추지는 못했다. 2007년 두 사람은 이번에는 영국의 조 데이비스(Jo Davies)와 뉴질랜드의 태라 레밍턴(Tara Remington)과 함께 여자 4인조를 결성해 이름도 멋진 '언피니시드 비즈니스(Unfinished Business)'를 타고 다시 우드베일 대서양 횡단 조정 경주 대회에 참가했다. 네 사람 모두 2005년 대

기회의 심리학

회에서 사고로 완주에 실패했었다. 이들은 51일 16시간 31분 만에 세 번째로 결승선을 통과했다. 대서양 횡단 여자 4인조 부문 세계 신기록이었다. 경기 직후 네 사람은 보트 이름을 '피니시드 비즈니스(Finished Business)'로 변경했다. 과업을 완수했으니까.

2

운의 탄생

복권은 세금,
창조된 모든 얼간이에게 부과되는.
하늘을 올려다보며,
쉽게도 바라지.
경솔한 믿음은 언제나 유행 같다네.

헨리 필딩

세상에서 가장 운 좋은 여자

1910년 보험 사업가 F. Z. 비숍(F. Z. Bishop)은 텍사스 남부 코러스크리스티(Corpus Christi) 남서쪽으로 조금 떨어진 편평하고 덥고 습한 지역의 넓은 땅을 소유하게 됐다. 그는 이 지역을 통과하는 기존 선로 주변에 마을과 농장을 건설할 계획을 세우고 투자자와 농부, 양치기를 비롯해 몽상가와 사기꾼 등 온갖 사람들에게 토지를 팔았다. 그로부터 불과 4년 뒤 제1차 대전이 일어났을 때 비숍 마을은 이미 인구 1,200명의 공동체로 성장해 있었다. 제2차 대전이 끝날 무렵에는 대규모 화학 공장이 들어서면서 공업 중심 경제로 더욱 번창해갔다.

이 비숍 마을 출신 가운데 1976년 스탠퍼드대학교에서 박사학위를 받고 수학 교수와 통계 전문가로 일하다가 은퇴해 고향으로 돌아온 한 여성이 있다. 그녀의 이름은 조앤 긴더(Joan Ginther). 시골 마을에서 수학 박사에 교수까지 나왔으니 비숍에서는 이미 유명했지만, 그녀가 미국 전역이 다 아는 유명인사가 된 것은 다른 이유에서였다. 조앤 긴더는 '세상에서 가장 운 좋은 여자'로 유명해졌다. 그녀는 한 번도 어렵다는 복권에 무려 네 번이나 당첨됐다. 그것도 매번 수백만 달러의 당첨금을 받았다. 17년 동안 그녀는 2,000만 달러가 넘는 돈을 벌었다. 모두 복권 당첨금이었다. 수학 교수 출신으로서 복권에 대한 영국 극작가 헨리 필딩(Henry Fielding)의 풍자가 지당하다는 사실을 알았을 텐데 말이다.

조앤 긴더는 1993년 텍사스 로또(Texas Lotto)에 처음으로 당첨됐고, 당시 당첨금은 540만 달러였다. 이 복권은 숫자 6개를 고르는 전형적인 로또 추첨 방식이었다. 그녀는 당첨금을 한꺼번에 수령하지 않고 분할로 받는 방식을 선택했다. 그런데 13년 후인 2006년 또 당첨돼 이번에는 200만 달러를 챙겼으며, 2008년에 또다시 300만 달러에 당첨됐다. 이게 끝이 아니었다. 2010년 여름 조앤 긴더는 1,000만 달러 당첨금을 받아 집으로 돌아갔다. 그녀가 복권으로 챙긴 당첨금은 모두 2,040만 달러였다.[1]

첫 번째 복권을 제외한 나머지 세 번의 당첨은 모두 '긁는(scratch-off)' 즉석 복권에서 나왔다. 숫자가 쓰인 공이 투명 루사이트(Lucite) 상자에서 격렬하게 튀는, 우리가 TV에서 흔히 보던 방식이 아니었다.

친구들은 그녀가 이후 라스베이거스로 이주해 살면서 정기적으로 비숍 고향집의 연로한 아버지를 찾아뵀다고 기억했다. 그들은 그녀와 아버지가 복권 판매점 타임스마켓(Times Market) 창가에 앉아 1달러짜리 긁는 복권, 때로는 50달러짜리 복권 묶음을 긁으며 '승리'를 외치던 모습도 회상했다. 그녀가 빳빳한 종이에서 동전으로 라텍스 페인트를 긁는 데 보낸 모든 시간은 결국 좋은 결과를 얻었다. 텍사스 복권위원회는 2010년 조앤 긴더의 1,000만 달러가 텍사스 복권 역사상 가장 액수가 높았던 긁는 복권 당첨금이라고 밝혔다.[2]

한 사람이 복권에 네 번 당첨돼 2,040만 달러를 받을 확률은 얼마나 될까? 수학자들의 계산에 따르면 '18자(秭, septillion, 셉틸리언) 분의 1'이라고 한다. '자'는 10의 8제곱인 '억(億)', 10의 12제곱인 '조(兆)', 10의 16제곱인 '경(京)' 다음 단위로 10의 24제곱이다. 즉, 18 뒤에 0이 24개 붙은 18,000,000,000,000,000,000,000,000이 '18자'다. 이 숫자가 어느 정도인지 감조차 잡을 수 없을 것이다. 전세계 해변의 모래 알갱이를 전부 합하면 '700경 5,000조(75 뒤에 0이 18개)' 개다. 2020년 12월 28일 기준 미국 국가 부채는 '17조(17 뒤에 0이 12개)' 달러이며, 세계 인구는 '78억(78 뒤에 0이 8개)' 명이다. '18자'에 비하면 초라하게 느껴지는 숫자다. 정말로 그녀는 이 말도 안 되는 확률을 극복하고 '세상에서 가장 운 좋은 여자'가 된 걸까?[3]

하지만 조앤 긴더가 네 번이나 복권에 당첨될 가능성은 그 확률이 말해주듯이 너무 희박했으며, 운으로만 돌리기에도 미심쩍은 부분이 많았다. '18자분의 1'은 그녀가 네 번의 당첨에서 각각 1장씩만 복권을 구입했을 때의 확률이다. 친구들에 따르면 그녀는 복권을 꾸준히 구매했다. 수십 장씩 묶음으로 구입한 적도 있다. 그들의 말대로 그녀가 매번 복권을 1장 이상 구매했다면 당연히 당첨 확률도 상승했을 것이다. 물론 복권을 많이 구입하더라도 당첨 확률이 비약적으로 올라가지는 않으므로, 여기에서 '상승'은 소금을 약간 친 맥락에서 이해해야 한다. 어쨌든 그렇다면 1993년 그녀의 첫 번째 당첨 확률은 '1,580만 분의 1'이고, 2006년 두 번째는 '100만 분의 1'을 약간 웃돌며, 2008년 세 번째는 '100만 분의 1'을 약간 밑돌게 된다. 그래 봐야 '18자 분의 1'보다 높을 뿐 여전히 낮은 확률이다.

그로부터 고작 2년 뒤인 2010년, 조앤 긴더의 네 번째 당첨 소식이 전해지자 기자들은 그동안 신기하게만 바라봤던 이 특별하고, 희귀하고, 억세게 운 좋은 무작위 사건을 다르게 바라보기 시작했다. 그들은 복권에 대한 헨리 필딩의 관점이 옳다고 여기는 통계 및 확률 전문가와 함께 그녀의 운에 의문을 제기했다. 조앤 긴더가 수학 교수 출신의 통계 전문가라는 점에 주목해 당첨 확률을 높이는 데 이용할 수 있는 통계적·확률적 알고리듬을 분석했다. 그렇게 저마다 그녀가 어떻게든 사기를 쳤으며, 불가능에 수렴하는 연속 네 번 당첨은 운이 좋아 일어난 사건이 아니라고 보도했다.

그런 와중에 저술가 너새니얼 리치(Nathaniel Rich)가 〈하퍼스매거진(Harper's Magazine)〉에 기고한 칼럼에서 조앤 긴더의 연승 기록이 우연한 행운이 아니라는 갖가지 주장들을 검토했다. 그는 비숍과 인근 마을을 방문해 주민 수십 명과 인터뷰했고, 그녀의 연속 당첨에 관해 그동안 제기된 세 가지 설명 모두 가능성이 매우 낮다는 사실을 확인했다.[4]

그 첫 번째는 '내부 범죄(Inside Job)'라는 설명이었다. 다시 말해 조앤 긴더가 긁는 복권을 판매한 타임스마켓 주인과 결탁해 일을 꾸몄다는 주장이었다. 타임스마켓은 그녀가 당첨된 3장의 긁는 복권 중 2장을 구입한 상점이다. 이곳 상점 주인이 조앤 긴더와 모종의 거래를 맺고 당첨될 복권을 따로 떼어놓았다는 얘기다. X–선(X-ray) 투시기라도 썼는지, 그 전에 X–선으로 라텍스 페인트 속 숫자를 보는 게 가능한지, 대체 어떤 방법으로 당첨될 복권을 가려냈는지 알 수 없었지만, 적어도 너새니얼 리치가 보기에 타임스마켓은 대형 프렌차이즈 편의점도 아닌 데다 간판에서 'Market'의 'e'가 떨어져 나가 있을 정도로 허름한 시골 구멍가게였다. 게다가 그곳 주인을 비롯해 조앤 긴더를 아는 여러 주민과 인터뷰한 결과 비숍은 도무지 비밀이라고는 있을 수 없는 그런 마을이었다.

두 번째 설명은 조앤 긴더가 '코드 크래커(Code Cracker)', 즉 복권을 제작하고 유통하는 기업의 컴퓨터 서버를 해킹해 당첨 번호가 찍힌 읽는 복권을 입수했으리라는 주장이었다. 이 또한 허무맹랑한 상상이다. 그러려면 그녀는 300만 장이 인쇄되는 읽는 복권 가운데 정확히 어떤 게 당첨 복권인지 찾아내야 했을뿐더러, 그 복권이 타임스마켓으로 배송되도록 해야 했다. 그녀에게 컴퓨터 해킹 능력이 있는지와는 별개로, 어떤 복권에 당첨 번호가 인쇄되고 어디로 유통될지 아는 일은 제작사와 유통사의 전면적인 도움 없이는 불가능하다. 조앤 긴더가 그런 도움을 받았다는 증거 역시 없다. 더욱이 복권 제작과 유통 과정이 그렇게 허술하다면 1등 복권은 늘 그 기업들의 내부자가 차지했을 것이다.

세 번째는 조앤 긴더의 행운은 그야말로 '횡재(Dumb Luck)'였다는 설명이었다. 그저 무작위적이고, 멍청하고, 어리석고, 눈먼 행운이 '우연히' 그녀에게 찾아와 네 번이나 복권에 당첨되도록 해줬다는 얘기다. 주민들과 인터뷰를 통해 복권과 관련한 그녀의 오랜 행동을 알게 된 너새니얼 리치는 조앤 긴더의 믿지 못할 행운이 단순한 우연은 아님을 깨달았다. 그녀는 비숍 주민들의 설명처럼 1993년 이전부터 계속해서 빼놓지 않고 많은 복권을 구매함으로써 행운을 얻을 기회를 늘렸다. 너새니얼 리치는 몇 가지 간단한 계산으로 조앤 긴더가 1993년부터 2010년까지 17년 동안 해마다 3,000장의 복권을 구입했다고 가정할 때 최소 100만 달러를 읽는 복권에 썼다고 추론했다. '안드로메다(18자 분의 1)'에서 '성층권(8,000분의 1)' 수준으로 당첨 확률을 끌어올린 셈이었다. 수학 교수이자 통계 전문가였던 그녀가 아마도 그동안 알고 있던 통계학 지식을 모두 내려놓고 첫 번째 당첨금을 앞으로는 긁는 복권에 투자하기로 결심했을 것이다. 너새니얼 리치는 그녀가 이왕 라스베이거스에 살았으니 집 건너편 카지노 룰렛에 투자했다면 더 좋았으리라고 썼다. 당첨 확률도 복권보다 높고, 잭팟(jackpot)이 터지면 1,000만 달러보다도 훨씬 더 컸을 테니까.

너새니얼 리치의 칼럼은 긴더의 연승이 운에 따른 게 아니라고 주장함으로써 세간의 주목을 받으려는 몇몇 기자들에게 큰 반향을 불러일으켰다. 일테면 〈데일리메일(Daily Mail)〉은 조앤 긴더가 라스베이거스에 거주하고 있다는 사실이 그녀의 연승을 의심스럽게 만드는 첫 번째 '경고 신호(warning sign)'라고 보도했다. 그러나 그게 왜 의심의 여지가 되는지는 아무런 설명도 내놓지 못했다. 아마도 이 '죄악의 도시(Sin City)'를 둘러싼 건조한 사막 공기 속에 주민들이 복권을 잘 긁도록 해주는 무언가가 있으리라고 생각한 것 같다. 뒤이어 그들이 제기한 두 번째 경고 신호는 조앤 긴더가 전직 수학 교수이자 통계 전문가라는 사실이었고, 세 번째는 1993년 첫 번째 당첨을 제외하면 나머지 세 번 모두 불과 5년 이내에 이뤄졌다는 것이었다.[5]

하지만 이 사건을 취재한 기자들의 마음속에서 활활 타오른 모든 의혹은 뚜렷한 증거로까지 이어지지는 못했다. 텍사스 복권위원회는 조앤 긴더가 엄청나게 운이 좋았다고 결론 내리면서, 그 어떤 부정행위

기회의 심리학

도 발견할 수 없었으므로 더는 그녀의 당첨과 관련한 조사를 진행하지 않겠다고 밝혔다. 2011년 〈휴스턴프레스(Houston Press)〉 기자 리처드 코널리(Richard Connelly)는 "어떤 불법 혐의나 행위 증거도 입수하지 못했으며, 앞으로 추가 조사 계획도 없을 것"이라고 마지막 기사를 업데이트했다.[6]

너새니얼 리치가 비숍 마을을 방문했을 때 화학 공장은 문을 닫은 상태였고, 개인이 세운 미국의 다른 소규모 도시처럼 천천히 사라지고 있었다. 그가 쓴 칼럼에 따르면 비숍 주민들은 조앤 긴더의 연속된 승리에 행운 말고 다른 것이 있다고는 믿지 않았다. 그들은 여전히 자신에게도 행운의 번개가 번쩍하고 내리기를 바라며 복권을 구입하지만, 지금은 조앤 긴더가 애용하던 타임스마켓이 문을 닫은 상황이라서 복권을 구하려면 더 부지런해야 한다. 그래도 모름지기 그들은 그녀가 네 번이나 당첨됐다면 자신도 한 번은 당첨될 수 있으리라는 '희망'을 품고 있다. 그 '희망'이 텍사스 비숍 마을 거리에서 점점 사람들의 모습을 찾을 수 없는 요즘에도 복권이 팔리는 이유일 것이다.

여러분은 조앤 긴더의 승리를 어떻게 생각하는가? 그녀는 정말로 '운'이 좋았던 걸까, 아니면 어떻게든 '속임수'를 쓴 걸까? 기본적으로 복권 당첨은 '운', 더 구체적으로 말하면 '무작위 기회'에 기반을 두고 있다. 그녀가 많은 돈을 쏟아부어 복권을 구매한 행동에 부당한 이점이 있을까? 1승은 '운'이라고 해도 연승은 '속임수'의 증거일까?

조앤 긴더의 연승이 속임수가 아니고서야 불가능하다는 주장은 연속된 무작위 사건에 패턴이 있고 그 패턴에 의미가 있다고 여기는 인간 성향의 또 다른 사례다. 그렇지만 가능성이 매우 낮고, 아무리 생각해도 일어날 것 같지 않은 일이 조앤 긴더라는 이름을 가진 여성에게 일어난 것이다. 그 또한 우주의 무작위성이 무작위로 나타난 결과다. 아마도 조만간 다시 일어나기는 어려울 것이다. 그녀의 연승에는 아무런 패턴이나 의미도 없으며, 그녀가 많은 복권을 구입한 행위도 문젯거리가 될 것이 하나도 없다.

그럼에도 불구하고 그녀에게 복이 굴러들어오도록 이끈 것은 '운'일까 '기술'일까? 우리는 이 질문에 대한 답을 알고 싶어 한다. 그 답이 '운'이라면 우리는 어떻게 하면 운이 좋아질 수 있는지 궁금해할 것이고, 답이 '기술'이라면 승자가 되는 방법을 배우고 싶을 것이다. 어느 쪽이든 결국 우리는 자신에게 유리하도록 확률을 조정하고자 한다. 역사적으로도 인간은 무작위 '운'과 '기회'의 복잡한 관계를 풀어서 모든 가능성을 열기 위해 할 수 있는 모든 것을 시도해왔다.

행위자 감지기

일반적으로 우리 인류는 운을 필멸자인 인간이 통제할 수 없는 것으로 취급했다. 어떤 사건의 원인을 찾지 못하거나 찾았더라도 설명할 수 없을 때 인류는 그 통제권을 영원불멸의 신에게 돌렸다. 원인에 쉽게 접근해 이해할 수 있다면 초자연적인 것에서 인과관계를 찾을 필요가 없을 것이다. 신에게 의지하려는 경향은 우리가 무언가를 설명할 수 없을 때 발현된다.

인지심리학자 저스틴 배럿(Justin Barrett)은 인간이 생각하는 방식, 특히 종교에 대해 생각하는 방식을 연구했다. 그는 인간이 세상을 빠르고 효율적으로 생각하도록 도와주는 여러 정신적 도구를 갖추고 있다고 말했다. 우리 뇌의 안면 감지기와 패턴 탐지기가 세상을 바라본다. 인간 뇌 세포는 얼굴과 패턴에 마주칠 때 미친 듯이 발화해 잠재적으로 중요한 무언가가 밖에 있음을 뇌의 나머지 영역에 경고한다. 인간은 저스틴 배럿이 '행위자 감지기(agency detector)'라고 부른 정신적 도구도 갖췄다. 우리가 세상에서 목표 지향적 패턴, 즉 목적이 있는 것처럼 움직이는 패턴을 마주하면 우리 뇌는 그 패턴의 '행위자'를 찾기 시작한다. 저스틴 배럿에 따르면 '행위자'는 우리 주변 세계 무언가에 단순히 '응답'하는 존재가 아닌 '행동'을 시작하는 존재다. 다시 말해 '행위자'는 사건이나 현상을 발생시킨다. 인간 뇌는 발생하는 모든 일의 배후에 있는 행위자를 볼 수 있도록 과민한 '행위자 감지기'로 진화했다. 우리에게 이런 경향이 생기게 된 까닭을 저스틴 배럿은 다음과 같이 설명했다.

"만약 당신이 어떤 존재가 행위자(포식자)라는 데 모든 것을 걸었는데 실제로는 행위자가 아니라면, 당신은 잃을 게 별로 없다. 그러나 행위자가 아니라고 확신했는데 실제로는 행위자라면, 당신은 점심밥이 될 수 있다."[7]

예컨대 밀림을 탐험하다가 사자 발자국일 수 있는 움푹 들어간 땅을 보게 된 경우, 사자가 근처에 있다 여기고 조심하는 편이 생존 확률을 높인다는 것이다. 이 과민한 행위자 감지기가 세상 모든 패턴을 의미 있다 해석하고, 경이롭거나 끔찍한 사건 배후에 무작위성이 아닌 행위자가 있다고 믿게 되면 우리는 종교를 얻게 된다. 마찬가지 맥락에서

기회의 심리학

인간이 행위자로서 작동하지 못하거나 어떤 사건 및 현상에서 그 원인이 되는 증거를 발견하지 못할 때, 우리는 신 또는 여신이라고 불리는 초월적 행위자를 찾기 시작한다.

행운, 종교, 초자연적인 것을 향한 믿음 사이에는 오래되고 긴밀한 관계가 있다. 한 문화를 기준으로 묶일 수 있는 민족 집단에 직접 참여해 그들이 경험하는 일상의 의미를 해석하는 민족지학자들은 우리가 신과 소통할 때 병을 극복하거나, 새로운 일을 시작하거나, 적을 무찌르는 등 구체적인 도움을 요청하는 경향이 있다고 지적한다. 우리는 전능하신 신과 함께 바람만 쐬는 게 아니라 그(또는 그녀)에게 간청한다. 우리가 스스로 통제할 수 없는 것들의 결과를 보여달라고 말이다. 작가이자 저널리스트 앰브로즈 비어스(Ambrose Bierce)는 기도를 일컬어 "의심할 여지없이 가치 없는 것을 고백하는 단 한 사람의 청원자를 위해 우주의 법칙을 무효로 해달라 갈구하는 행위"라고 풍자했다.[8]

정말 중요한 일이 생길 때 우리는 자신을 대신해 신이 개입해주기를 소망한다. 이런 의미에서 신은 인간이 통제할 수 없는 무언가를 통제할 수 있기에 신이다. 이런 이유가 전부는 아니더라도 인류 문화 대부분은 행운이 필요하거나 불운을 피해야 할 때 인간이 도움을 요청할 수 있는 대상인 신이나 여신을 설정하고 발전시켰다. 그리고 도움을 구하는 과정은 기도나 제사처럼 의식화됐으며, 마법의 주문이나 우상, 부적과 같은 상징을 낳았다.

운과 운명

오늘날 '운'을 이야기할 때 우리는 저 옛날 고대인들은 전혀 다른 것으로 봤을 두 가지 개념, 즉 '운(fortune)'과 '운명(運命, fate, destiny)'을 결합하곤 한다. 운명은 인생을 통틀어 여러분에게 예정된 과정이다. 여러분이 운명을 믿는다면 여러분의 삶은 태어날 때부터 미리 정해져 있으며, 이미 정해져 있으므로 여러분이 무엇을 하든 그 운명이 평생 펼쳐진다. 바꿀 수가 없는 것이다. 그렇기에 인류 역사에서 운명은 '인간의 통제를 벗어난 것', '신만이 결정할 수 있는 것'으로 여겨왔다.

영어에서 'destiny(데스티니)'와 'fate(페이트)'는 모두 '운명'이라는 같은 의미로 번갈아 사용된다. 이 두 낱말은 비슷한 정의를 공유하며, 둘 다 한 개인의 삶에서 일어나는 사건은 미리 결정돼 있고, 취소할

기회의 심리학

수 없고, 바꿀 수 없음을 암시한다. 그런데 '데스티니'는 때때로 '변화 (change)'라는 개념을 포함한다. 예를 들면 실존주의 심리학자 롤로 메이(Rollo May)는 '데스티니'를 '스펙트럼(spectrum)'으로 묘사했다.[9] 그에 따르면 스펙트럼의 맨 왼쪽 끝에서 우리는 자신의 죽음을 비롯해 지진, 재난, 화산 폭발 같은 미리 결정된 피할 수 없는 사건을 발견한다. 하지만 스펙트럼의 오른쪽 끝에는 우리가 태어난 곳의 문화나 우리 삶이 차지하는 기간에서 비록 미약하더라도 우리의 행동으로 영향을 미칠 수 있는 사건과 상황이 있다. 이 맥락에서 보면 운명은 미리 정해져 있으나 그 운명의 길은 적극적이고 능동적으로 바꾸거나 새로운 형태로 만들어낼 수 있다.

한편으로 '페이트'는 피할 수 없는 무언가, 우리 앞에 확고히 뻗어 있으나 아직 가지 않은 길을 암시한다. '데스티니'는 우리 자신의 선택과 행동에 대한 감각을 수반한다. 심리학자 리처드 바그딜(Richard Bargdill)은 '페이트'와 '데스티니' 개념의 역사적 차이를 다음과 같이 설명했다.

'페이트'는 일반적으로 우리 삶에서 우리가 선택도 할 수 없고 통제도 할 수 없는 수많은 측면이 있다는 사실을 인정하는 개념이다. 살다 보면 우발적으로, 우연히, 의도치 않게 일어나는 사건들이 있다. 우리 삶 대부분은 이처럼 무작위로 주어지는 사건들로 형성된다. '데스티니'는 우리의 과거에 이미 존재했던 미성숙한 요소들을 평가함으로써 미래를 내다보는 개념이다. '데스티니'는 그와 같은 요소들을 미래로 투영한다. 따라서 '데스티니'는 우리의 주의와 노력 그리고 신중한 선택 없이는 달성되지 않는다.[10]

그리고 '운'을 뜻하는 또 다른 낱말 'fortune(포춘)'을 정의할 때 철학적으로 골머리를 썩일 필요는 없다. '포춘' 또한 어원을 '포르투나'에 두고 있을 뿐 '우연'을 의미한다. 삶에서 우리의 '포춘'은 갑자기, 그냥, 우연히 일어나는 모든 무작위 사건들로 이뤄진다. 우리는 자신의 '포춘'을 예측할 수 없다. 심지어 신들조차도 우리의 '포춘'이 어떻게 될지 모른다. '포춘'은 우리가 통제할 수 없을뿐더러 그 어떤 초자연적인 존재도 통제할 수 없기 때문에 가장 '운'과 가까운 단어다. 역사적 맥락에서 '페이트'는 신들은 알지만 우리는 모르는 운명이다. '데스티니'는 우리 스스로 만들어나가는 운명이다. 우리의 '포춘'은 완전히 무작위적이고, 예측할 수 없으며, 때로는 헤어나오지 못할 정도로 매력적이다.

기회의 심리학

구석기 시대의 운

이번에는 프랑스 남서부의 라스코(Lascaux) 동굴로 가보자. 1940년에 발견한 이 동굴에는 구석기 시대 선조들이 남긴 약 2,000점의 벽화가 있다. 이 그림은 인류가 본격적으로 문자를 사용해 보고 듣고 행한 것들을 기록으로 남기기 훨씬 이전에 그린 것들이다.

사람들은 이 그림들이 구석기 시대 생활상을 기록한 것이라 여겼다. 인류학자들은 라스코 동굴벽화를 동물, 인간, 추상적 기호라는 세 가지 범주로 분류했다. 그렇지만 벽화에 묘사하지 않은 것들 때문에 이 그림들은 선사 시대 사람들이 살던 세상에 대한 기록은 아닌 듯 보였다. 벽화에는 일테면 식물이나 풍경을 묘사한 그림이 없었다. 만약 이 그림들이 순수하게 당시 생활상을 표현한 것이라면 적어도 몇 개는 과

일이나 견과류를 그린 게 있어야 했다. 채집은 수렵만큼 중요한 식량원이었고, 식물은 예술가들에게 동물보다 더 그리기 좋은 대상이었다. 더욱이 오로크스(aurochs)나 검치호(sabertoothed tiger)보다 구하기도 쉬웠다.

왜 이들은 이런 그림으로 동굴 벽을 칠하는 데 그토록 많은 시간과 노력을 들인 걸까? 선사 시대 밤하늘의 별자리, 잡고 싶은 사냥감, 10대 네안데르탈인 소년들의 낙서, 예측할 수 없고 무작위적이며 변덕스러운 우주의 규칙에 영향을 미치려는 시도 등 다양한 의견이 제기됐다.[11] 이 희귀하고도 아름다운 그림을 연구한 인류학자들은 선사 시대 선조들이 자신의 '동물령(動物靈, animal spirits)'과 만나는 주술적 의식을 수행하기 위해 동굴로 들어가 그림을 그렸다고 추측했다. 들소나 오로크스 같은 그림은 과거 사냥에 성공했던 동물의 기록일 것이다. 사냥꾼이 사슴 머리를 박제해 거실 벽에 설치하는 것과 비슷한 맥락이라고 볼 수 있다. 다음번 사냥도 성공할 수 있도록 우주의 기운을 이끌려는 의식 가운데 하나였을 것이다. 동굴 일부 벽에는 같은 동물 그림이 반복해서 겹쳐 그려져 있는데, 이는 해당 동물이 더 자주 출몰했고 보상도 좋았음을 암시한다.[12]

또 다른 학자들은 동굴벽화가 구석기 시대 우리 선조 중 누군가가 영혼 세계와 소통할 때 무아지경 상태에서 본 환상을 표현한 것일 수 있다고 제안했다. 인간의 신경계는 환각에 빠지면 공통적인 이미지

기회의 심리학

그림 2.1 | 내시 현상에 따른 이미지와 선사 시대 그림 비교.

내시 현상		산족 암벽화		코소족 암벽화	구석기 시대 동굴벽화			
		판화	회화		부조		벽화	
A	B	C	D	E	F	G	H	I
I								
II								
III								
IV								
V								
VI								

를 생성하는 경향이 있다. 구석기인도 우리와 다를 바 없는 인간이니 마찬가지였을 것이다. 환각 상태에서 우리는 빛살 모양, 물결 모양, 십자 모양, 나선 모양 등을 보게 된다. 환시가 아니더라도 눈앞에 날파리, 실타래, 아지랑이 같은 것들이 실제로 보이는 현상을 경험하곤 한다. 눈이 있는 사람이라면 누구에게나 나타나는 현상이기에 이름도 붙었다. '눈 안'을 뜻하는 그리스어 'entós(엔토스)'로부터 파생한 단어 'entoptic(엔톱틱)'을 써서 '엔톱틱 현상(entoptic phenomenon)'이라고 부른다. '내시(內視)' 현상으로 안구 바깥의 사물이 아닌 안구 내부가 보이는 것을 말한다. 우리 눈 자체의 시각 체계에 따른 기계적 현상이

지만 환시로 느낄 수도 있다. 하물며 선사 시대 선조들은 이를 영혼과의 교감이 이뤄진 것이라고 여겼을 수도 있을 것이다. 〈그림 2.1〉과 같이 이와 비슷한 이미지가 남아프리카 고대 부족 산족(San)의 암벽화와 아메리카 코소족(Coso)의 암벽화 그리고 앞서 구석기 시대 동굴벽화에서 공통으로 나타났다. 이런 이유로 몇몇 전문가들은 우리 선조들이 영혼 세계와 교감하면서 그들이 본 비전을 동굴벽화로 옮겼다고 추정한 것이다.[13] 각각의 그림을 그린 시대와 지역이 다르다는 점을 고려하면 놀랍지 않을 수 없다.

우리의 네안데르탈인 선조들이 횃불과 물감을 들고 조심스럽게 동굴로 들어갔을 때 실제로 일어난 일은 추측 말고는 알 도리가 없다. 현재 우리가 알 수 있는 것은 그들이 남긴 그림이 놀랍고 아름답다는 사실뿐이다. 기록된 역사가 없으니 우리는 이 구석기 사람들이 섬긴 신의 이름도 알 수 없고, 우주의 기운을 이끌어 운을 바꾸겠다는 개념이 이들에게 정말로 있었는지도 알 수 없다. 그렇지만 세월이 조금 더 흐르면 예기치 못할 무작위 사건이 벌어질 때 인간이 원하는 방향으로 운을 돌리기 위해 의지하게 되는 신성한 존재가 출현한다.

기회의 심리학

메소아메리카의 운

오늘날 멕시코 및 중앙아메리카 지역의 '아즈텍(Aztec)', '마야(Maya)', '잉카(Inca)' 같은 고대 메소아메리카(Mesoamerica) 문명은 세상이 다층적이면서 질서를 갖췄다는 믿음 아래 과거, 현재, 미래를 나타내는 달력을 만들었다. 이 달력은 놀랍도록 복잡했고 태양, 달, 별의 움직임을 세심히 관찰한 결과물이었다.

메소아메리카 최초의 문명인 '올메크(Olmec)'는 우리 세상을 하늘 세계와 지상 세계 그리고 지하 세계를 잇는 통로이자 우주의 중심인 '세계수(world tree)'로 묘사했다.[14] 부족의 성자들은 마을 사람들의 삶을 보살피거나 병을 치료하고자 각 세계를 오갈 때 '동물령'의 도움이 필요했다. 어떤 학자들은 메소아메리카 유적지에서 발견되는 인간과 동물의 모습이 뒤섞인 석상이나 뼈를 조각한 기이하고 신비로운 형상이 이 여정을 위해 동물 모습으로 변신한 주술사를 표현한 것이라고 주장했다. 올메크 사람들은 움직이는 모든 것에 영혼이 있다고 믿었으며, 어떤 것들은 신으로 숭배됐다. 이들은 인간의 운명이 신과 세상에 연결돼 있다고 여겼다. 그래서 통제할 수 없는 재난이 닥치면 그 무질서와 혼돈의 이유를 찾으려고 달력을 참조했다.[15]

고대 아즈텍 사람들은 우주의 질서를 유지하거나 회복하고자 할 때 이른바 '피의 제물(blood sacrifice)'을 바쳤다. 아마도 대부분 사람에게 인간 희생양은 아즈텍, 마야, 잉카 문명의 주요 특징일 것이다. 그러나 이 부분은 여전히 학자들 사이에서 이견이 많다. 가장 극단적인 피의 제물인 사람을 실제로 얼마나 자주 바쳤는지는 아무도 모른다. 그래도 어쨌든 '희생'을 통해 '운명'을 바꾼다는 개념은 메소아메리카 문명의 중심을 이루는 생각이었고 여러 창세 신화를 관통하는 주제와도 관련이 있다.

그들은 거룩한 의식을 수행하고 적절한 희생을 치름으로써 인간의 운명에 영향력을 행사할 수 있다고 믿었다. 즉석에서 피를 내 가시에 묻힌 뒤 신에게 바치기도 했고, 동물의 혀 또는 귀를 잘라 그 피를 천이나 우상에 묻히기도 했다. 그러면 제물을 받은 신이 세상에 개입해 인간에게 이롭도록 균형을 재조정하는 것이다. 아즈텍 창세 신화 최고 신 '테스카틀리포카(Tezcatlipoca)'는 적절한 제물만 바친다면 인간의

기회의 심리학

태어난 날로 결정되는 운명에서 여러분을 해방할 수 있으며, 죄를 용서하고 병을 고칠 수도 있다. 하지만 어디까지나 테스카틀리포카가 마음먹기에 달렸다. 여러분이 치르는 어떤 희생에도 묵묵부답일 수 있다. 되레 여러분의 재물을 빼앗아 세속적 욕망을 덜어주거나, 여러분 마을에 가뭄이나 기근을 몰고 와서 강인한 인내심을 키워줄 수도 있다.[16]

아프리카와 이집트의 운

'보둔(Vodun)' 또는 미국식으로 '부두(Voodoo)'는 전세계에서 가장 오래된 종교일 것이다. '보둔'은 '영혼(spirit)'을 의미하며, 가나에서 나이지리아에 이르는 서아프리카 요루바족(Yoruba)의 전통 종교를 총칭하는 용어다. 보둔교에 따르면 세상 모든 이들은 영혼과 교감할 수 있다. 자연 및 인간 사회의 힘은 '큰 영혼들(major spirits)'이 지배하며, 개울이나 나무나 바위 같은 개별적인 것들은 '작은 영혼들(minor spirits)'이 통제한다.[17]

여신 '마우(Mawu)'와 반려자 '리사(Lisa)'는 세상과 모든 것을 만든 부부 창조신이다. 마우는 일곱 자녀를 낳아 자연의 지배권을 부여했다. 맏이인 '사크파타(Sakpata)'는 대지와 질병의 영혼이다. '아그베

(Agbe)'는 바다를 지배하는 영혼이며, '구(Gu)'는 철의 영혼으로 대장장이의 신이다. 그런데 막내인 '레그바(Legba)'에게는 지배할 자연이 없었다. 막내라면 으레 그렇듯 그가 태어나기 전에 이미 분배가 끝나 있었기 때문이다. 그 대신 레그바는 인간과 영혼 사이의 중개자 역할을 맡았다. 그래서 결과적으로는 가장 중요한 신(영혼)이 됐다. 자신의 심기를 건드린다 치면 곧바로 의식을 훼방하거나 누군가의 운을 망쳐놓는다. 위험하고 예측할 수 없는 협잡꾼이다.[18]

'조상 숭배' 또한 보둔교의 특징이다. 죽은 사람들의 영혼은 살아있는 사람들과 공존한다. 그렇기에 인간 세계와 영혼 세계를 중개하는 레그바를 통해 조상의 영혼과 교감한다. 어떤 전통에서는 앞날을 알고 싶을 때 예언자의 영혼 '파(Fa)'와 교감하는 주술사를 찾아갈 수 있다. 어떤 전통에서는 도움의 영혼 '오리샤(Orisha)'가 인간을 대신해 영혼 세계의 도움을 구한다. 의식을 수행해 영혼 세계와 접촉한 뒤 영혼에 행운을 구하거나 불행을 피하도록 청할 수 있다. 순산을 빌거나 질병을 고쳐달라고 할 수도 있다. 결혼식이나 장례식도 이와 같은 의식이며, 동물의 피나 음식을 제물로 바쳐 액운을 막고 풍년을 기원하기도 한다.[19]

고대 이집트의 오래된 신 가운데 '베스(Bes)'가 있다. 모든 나쁜 것으로부터 가정을 지키는 수호신이다. 아프리카 다른 지역인 누비아(Nubia)나 콩고에서 유입됐다고 보는 학자들도 있고, 고대 이집트인들이 나일강 유역에 장엄한 문명을 이루기 시작할 때부터 있었다고 주장하는 학자들도 있다. 흥미로운 사실은 일반적으로 다른 이집트 신들은 옆모습으로 그려지는 데 반해 베스는 앞모습으로 묘사된다는 점이다. 게다가 다른 신들은 대개 길고 날씬하고 우아하게 표현되지만, 베스의 조각상이나 그림은 키가 작고 머리가 몸만큼이나 크다. 짧고 굵은 팔, 굽은 다리, 부릅뜬 눈, 짙은 눈썹, 낮은 코, 큰 귀에 때로는 혀가 튀어나와 있다. 더욱이 다른 신들의 조각이나 회화는 2차원 평면에 이른바 '정면성(正面性, frontality)'을 적용했으나 베스만 유독 3차원 입체다.[20]

고대 이집트 미술 작품을 보면 파라오나 신들의 옆모습을 그린 것 같은데 무언가 부자연스럽다. 얼굴은 측면인데 눈은 정면을 향해 있고, 몸은 정면이며, 다리는 다시 측면이다. 보이는 대로 그린 게 아니라 '정면성'을 적용해서 그렇다. 학자들은 이를 사실적 묘사보다는 의미 전달을 예술의 기능으로 본 당대의 관념에 기인한 것으로 본다. 어떤 각도에서 보든지 신체의 가장 두드러진 특성이 보이도록 그린 것이다. 이는 반대로 우리가 어느 방향에 있든지 그림이나 조각 관점에서 다 볼 수 있다는 의미를 내포하기도 한다. 특히 신들의 조각은 사람들이 기도하는 장소에 새겨졌다. 그곳에서 모든 것을 꿰뚫어 보고 있던 셈이다.

그렇지만 베스는 가정을 위협하는 액운을 겁줘서 쫓아내야 하므로

기회의 심리학

앞을 똑바로 응시한다. 베스 조각상은 보통 집 앞에 세워졌다. 뒤에 있는 가족을 지켜줘야 하기 때문이다. 베스는 임산부의 수호신이기도 해서 가정에 아이가 태어날 때 산모와 아기에게서 불운을 떼어놓는 임무도 맡았다. 못된 악령을 몰아내는 베스의 행동은 아기에게 즐거운 웃음을 선사한다. 오늘날 의사들은 갓난아기가 뚜렷한 이유 없이 웃으면 배 속의 가스 때문이라고 설명하지만, 여전히 많은 이집트인은 어른들 눈에만 안 보일 뿐 아기 눈에는 베스가 우스꽝스러운 얼굴로 눈을 부릅뜬 채 혀를 내밀고 고개를 흔들면서 춤추는 모습이 보인다고 이야기한다.[21]

운명의 신 '샤이(Shai)'도 있다. 때로는 뱀의 형상으로, 때로는 사람의 모습으로 묘사되는 샤이는 인간의 운명을 관장하며, 개인의 수명과 죽는 방식을 결정한다. 샤이는 사람이 태어날 때마다 함께 태어나는 신이기에 각각의 사람마다 자신만의 샤이가 있다. 샤이는 개인의 운명 그 자체라고 할 수 있다. 샤이는 죽은 자가 신성한 재판에서 조금의 거짓도 없이 살아생전 한 일과 하지 않은 일을 모두 고백하게 한다. 죽음과 부활의 신 '오시리스(Osiris)' 앞에서 죽은 자의 '심장 무게'를 달 때도 저울 옆에 서서 마지막을 함께한다. 만약 심장 무게가 정의와 질서의 여신 '마아트(Maat)'의 깃털만큼 가볍다면 사후 세계로 들어갔다가 훗날 부활할 수 있다. 깃털보다 무겁다면 그 즉시 악어 머리, 사자 몸, 하마 뒷다리를 한 괴물 '아미트(Ammit)'가 심장을 먹어치운다. 심장을

잃으면 죽은 자의 영혼은 영원히 사후 세계로 가지 못하고 떠돌게 된다.[22]

하지만 여러 운명의 신들처럼 샤이도 변덕이 심하다. 마음속 욕망을 들끓게 만들거나 파멸, 고통, 불행을 가져다주기도 한다. 그래서 고대 이집트 사람들은 샤이가 이미 운명을 결정했고 바꿀 수 없으므로 세속적 욕망을 좇는 데 몰두하지 말라는 충고를 듣고 자랐다. 한편으로 고대 그리스 사람들은 샤이를 다른 뱀 형상의 신과 결합한 '아가토다이몬(Agathodaimon)' 또는 '아가토스 다이몬(Agathos Daimon)'이라고 불렀다. 아가토다이몬이 된 샤이는 알렉산드리아에서 인간의 운명을 지배했다.

고대 신들은 이렇게 다른 지역에 유입하거나 서로 융합했다. 샤이는 우리가 이어서 만나게 될 '티케(Tyche)'의 남편이었을 수도 있다.[23]

기회의 심리학

그리스와 로마의 운

고대 그리스에서 행운은 여신 '티케'로 불렸다. 티케는 인간의 운, 운명, 성공, 번영을 관장한다.[24] 티케는 운과 운명을 상징하는 수많은 모습으로 등장한다. 일테면 배의 키를 잡은 모습은 세상의 운명이 그녀의 손아귀에 있음을 상징한다. 예측할 수 없는 운명을 표현하는 구체 위에 서기도 한다. 공은 어디로 튈지 모르며 어떤 방향으로든 굴러갈 수 있다. 티케는 커다란 동물 뿔 모양에 과일과 꽃을 가득 담은 풍요의 뿔 '코르누코피아(cornucopia)'를 가슴에 안고 등장할 때도 있다. 운명이 선사할지 모를 풍요로움이다. 때로는 운명의 수레바퀴를 돌리며 어떤 사람은 쓰러뜨리고 어떤 사람은 일으켜 세우는 모습을 보여준다. 고대 그리스 사람들은 그녀를 위한 신전을 짓고 자신의 재산을 지켜달라고 빌었다. 티케는 성벽 모양의 왕관을 쓸 때도 있다. 행운과 번영이 아테네, 아폴로니아(Apollonia), 헬로스(Helos)에 있다는 듯이.[25]

고대 그리스 사람들은 운명을 '모이라이(Moirai)' 또는 '모라이(Morai)'라는 세 명의 자매 여신으로 의인화했다. 이들 운명의 여신은 인간이 태어나는 순간부터 운명의 실타래로 수명을 재단하고 삶을 감시한다. 세 여신은 각자 맡은 임무를 수행한다. '클로토(Clotho)'는 물레를 돌려 생명의 실을 뽑아내고, '라케시스(Lachesis)'는 자로 실의 길이를 정하며, '아트로포스(Atropos)'는 가위로 실을 잘라 생명을 거둔다. '아트로포스'는 그리스어로 '돌이킬 수 없는' 또는 '불가피한'이라는 뜻인데, 그녀의 역할로 볼 때 왜 이 이름을 얻었는지 쉽게 유추할 수 있다.[26]

로마 이전에 있었던 도시 국가 에트루리아는 그리스 문화의 영향을 많이 받으면서 이웃 민족의 신화와 신전 그리고 신들을 빌려다 쓰곤 했다. 에트루리아 사람들은 행운과 운명을 관장하는 여신 '노르티아(Nortia)'를 숭배했다. 역사가들은 한 해의 끝과 새로운 해의 시작을 알리는 에트루리아의 의식을 이렇게 설명한다. 운명을 상징하는 노르티아 신전 문설주에 못을 박는다. 그러면 운명은 세상 모든 사물을 제자리에 고정하고 변화와 움직임을 멈춘다. 못은 시간의 흐름이나 세월의 움직임에 종지부를 찍는다는 은유다. 운명은 삶의 모든 가능성을 통해 앞으로 나아가려는 우리의 움직임을 막아선다. 인간의 운명, 인생

기회의 심리학

을 관통하는 길은 태어날 때부터 정해졌으며, 말 그대로 처음부터 못 박혀 있다.[27]

이어서 고대 로마 사람들은 무작위 사건을 특정 방향으로 조금 움직여야 할 때 몇몇 신성한 존재에게 의지했다. 이제 모이라이 여신들은 '파르카이(Parcae)'라는 이름으로 로마에 나타나 인간의 운명을 담긴 실타래를 관리한다. '클로토'는 '노나(Nona)'로 이름을 바꿔 생명의 실을 뽑고, '라케시스'였던 '데키마(Decima)'는 실의 길이를 재며, 옛 이름 '아트로포스'인 '모르타(Morta)'는 실을 끊는다.[28]

'운'은 로마에서 두 가지 방식으로 의인화했다. 첫 번째는 '소르스 (Sors)'라는 작은 신인데, 우리가 또 잠시 후에 만나게 될 훨씬 더 강력하고 중요한 여신에게 흡수된다. 제비뽑기 같은 점술을 지칭하는 '소르테(sorte)'가 소르스에서 파생했다. 인간이 추앙하는 신성한 존재를 통해 미래를 예측하는 방법이다. 소르테는 나무로 만든 작은 서판으로, 유명한 서사시의 한 구절이나 제비뽑기할 사람의 이름을 새긴다. 그런 다음 여러 개 소르테를 물이 채워진 항아리에 넣고 제비를 뽑는다. 물에 섞인 제비는 신성하기에 그렇게 뽑힌 제비는 신의 결정이다. 소르테는 주사위처럼 굴릴 수도 있으며, 점괘는 신과 연결된 사제나 여사제가 해석한다.[29]

미래를 예측하거나 삶의 중대한 결정을 내릴 때 제비를 뽑는 관행은 로마 문화가 몰락할 때까지 유지됐다. 《성서》에는 구약과 신약을 막론하고 제비뽑기 사례가 자주 등장한다. 대표적인 예로 "니네베(Nineveh)로 가서 그들의 죄악이 하늘에 사무쳤다고 외치라"는 하느님의 명령을 저버린 채 도망쳤다가 고래 배 속으로 들어가게 된 요나(Jonah)가 있다. 요나는 말씀을 거역하고 욥바(Joppa)로 내려가 먼 곳으로 가기 위해 배에 오르는 부질없는 짓을 한다. 하느님이 바다에 풍랑을 일으켜 배가 깨질 지경에 이르자 뱃사공들은 겁에 질려 누구 때문에 이런 변이 생겼는지 알아내려고 제비뽑기를 한다. 제비를 뽑으니 요나가 나왔고, 뱃사공들이 요나를 바다에 던지자 성난 바다는 잔잔해진다. 하느님은 큰 물고기를 시켜 요나를 삼키게 한다. 요나는 사흘 밤낮을 고래 배 속에 있으면서 하느님께 회개한다.[30]

그러나 '소르스'는 제비뽑기 수준을 넘지 못하면서 행운 사업을 경쟁 신에게 넘겨주고 역사 속으로 사라진다. 포르투나 여신이 운과 관련한 모든 지배권을 흡수한 것이다. 너무나도 강력한 포르투나는 인간의 삶의 행운과 불운을 모두 가져다주는 신으로서 숭배됐다. 포루투나는 종종 정의의 여신 '아스트라이아(Astraea)'처럼 눈을 가린 모습으로 묘사되는데, 이는 운명의 예측 불가능성과 행운이 우리 바람대로 주어지지 않음을 상징한다. 포르투나 여신은 사실상 '티케'와 같은 신이다. 배의 키를 잡은 모습, 코르누코피아를 가슴에 안은 모습, 운명의 수레바퀴를 굴리는 모습 등 대부분이 똑같다.[31]

나아가 다른 행운과 운명의 여신들처럼 본래 티케와 노르티아 그리

기회의 심리학

고 포르투나도 갖가지 음식과 아이들을 선사해주는 풍요와 다산의 여신이었다. 출산, 운명, 죽음 사이의 연결고리는 많은 종교에 통합됐다. 넓고 크게 보면 결국 어떻게 흘러갈지 모른다는 점에서 똑같은 운명이 기다리고 있을 뿐이다. 역설적이게도 이것이 우리가 그 필연성에 어떻게든 균열을 내서 운명을 바꾸는 데 힘을 쏟는 까닭일 수 있다. 종교, 문화, 사회적 계급, 살면서 모아놓은 재산과 상관없이 우리의 끝이 죽음이라는 사실은 누구나 예측할 수 있지만, 거기까지 가는 길은 어찌 보면 감사하게도 결코 예상할 수 없다. 운명을 바꿀 수 있다고 상상해보자. 인간이라는 종으로서 수없이 그래왔던 것처럼.

인도와 중국의 운

고대든 현대든 행운은 자주 금전적 이익과 결합한다. 눈먼 돈이 굴러 들어오는 것보다 더 좋은 행운이 있을까? 그래서 '포춘(fortune)'은 부와 재산을 뜻하기도 한다. 인도에서 행운은 남신 '가네샤(Ganesha)'와 여신 '락슈미(Lakshmi)'로 상징된다. 가네샤는 파괴의 신 '시바(Shiva)'와 힘의 여신 '두르가(Durga)' 사이에서 태어난 아들이다. '걸림돌을 제거하는 자' 가네샤는 코끼리 얼굴에 배불뚝이라서 쉽게 알아볼 수 있다.

그가 왜 그렇게 독특한 외모를 갖게 됐는지는 여러 설명이 있는데, 그중 널리 알려진 이야기는 이렇다. 가네샤가 처음부터 코끼리 머리로 태어난 것은 아니었다. 두르가가 목욕하던 중에 누가 쳐들어올까 봐

기회의 심리학

자신의 때를 밀어서 가네샤를 만든 뒤 아무도 들어오지 못하게 했다. 그때 시바가 들어왔는데, 가네샤가 그 앞을 막아섰다. 시바는 처음 보는 사내가 자신을 막아서니 화가 나서 가네샤의 목을 날려버렸다. 묘하게도 행운의 신으로서 불행한 순간이었다. 뒤늦게 이를 본 두르가가 슬퍼하며 사실을 말하니 시바가 미안해하면서 지나가던 코끼리 목을 베어 붙여줬다. 행운은 매력적이지 않다는 것을 보여주려고 일부러 한쪽 상아가 부러진 코끼리 머리를 붙이고 배불뚝이로 만들었다는 일화도 있다.

가네샤는 행운, 부, 지혜 등을 가져다주는 신으로 숭배된다. 온갖 걸림돌을 없애주고 사업을 번창하게 해준다고 여겨서 매우 인기가 높다. 가네샤는 유지의 신 '비슈누(Vishnu)'의 아내이자 부와 풍요의 여신 락슈미와 함께 있는 모습으로도 등장하는데, 자식이 없던 그녀가 두루가의 허락을 구해 그를 입양했기 때문이다. 부를 바라고 락슈미를 숭배하는 사람들은 먼저 가네샤에게 지혜를 구해야 한다. 지혜 없이 부를 얻으면 그 부를 남용하는 결과를 초래할 뿐이다.[32]

고대 중국의 민간신앙에서 운의 개념은 다소 복잡하다. 세 가지 원리가 운의 근간을 이룬다. 첫 번째는 개인의 운인 '명운(命運)'이고, 두 번째는 하늘이 우연히 내려준 운이자 인연인 '연분(緣分)'이며, 세 번째는 삶에서 행한 대로 되돌려받는 운인 '보응(報應)'이다.[33]

'명운'은 고정돼 있으면서도 유연하다. 저마다 태어나면서부터 정해진 운명이 있지만, 우리가 내리는 선택과 결정에 따라 조금씩 삶의 운명을 바꿔나갈 수 있다. '연분'은 인간이 통제할 수 없는 무작위 사건을 통한 운이다. 서양에서의 운과 유사한 개념이다. 우리는 도덕적 세상에서 살고 있기에 좋은 일이든 나쁜 일이든 우리가 행하는 모든 일이 결국 우리 삶에 영향을 미친다. 다른 수많은 종교나 민간신앙도 마찬가지지만, 살면서 한 행동은 결국 삶의 마지막에 책임으로 돌아온다. '보응'은 "기록된 역사의 시작부터 중국 민간신앙의 근본적 믿음"으로 묘사된 운이다.[34] 원인이 있으면 결과가 있게 마련이므로, 평소 행한 만큼 대갚음을 받는다. 이 세 가지 운이 서로 긴밀하게 작용하면서 순간순간의 사건, 일, 관계를 비롯해 인생 내내 우리의 운명을 계속해서 판가름하게 된다.

중국 사람들은 수백 명의 신 중 자신이 숭배하는 신을 모시는 사당에 가서 제사를 올리곤 한다. 이 신들 가운데 대다수는 살아생전 고귀하게 희생했거나 훌륭한 업적을 이룬 역사적 인물 또는 국가 영웅이다. 예를 들면 '재신(財神)'으로 숭배받는 '비간(比干)', '범려(范蠡)', '조공명(趙公明)' 등은 모두 실존했던 인물들이다. '비간'은 기원전 11세기 상(商)나라 제상으로, 사치와 향락에 빠져 폭정을 일삼던 주왕(紂王)에게 간언했다가 산 채로 심장이 뜯겨 죽었다. 얼마 뒤 상나라는 주(周)나라에 멸망한다. '조공명'도 상나라 때 사람이다. 주나라와 마지막까지 용맹하게 싸운 장수였다. 조공명을 묘사한 그림이나 조각상을 보면 시커

먼 얼굴에 긴 수염을 휘날리면서 손에는 쇠 채찍을 든 채 검은 호랑이를 타고 있다. '범려'는 기원전 5세기 월(越)나라 왕 구천(勾踐)을 도와오(吳)나라를 멸망시킨 일등공신이었다. 이후 벼슬을 버리고 상인으로서 엄청난 부를 축적하고 유용하게 사용했다. 새해 첫날이면 중국 사람들은 재신에게 제물을 바치고 중국 고대 화폐 '위안바오(元寶, 원보)' 모양 만두를 먹으면서 행운을 기원한다.[35]

중국 민간신앙에는 '복(福)', '록(祿)', '수(壽)'라는 '삼성(三星)' 또는 '삼신(三神)'도 있다. '복'은 행운과 행복, '록'은 성공과 번영, '수'는 장수를 의미한다. 새해를 맞이하거나 행운과 재물 그리고 건강을 기원할 때 이 세 별(신)에게 제사를 올린다.[36] '복', '록', '수'를 표현한 그림과 조각상은 중국 어디에서나 쉽게 찾을 수 있다. 이 세 가지가 '좋은 삶'을 나타내는 대표적인 요소이기 때문이다. '복성'은 행복을 상징하는 붉은색 옷을 입고 있다. '록성'은 지위와 성공을 나타내는 고관대작의 의관을 하고 있다. '수성'은 큰 귀와 흰 수염의 노인이 불멸을 상징하는 복숭아와 생명의 영약이 담긴 표주박을 든 채 웃고 있는 모습으로 묘사된다.

혼돈에서 찾은 질서

일일이 소개할 수 없을 정도로 수많은 문화가 지구 역사 전반과 전세계에 걸쳐 퍼져 있다. 그래도 몇 가지만 더 언급하자면 북유럽 신화에서는 우주의 근원이자 생명의 나무인 '이그드라실(Yggdrasil)'의 아홉 뿌리가 우리가 사는 '미드가르드(Midgard)'를 비롯한 아홉 세상을 연결한다. 그중 한 뿌리는 신들의 세상 '아스가르드(Asgard)'에 있는 운명의 샘으로 뻗어 있다. 이곳에는 '노른(Norn)'이라고 불리는 여신들이 샘과 뿌리를 보살핀다. 그중에서 '우르드(Urd)', '베르단디(Verdandi)', '스쿨드(Skuld)' 세 자매 여신이 가장 유명하다. '우르드'는 우리의 과거, '베르단디'는 현재, '스쿨드'는 미래의 운명을 관장한다.[37]

켈트 신화에서도 여러 행운과 운명의 신이 아일랜드, 스코틀랜드, 웨

기회의 심리학

일즈의 나무와 샘에 산다. 알래스카 이누이트(Inuit), 북아메리카 체로키(Cherokee), 뉴질랜드 마오리(Maori)의 신들도 우리 삶을 지켜보고 있다.

이 장에서 지금까지 살핀 이야기는 모두 인간이 우주의 혼돈에 질서를 부여하려는 시도에 관한 것이다. 정말로 많은 시도가 있었고 지금도 그 시도는 진행 중이다. 인간이 모여 사회를 이룬 곳들은 언제나 신 또는 영혼의 힘을 빌려 운과 운명을 통제할 수 있다는 공통된 믿음이 있었다. 어디를 가든지 똑같다. 이루 헤아릴 수 없는 다양한 세계에서 왜 그토록 일관되게 혼돈에서 질서를 찾으려고 한 것일까?

종교의 문화적 기능에 관한 이론 대부분은 인간의 마음속에서 공유하는 믿음이 사회에 여러 순기능을 제공한다고 말한다. 믿음은 사회 속 개인의 정체성을 공유한다. 좋은 인생을 살기 위한 지침이 되고, 일상의 생존 문제를 넘어 삶에 대한 인식을 확장해주며, 이해되지 않는 일이 벌어졌을 때 해석할 수 있는 방법론을 제공한다.[38] 말도 안 되는 것처럼 보이는 일을 이해한다는 게 핵심인 듯하다. 학자들은 신과 운명을 향한 믿음이 세상의 작동 원리에 어긋나긴 하지만, 삶의 기만이나 죽음과 같은 실존적 문제를 해결하기 위한 최소한의 초자연적 세계를 상상할 수 있도록 해준다고 설명한다.[39]

심리학자 애런 케이(Aaron Kay)는 신과 영혼을 믿고 싶어 하는 인간의 보편적인 경향은 세상이 이치에 맞고 질서가 잡히기를 바라기 때문이라고 주장한다. 무작위성이 인간을 불안하게 만든다. 그래서 사람들은 불안해지면 반대 증거를 찾아 질서를 재확인하고자 한다. 자연재해에서 인공적인 원인을 찾거나 무작위 배열에서 패턴을 보는 것도 이 때문이다.[40]

그렇기에 인간이 통제하지 못하는 상황, 무작위적인 우연이 지배하는 상황에 직면하면 애써 보이지 않는 '행위자'나 누군가에게 책임을 돌리려고 한다. 앞서 조앤 긴더의 복권 연속 당첨의 경우에도 이와 같은 경향은 그런 일이 우연히 일어났을 리 없다고 여기거나, 수학 교수라는 이력을 근거로 부정행위를 저질렀다고 몰아가거나, 억세게 운이 좋았을 뿐이라는 반응으로 나타났다. 우주는 질서정연해야만 하므로 절대로 일어날 수 없는 일이라고 생각하는 것이다. 아니면 반대로 그처럼 우연한 횡재가 더 자주 더 많이 일어나기를 바라는 마음의 표출일지도 모른다. 물론 자신들에게. 여러분과 나도 포함되겠지만 말이다.

기회의 심리학

3

운의 원인

행운은 가느다란 물줄기에서 오고,
불행은 거대한 물결로 들이닥친다.

아일랜드 속담

세상에서 가장 운 좋은 남자

2016년 여든일곱의 나이로 타계한 크로아티아 사람 프라노 셀락 (Frano Selak)은 환한 미소가 매력적이던 인상 좋은 남성이었다. 누구에게나 친절하고 자상한 할아버지였고, 가만히 앉아 있으면 산타클로스 같기도 했다.

살아생전 그는 '세상에서 가장 운 좋은 남자'로 유명했다.[1] 프라노 셀락은 자신의 인생 자체가 운이 좋아서 시작됐다고 말했다. 1929년 6월 초 화창한 어느 날 그의 부모님은 낚시 여행 중이었는데, 임신 7개월이던 어머니에게 진통이 찾아왔다. 아버지가 황급히 아기를 받아냈으나 마음이 급한 나머지 차디찬 바닷물로 씻어내서 그를 죽일 뻔했다. 신생아는 체온을 조절하지 못해서 아무리 더운 여름에도 담요로

기회의 심리학

꽁꽁 싸매는 법이다. 놀란 아버지가 정신없이 아들을 데리고 병원에 도착했을 때 어린 프라노 셀락은 저체온증으로 온몸이 파랗게 굳어 있었다. 다행히 의사들이 온 힘을 다해 그의 생명을 구해냈고, 프라노 셀락은 우여곡절의 표상이 될 자신의 삶을 시작할 수 있었다.

음악 교사가 직업이던 프라노 셀락은 재난에 가까운 출생 이후 30년 동안은 비교적 평온하게 보냈다고 회상했다. 그는 음악 학교에 다녔고, 작곡을 배웠으며, 피아노와 아코디언을 연주했다. 결혼했고, 아들을 낳았고, 이혼했고, 재혼했다. 굴곡이 없었다곤 할 수 없지만, 누구의 인생에서나 일어날 수 있는 일을 겪었을 뿐 죽음에 도전할 정도는 아니었다. 그러나 1962년부터는 목숨을 앗아갈 만한 사고를 계속해서 당하게 된다. 당장 그의 삶을 끝낼 수 있는 무시무시한 사고였지만, 그는 매번 운 좋게 살아남았다.

그가 죽음의 문턱에서 살아 돌아온 첫 번째 사고는 1962년 1월 추운 겨울날 사라예보(Sarajevo)에서 두브로브니크(Dubrovnik)로 가는 기차에서 일어났다. 그가 탄 기차가 협곡을 통과하던 중 선로를 이탈해 강으로 추락했다. 그는 차가운 강물에 잠겨가는 기차 창문을 깬 뒤 있는 힘껏 헤엄쳐 탈출했고, 그 와중에 근처에 있던 할머니도 구출했다. 이 사고로 탑승객 17명이 익사했지만, 프라노 셀락은 팔이 부러지고 가벼운 타박상과 저체온증만 겪었다.

이듬해인 1963년, 그는 자그레브(Zagreb)에서 출발해 리예카

(Rijeka)로 향하는 소형 여객기에 타고 있었다. 난생처음 타보는 비행기였다. 그런데 이번에는 비행기가 산꼭대기를 스치고 추락했다. 그는 지상으로 곤두박질치고 있는 비행기 문이 떨어져 나간 것을 보고 뒤도 안 돌아본 채 뛰어내렸다. 무려 850미터 높이였다. 이 사고로 다른 승객과 승무원 19명은 그대로 목숨을 잃었지만, 그는 거대한 건초 더미에 떨어져 간신히 살아남았다. 병원에서 사흘 동안 혼수상태로 있어야 했지만 말이다. 그는 이후 다시는 비행기를 타지 않았다.

그로부터 3년 뒤, 이제는 자동차도 타기 싫어질 일이 그를 기다리고 있었다. 기차와 비행기에 이어 그는 자동차 사고까지 당했다. 그것도 여러 번. 1966년 그가 타고 있던 버스가 다리 위 도로에서 미끄러져 강물에 빠졌다. 다행히 목숨을 잃은 사람은 없었다. 승객 대부분은 추락 전 탈출에 성공했고, 물에 빠진 승객도 전원 살아남았다. 프라노 셀락도 물에 빠졌지만, 또 한 번 용케 헤엄쳐 빠져나왔다.

1970년에는 그가 운전하던 자동차가 고속도로 한가운데서 불이 나 폭발했다. 다행스럽게도 그는 연료 탱크에 불이 옮겨붙기 전 멀리 도망칠 수 있었다. 하지만 3년 후 운전 중에 화재가 또 발생했다. 연료 펌프가 고장을 일으켜 뜨거운 엔진에 휘발유를 분사하는 바람에 통풍구로 화염이 뿜어져 나왔다. 머리카락 대부분이 불길에 타버렸지만, 그래도 서둘러 탈출해 생명을 지킬 수 있었다.

이 정도도 너무 많아서 끝일 것 같지만 끝이 아니다. 헷갈리니 번호

기회의 심리학

를 붙여보자. 그가 태어나던 날은 1번, 기차는 2번, 비행기는 3번, 버스는 4번, 자가용 자동차는 각각 5번과 6번이다. 7번은 다시 자동차인데, 1996년 산속 커브 길에서 갑자기 나타난 UN 평화유지군 트럭과 충돌을 피하려고 방향을 틀다가 난간 아래로 추락하는 사고였다. 자동차가 뒤집히면서 조수석 문이 열렸고, 안전띠를 착용하지 않은 덕분(?)에 마지막 순간 차에서 빠져나와 나뭇가지를 붙잡을 수 있었다. 그가 몰던 자동차는 몇 번이고 구르면서 100미터 아래 바닥으로 떨어졌고, 잠시 후 폭발했다.[2]

그에게 죽을 고비를 넘기는 행운만 있었던 것은 아니다. 2002년에는 누가 봐도 행운인 복권에 당첨돼 달러로 100만 달러가 넘는 당첨금을 받았다. 프라노 셀락은 이 돈으로 호화로운 생활을 누리다가 2010년 검소하게 살기로 결심하고 남은 재산 대부분을 기부했다.[3]

그런데 사실 2002년 복권 당첨을 제외하면 프라노 셀락의 믿기지 않는 사고들은 제대로 검증된 적이 없다. 나는 이 책에서 일곱 번의 사고를 소개했지만, 여덟 번으로 설명하는 기사도 있으며, 그가 인터뷰한 매체마다 조금씩 내용이 달라서 일부는 일관성이 없다. 일테면 사고가 발생한 연도도 조금씩 다르고, 그에게는 행운이었으나 그들에게는 불행인 사망자들의 수도 제각각 다르다. 4번 버스 사고에서 사망자가 없었다지만 4명이 익사했다고 설명한 기사도 있다. 7번 자동차 추락 사고 1년 전에 버스에서 치이는 사고도 있었다는 인터뷰도 있다. 그

밖에도 7번 사고에서 나무에 매달려 있었다거나, 나무에 걸터앉아 있었다거나, 나무에 서 있었다는 등 그때그때 말이 다르다.

그렇지만 1번 외에는 사고 기록이 있으므로 그가 정말로 죽을 뻔한 위기를 많이 넘겼다는 이야기는 사실이라고 봐야 할 것이다. 아무래도 인터뷰 당시 프라노 셀락의 나이가 나이니만큼 기억이 왔다 갔다 했을 수도 있다. 무용담처럼 이야기하던 중에 다소 과장이 섞였을지도 모른다. 사실 그의 설명이 100% 정확한지는 그리 중요하지 않다. 맥락이 중요할 뿐이다. 프라노 셀락과 관련한 수많은 기사를 살펴보면 맥락은 하나의 패턴으로 나타난다. 모두 그가 걸어 다니는 '행운의 본보기'라는 것이다.

심리학이 된 운

프라노 셀락이 죽음의 고비에서 단 한 번만 살아남았더라도 우리는 여전히 이렇게 질문할 수 있다. 그는 운이 좋았는가, 운이 나빴는가, 아니면 둘 다인가? 이 질문에 답하려면 더 근본적인 질문에 먼저 답해야 한다. 운이 좋다는 것은 무엇을 의미하는가? 프라노 셀락은 2010년 《텔레그래프(Telegraph)》와 인터뷰에서 이 질문에 개인적으로 답변했다. 이때 그는 검소하게 살고자 남은 재산을 기부하겠다고 하면서 이렇게 말했다.

"나는 그동안 죽음의 손아귀에서 빠져나온 것이 행운이라고 여기지 않았습니다. 그때마다 나는 왜 이렇게 불행한가 생각했습니다."[4]

지금껏 살펴왔듯이 '운'은 다른 방식으로는 예측하거나 설명할 수 없는 사건의 원인을 지칭할 때 쓰는 용어. 프랑스어 관용구처럼 '부득이하게(faute de mieux)', 달리 합당한 설명을 찾을 수 없어서 사용하는 말이다. 운 그리고 인과관계의 원인을 찾는 것은 서로 밀접한 연관이 있으므로, 인간 행동에 관한 연구가 운을 어떻게 말하고 있는지 살펴보면 좋을 것이다. 인간이 주변 사건 및 행동의 원인을 어떤 식으로 찾는지 연구하는 심리학의 한 분야부터 시작해보자.

심리학에서 행운과 관련한 공식적인 연구는 '사회심리학'을 통해 이뤄졌다. 사회심리학은 인간 심리의 사회적 측면을 다루는 학문으로, "사회 환경 속에서 사람들이 서로를 어떻게 생각하고, 어떤 영향을 미치며, 어떤 방식으로 관계를 맺는지" 연구한다.[5] 실존주의 철학자 장 폴 사르트르(Jean Paul Sartre)의 "타인은 지옥이다!"라는 유명한 희곡 대사에도 불구하고 다른 사람들과의 심리적, 감정적, 심지어 신체적 상호 작용은 우리의 건강과 행복에 매우 중요한 요소다.[6] 인간은 사회적 동물이다. 그렇기에 우리가 생존하고 번영하려면 사회적 접촉이 필요하다. 우리는 사회를 이뤄 후손을 키우고, 같은 사회 다른 구성원과 유대를 형성한다. 가족, 사회, 문화 안에서 집단을 형성해 함께 살며, 서로 오랫동안 좋은 관계를 유지한다. 이것이 사회적 존재로서 인간의 특징이다.[7]

다른 사람들과의 상호 작용을 통해 우리는 사회적 세계를 만든다. 근본적으로 모든 사회적 상호 작용에는 '행위자(행동하는 사람)'와 '관찰

기회의 심리학

자(행위자의 행동을 해석하는 사람)'가 있다. 사회심리학은 이와 같은 상호 작용을 연구하고, 우리가 외부 세계를 어떻게 감지하는지, 기억력과 학습 능력을 통해 우리가 어떤 식으로 행동을 변화시키는지 해석한다. 우리는 활용 가능한 모든 사회적 도구로 주변 세계를 탐색한다. 지금 일어나고 있는 일을 이해하기 위해, 특히 다른 사람들과 상호 작용할 때 무슨 일이 일어날지 예측하기 위해 부단히 노력한다.

운과 귀인 이론

사회심리학 연구에서 중요하게 여기는 부분은 우리가 다른 사람들의 행동을 해석하는 방식, 즉 행동의 원인을 설명하는 방법이다. 타인이 우리의 신체적·정신적 건강에 막대한 영향을 미치기 때문에 우리는 이 활동에 많은 투자를 하고 있다. 다른 사람의 행동에 잘못된 판단을 내리면 참혹한 결과를 초래할 수 있다.

여러분이 매우 늦은 시각 어두컴컴한 밤에 혼자 길을 걷고 있다고 상상해보자. 길모퉁이를 도는데 저쪽에서 키가 큰 누군가가 괴상한 동물 울음소리와 함께 좀비처럼 비틀거리며 빠른 속도로 여러분을 향해 오고 있다. 이때 여러분은 지금 무슨 일이 일어나고 있는지 빠르게 평가하고 어떻게 행동할지 결정해야 한다. 뭘 하려는 거지? 내가 지금 위

기회의 심리학

험한 건가? 도망쳐야 하나? 대체 왜 저러는 거지?

이번에는 몇 가지 사항만 바꿔서 다음과 같은 시나리오를 상상해보자. 여러분은 7월 4일 늦은 밤 친구들과 거리를 걷고 있다. 독립기념일을 맞이해 열린 지역 불꽃놀이 축제가 막 끝났고, 많은 인파가 집으로 돌아가기 위해 줄줄이 길을 채우고 있다. 길모퉁이를 도는데 저쪽에서 키가 큰 누군가가 깔깔거리며 빠른 속도로 다가온다. 자세히 보니 한 명이 아니라 두 명이다. 아이를 목말 태운 아버지가 다른 사람들에 앞서 빠르게 걷고 있다. 아빠 어깨 위에 올라탄 아이가 너무 재미있는지 "이랴! 이랴!" 하면서 연신 까르르 웃는다. 아버지도 "이히힝!" 하며 따라 웃는다. 여러분은 아마도 여전히 머릿속에서 몇 가지 질문을 던지겠지만, 이들의 행동과 그 원인에 대한 해석은 앞의 상황과는 상당히 다를 것이다.

우리가 처한 사회적 상황은 우리 주변에서 일어나는 일을 해석하고 이해하는 데 커다란 역할을 한다. 여러분이 혼자인지 친구들과 있는지, 다가오는 낯선 사람이 혼자인지 다른 사람과 함께인지, 평범한 날인지 축제일인지 등등이 모두 여러분의 경험을 이해하는 방식에 영향을 미친다. 이처럼 우리는 사회적 단서를 근거로 자신의 행동과 타인의 행동을 해석한다. 첫 번째 상황에서 여러분은 다가오는 낯선 사람이 위험한 존재이고 여러분에게 해를 끼칠 의도가 있는지 자문할 수 있다. 그 해석은 여러분이 해야 할 행동을 유도한다. 다가오는 사람이 잠재적으로 큰 문제를 일으킬 수 있으므로 최대한 빨리 도망치는 게 좋다. 반면 두 번째 상황에서는 낯선 사람의 행동을 아버지의 자식 사랑으로 해석해 여러분은 완전히 다른 행동을 취할 수 있다. 기꺼이 길을 비켜줄 수도 있고, "워워!"나 "길을 비켜라!" 하면서 이들 부자의 말타기 놀이에 동참할 수도 있다.

이와 같은 분석 방법을 '귀인(歸因, attribution)'이라고 한다. '귀인'이란 자신이나 타인의 행동을 특정 원인으로 귀속시키는 과정을 말한다. 우리에게는 특정 행동이 나타난 원인을 우리 자신은 물론 다른 사람의 행동에서 찾아 설명하려는 경향이 있다.[8] 사회심리학자 해럴드 켈리(Harold Kelley)에 따르면 "귀인 이론은 '왜'로 시작되는 질문에 사람들이 '어떻게' 대답하는지에 관한 이론"이다.[9]

귀인 이론은 캔자스대학교에서 활발한 연구 활동을 펼친 오스트리아 출신 심리학자 프리츠 하이더(Fritz Heider)가 1958년 처음 주창했다.[10] 그는 모든 인간은 타인의 행동을 납득 가능한 정보로 종합해 설명하고자 애쓰는 관찰자라고 봤다. 그런데 뒤에서 살펴겠지만 다른 사람의 행동을 귀인하는 과정에서 그 사람의 기질이나 성격적 측면에 초점을 맞추려는 인간의 심리적 속성 때문에 일종의 '편향(偏向, bias)'이 발생한다. 달리 말하면 관찰자로서 타인의 행동 원인을 추론할 때 '그렇게 행동할 만한 상황'을 고려하기보다는 '본래 그런 사람'이라고 여기는 경우가 많다. 우리가 앞서 말타기 놀이를 하던 아버지와 아이를 보고 '처음일 거야'라고 생각할 가능성은 매우 적다. 말타기라는 아버지와 아이의 상호 작용을 놓고 '아빠와 아이가 늘 저렇게 놀았구나' 하면서 행복한 가족의 특징으로 귀인할 가능성이 훨씬 크다.

인간은 귀인을 통해 미래의 불확실성을 낮추고 앞으로의 일을 예측하려고 한다. 프리츠 하이더는 우리가 주변 세계와 상호 작용할 때 두 가지 방식으로 귀인하며, 한쪽으로 치우치면 오류가 생긴다고 설명했다. 첫 번째는 '기질적 귀인(dispositional attribution)'이다. 개인의 성격이나 능력 같은 '개인 속성(person properties)'을 행동의 동기나 원인으로 보는 것이다. 그 사람의 내적 기질이 그렇게 행동하도록 만들었다는 얘기다. 아이와 놀기 좋아하고 아이가 즐겁다면 기꺼이 아이 눈높이에 맞출 수 있는 아버지의 기질이 목말을 태우는 행동으로 나타났다는 추론이다. 두 번째는 '상황적 귀인(situational attribution)'이다. 특정 환경이나 상황 같은 '객체 속성(object properties)'을 행동의 동기나 원인으로 판단하는 경우다. 주로 자신의 행동 원인을 찾을 때 상황적 귀인으로 추론하는 경향이 강하다. 늦은 밤 혼자 길을 걷다가 이상한 사람이 보이면 위험한 상황이니 얼른 피하려고 하지 '내가 소심한 겁쟁이라서 그래'라고 생각하지 않는다.[11]

귀인 이론은 프리츠 하이더 이후 해럴드 켈리와 버나드 와이너(Bernard Weiner)를 거치면서 더욱 발전했다. 1985년 버나드 와이너는 귀인 이론을 세 가지 차원의 귀인 모델로 재정립했다. 첫 번째 차원은 프리츠 하이더의 '개인 속성'과 '객체 속성' 용어를 바꿔 행동이나 사건 원인이 '내적(internal)'인지 '외적(external)'인지 고려하는 원인의 '소재(所在, ocus)'다. 쉽게 말해서 원인이 내부에 있느냐 외부에 있느냐다. 두 번째 차원은 원인의 '안정성(stability)'이다. 결과의 원인이 안정한지 불안정한지와 관련이 있다. 세 번째 차원은 원인의 '통제 가능성(controllability)'이다. 원인을 우리가 통제할 수 있는지 없는지 판단한다.[12]

여러분이 불꽃놀이를 즐긴 뒤 자동차를 몰고 귀가하는데 갑자기 엔진에서 굉음이 들리더니 보닛 사이로 연기가 흘러나오면서 차가 멈췄다고 치자. 만약 그 원인을 지독하게 형편없는 자동차 지식과 이제껏 한 번도 정비를 받지 않은 탓으로 돌린다면, 여러분은 원인의 '소재' 차원에서 '내적 귀인(internal attribution)'을 하는 것이다. 사건의 원인을 여러분 '개인'이라는 내부에서 찾았기 때문이다. 반대로 제조사의 차량 완성도 문제나 운행한 지 14년이나 된 자동차라는 사실을 떠올린다면, 여러분은 '외적 귀인(external attribution)'을 하는 셈이다. 원인을 자동차가 처한 '상황'으로 돌렸으니 말이다.

귀인은 원인의 '안정성' 차원에서도 달라질 수 있다. 여러분은 자동차를 더는 멀쩡히 되돌릴 수 없고 영원히 고장 난 상태를 유지하리라고 생각할 수 있다. 결과의 원인이 만성적이므로 '안정 귀인'이다. 하지만 여러분이 고장을 일시적 결함으로 여긴다면, 그래서 수리 후 정상

기회의 심리학

적으로 운행할 수 있다고 생각한다면 '불안정 귀인'을 하는 것이다.

　원인을 어느 정도 통제할 수 있는지에 따라서도 달라진다. 전부는 아니더라도 고장을 일으킨 원인 중 일부는 사전에 충분히 통제할 수 있었을 것 같다. 제때 엔진 오일을 교환하고 누수를 확인했다면 차가 갑자기 멈추는 일은 벌어지지 않았을 것이다. 오르막길을 오르거나 속도를 더 낼 때 들리는 엔진 소리에 귀를 기울여 이상 징후를 발견했다면 당장 정비를 받았을 것이다. 그랬으면 교통 체증을 일으켜 다른 사람들에게 피해를 주는 일도 없었으리라. 여러분의 생각이 여기에 미친다면 '통제 가능 귀인'이다. 그러나 한편으로 여러분은 그 고장이 어쩔 도리 없이 일어났고 재수가 없어서 생긴 사고라고, 도저히 통제할 수 없었던 일이라고 투덜거릴 수도 있다. 그렇다면 '통제 불가능 귀인'을 하는 것이다.

　이와 같은 원인의 세 가지 차원은 상호 작용하고 서로 얽혀서 우리에게 일어나는 일을 설명할 때 네 가지 요인에 주목하게 만든다. 즉, 귀인하는 과정에서 우리는 네 가지 요인에 직면한다. 다름 아닌 우리가 가진 '능력(ability)', 우리가 결과를 위해 애쓰는 '노력(effort)', 우리가 당면한 과제의 '어려움(difficulty)', 그리고 짐작했듯이 우리 마음대로 되지 않는 '운(luck)'이다. 이 가운데 '능력'은 내적이고 안정하며 통제할 수 없는 귀인이다. '노력'은 내적이고 불안정하며 통제할 수 있는 귀인이다. 과제의 '어려움'은 외적이고 안정하며 통제할 수 없는 귀인이다.

'운'은 외적이고 불안정하며 통제할 수 없는 귀인이다.[13] 우리는 우리의 능력과 노력 그리고 당면 과제의 어려움에서 귀인의 요인을 전혀 발견하지 못할 때 운이 좋았거나 운이 나빴다고 이야기한다.

지금도 사회심리학 연구에서는 우리가 귀인할 때 어떤 요인을 언제 주로 찾게 되는지 활발한 논쟁이 펼쳐지고 있다. 프라노 셀락이 빠져나온 죽음의 손아귀 중 하나를 예로 들어보자. 버스가 다리 위에서 미끄러져 강으로 추락한 4번 사건에서 당시 버스 기사가 사고 원인을 도로 결빙, 마모된 타이어, 뒷바퀴 서스펜션(suspension) 결함, 파손된 도로 난간 때문이라고 진술했다고 치자. 그렇다면 사건의 원인을 운전자가 처한 외부 환경과 상황에서 찾는 '외적 귀인'을 한 것이다. 보통 '외적 귀인'은 잘못을 통제 불가능한 외부의 탓으로 돌리면 되므로 가장 쉽고 마음도 편하다. 그래서 대다수 사람은 자신에게 불리하다는 생각이 들 때 '외적 귀인'을 한다. '외적 귀인'이 명백하다면 자신의 노력이나 주의력 부족에 따른 '내적 귀인'을 요구받지 않기 때문이다.

그런데 다른 한편으로 버스 기사는 까다로운 빙판길을 통과할 때 프라노 셀락이 자꾸 뒤에서 말을 걸어 운전에 집중하지 못했다고 사고 원인을 돌릴 수도 있다. 이번에는 다른 사람, 즉 프라노 셀락 개인에게서 원인을 찾은 것이다. 이는 버스 기사 관점에서는 '외적 귀인'이지만 프라노 셀락 처지에서는 '내적 귀인'이다. 그가 인정하든 하지 않든 버스 기사는 자신에게 책임을 지우지 않아도 된다. 버스 기사는 이렇게

기회의 심리학

생각했을지 모른다.

'나는 어려운 상황에서 내가 할 수 있는 최선을 다하고 있었어. 저 사람이 너무 수다스러웠던 거라고. 추락 사고는 모두 저 사람 때문이야.'

나아가 버스 기사는 프라노 셀락의 수다스러움을 변함없는 평소 기질로 판단해 '안정 귀인'을 할 수도 있고, 그날만 날씨와 도로 사정 때문에 일시적으로 긴장했던 것으로 보고 '불안정 귀인'을 할 수도 있다.

마지막으로 버스에는 아무런 기계적 결함도 없었고, 버스 기사도 조심스럽게 운행하고 있었으며, 프라도 셀락도 가만히 자리에 앉아 조용히 책을 읽고 있었다고 가정해보자. 그런데도 갑자기 버스가 빙판길에 미끄러지며 빙그르르 돌아 난간을 부수고 강물에 추락했다면, 사고의 원인은 그저 운 때문이었다고 할 수 있을 것이다.

잘못된 귀인

일상에서 우리는 늘 자신도 모르게 귀인을 하고 있다. 지금껏 계속해서 해오던 일이니 우리가 귀인을 제대로 잘하고 있으리라고 생각할지도 모르겠다. 그렇지만 유감스럽게도 우리는 잘못된 귀인을 하는 경우가 훨씬 많다. 어떤 사건이나 결과의 원인을 찾을 때 우리는 실수를 자주 저지른다. 그 가운데 몇 가지 실수는 너무 많이 하고 예측 가능해서 고유한 이름까지 붙었다. 사건의 원인을 판단할 때 이런 실수는 불확실성으로 특징지을 수 있는 이른바 '모호한 상황(ambiguous situation)'에서 꽤 자주 나타나는데, 해당 사건에 대해 두 가지 이상의 해석이 가능하고 무슨 일이 일어났는지 정확히 말하기 어려울 때다.

프리츠 하이더는 우리가 '모호한 상황'에 처했을 때 하는 귀인은 상

기회의 심리학

황의 구체적 내용보다 우리 자신의 개인적 필요와 욕구를 반영하는 경향이 강하다는 데 주목했다.[14] 우리의 가장 강력하고 지속적인 욕구는 스스로 긍정적인 '자아상(自我像, self-image)'을 갖는 것, 즉 우리 자신을 유능하고 합리적인 사람으로 여기는 것이다. 우리의 본능은 긍정적인 자아상을 유지하고자 성공은 자신의 재능과 능력의 결과로, 실패는 자신이 처한 상황이나 다른 사람 탓으로 돌리게 한다. 이와 같은 귀인 오류를 '자기 위주 편향(self-serving bias)'이라고 한다. 프라노 셀락의 4번 사건에서 버스 기사는 도로 사정과 차량 결함으로 사고를 피하는 데는 실패했지만, 자신의 오랜 운전 경험으로 승객 전원이 목숨을 잃지 않는 데는 성공했다고 여길 가능성이 무척 크다.

'모호한 상황'은 또 다른 귀인 오류도 초래한다. 바로 '적대적 귀인 편향(hostile attribution bias)'이다. 다른 사람이 무엇을 했는지 파악하기 어려울 때 우리는 그 알지 못한 행동을 바람직했거나 해롭지 않았다고 생각하기보다는 일단 적대적이고 악의적으로 해석하는 경향이 있다. 왜 그런지도 쉽게 유추할 수 있다. 앞서 설명한 우리 뇌의 '행위자 감지기'가 작동하기 때문이다. 우리의 생존 본능은 상대의 적대적 의도를 가정하는 편이 장기적으로 더 안전하다고 유도한다. 그래서 빠르고 자연스럽게 잘못된 결과의 원인을 상대의 잘못된 행동 탓이라고 여긴다. 연구자들은 '적대적 귀인 편향'이 공격적이지 않은 성향의 개인들에게 더 자주 나타나며, 공격적인 사람들은 상대적으로 덜 공격적인 사람들에게 높은 확률로 이 편향의 대상이 된다는 사실을 발견했다.[15] 사람들은 여러분이 어떤 행동을 했고 왜 했는지를 파악할 때 여러분에 대해 알고 있던 정보를 떠올린다. 만약 여러분을 공격적인 사람으로 알고 있다면 대개는 여러분의 행동을 적대적으로 해석한다.

이미 일어난 사건은 그 일이 벌어지기 전보다 더 쉽게 예측할 수 있다고 여기는 '사후 확신 편향(hindsight bias)'도 있다. 어떤 사건의 결과를 알고 나면 마치 애초부터 그렇게 되리라 알고 있던 것처럼 생각하는 경향을 말한다. '사후 확신 편향'은 사건 결과를 알고 났을 때 어떻게 행동했거나 행동했을지에 대한 우리의 인상이 바뀌는 방식과 관련이 있다.[16] 그 예로 민주당 스테이시 에이브럼스(Stacey Abrams)와 공화당 브라이언 켐프(Brian Kemp)가 맞붙었던 2018년 미국 조지아 주지사 선거를 들 수 있다. 선거일 한 달 전 애틀랜타 지역 유권자를 대상으로 스테이시 에이브럼스의 득표율이 얼마나 될지 예상해보는 설문조사가 이뤄졌다. 조지아는 전통적으로 빨간색(공화당)이 우세를 보였으나 대도시 애틀랜타는 빨간색 바탕에 그나마 파란색(민주당) 점이 찍힐 수 있는 지역인 것을 고려한 결과인지 '60%'라는 응답이 가장 높게 나왔다. 그런데 실제 결과는 스테이시 에이브럼스가 80%를 가져갔다. 조지아 전체에서는 약 5만 표 차이인 50.2% 득표율로 브라이언 켐프가 주지사로 당선됐다. 여기에서 흥미로운 부분은 선거가 끝난 뒤 같은 대상에게 다시 이뤄진 설문 조사 결과다. 선거 당시 스테이시 에이

기회의 심리학

브럼스의 애틀랜타 지역 득표율을 얼마로 예상했느냐는 질문에 이번에는 70%라고 응답한 사람들이 가장 많았다. 예상 득표율이 10%나 차이를 보인 것이다. 왜일까? 사회심리학자들은 응답자들이 의도적으로 거짓말을 했다기보다 '사후 확신 편향' 때문이라고 설명했다. 선거 결과를 통해 얻은 정보가 기억을 업데이트한 셈이다. 우리는 초기 예측이나 판단을 기억하지 못할 때 '사후 확신 편향'에 더 잘 빠진다. 우리 뇌는 "부정확한 정보를 버리고 올바른 정보를 받아들임으로써" 생각을 정리하려고 한다.[17]

'귀인 오류' 중 가장 많은 사람에게서 나타나는 것은 '근본적 귀인 오류(fundamental attribution error)'와 '행위자—관찰자 편향(actor-observer bias)'이다.[18] '근본적 귀인 오류'는 우리가 다른 사람의 행동에 대해 그 원인을 찾을 때 당시 상황이나 환경적 요인이 아닌 그 사람의 기질이나 성향에 초점을 맞추려는 경향 때문에 나타난다. 원래 그런 사람이니 그렇게 행동했다고 여기는 것이다. '행위자—관찰자 편향'은 우리가 행위자로서 자신의 행동을 귀인할 때와 관찰자로서 타인의 행동을 귀인할 때 서로 다른 경향을 보이는 것을 말한다. 한마디로 내 행동은 상황 탓이고 남의 행동은 기질 탓이라 여기는 편향이다. 나 자신은 내가 가장 잘 알고 내가 그 상황 한가운데 있었기 때문에 원인이 될 만한 외적 요인이 많았다고 여기게 된다. 반면 우리가 관찰자일 때는 '근본적 귀인 오류'를 보인다. 그래서 이 두 오류는 연결돼 있다. 위 4번 사건에서 버스 추락 사고 원인을 두고 프라노 셀락의 귀인과 버스 기사의 귀인을 비교하면 '근원적 귀인 오류'와 '행위자—관찰자 편향'이 모두 나타날 수 있다. 이들이 실제로 '귀인 오류'를 저질렀다는 의미는 아니지만, 프라노 셀락에게 버스 기사가 왜 사고를 낸 것 같은지 물으면 그는 날씨나 도로 사정은 제쳐둔 채 버스 기사의 운전 부주의(조심스럽게 운전하지 않는 그의 기질) 때문이라고 귀인할 수 있다(근본적 귀인 오류). 사고가 있기 전 혹시 운전에 방해가 될 만한 행동을 하지 않았는지 물으면 그런 일 없었다면서 원인을 외부로 돌리는 귀인을 할 수도 있다(행위자—관찰자 편향). 버스 기사 쪽에서도 마찬가지다.

기회의 심리학

운을 느끼는 이유

옳든 그르든, 좋든 나쁘든, 살면서 우리는 일어나고 겪게 되는 모든 일을 귀인한다. 귀인하지 않는 우리 뇌와 우리 마음을 상상하기란 불가능하다고도 할 수 있다. 귀인 이론을 연구하는 심리학자들에 따르면 "모든 일의 결과에 그 원인이 있다는 생각만큼 우리 마음에 깊이 새겨진 관념"은 없으며, "원인이 없다는 관념은 너무도 낯설기에, 밝혀진 원인이 없으면 '운과 같은 보이지 않는 것'에서라도 찾으려고 한다.[19] 우리 뇌는 아무런 이유 없이 우연히 일어나는 사건을 용납하지 않기 때문에 '운'이라는 개념이 탄생한 것이다.

'운'은 사회심리학자들의 흥미로운 연구 대상이기도 하다. 우리가 어느 때 어떤 사건 또는 사람을 두고 "운이 좋다"고 여기는지 계속해서 연구하고 있다. 나아가 우리가 언제 행운의 카드를 손에 쥘 상황인지 판단하는 사회적 요소가 있는지에도 관심이 있다. 한편으로 우리는 운이 오는 때를 결정할 수 있을까? 우리가 마주하는 사건이나 사람을 보고 운인지 불운인지 판가름할 수 있을까? 성공은 운 덕분일까? 일찍이 프리츠 하이더는 무엇이 우리가 언제 어떻게 성공의 원인을 운에 돌리게 하는지 분석했다.

> 어떤 사람의 성공이 운에 따른 것이라고 할 때 이는 두 가지를 암시한다. 첫째는 그 사람이 아닌 환경 조건에 성공의 일차적 책임이 있다는 것이다. 둘째는 그 환경 조건이 기회로 작용했다는 것이다. 운으로 인식되는 것에는 여러 가지가 있는데, 그중 몇 가지는 상충한다. 일관된 성공은 운이라고 여긴다. 반대로 들쑥날쑥한 성공도 운이라고 여긴다. 별나고 색다른 성공은 당연히 운 덕분이라고 한다.[20]

이와 같은 관점에서 보면 프라노 셀락이 비행기 사고 등에서 살아남은 게 "운이 좋았다"고 할 때, 우리가 정작 해야 했던 말은 "말도 안 되는 환경 조건이었다"가 된다. 운이 좋았던 원인이 환경 조건에 있었기 때문이다. 이는 다른 말로 무작위 사건들이 특이하고 드물지만 일관되게 나타났다는 뜻이며, 해당 무작위 사건들이 언제나 기회로 작용했다는 의미다.

귀인에 관한 연구 끝에 현대 사회심리학은 행운과 불운이 우리 삶에서 나타나는 외적이고 불안정하며 예측할 수 없는 사건의 원인이라고 결론 내렸다. 행운과 불운의 유일한 차이점은 '결과'다. 어떤 우연한 일의 결과가 성공이면 행운이 원인이고, 실패면 불운이 원인이다.[21]

철학적 관점도 다르지 않다. 철학자 니콜라스 레셔는 운과 관련한 프리츠 하이더와 현대 사회심리학자들의 의견에 모두 동의했다. 일반적으로 우리는 일어날 확률이 매우 낮은 사건에서 이익이나 손해를 보면 이를 '행운' 또는 '불운'이라고 느낀다. 그 또한 발생 확률이 매우 희박한 어떤 사건이 '우연히' 일어나 우리에게 상당한 이익을 선사하거나 막대한 손해를 초래한다면 그 사건의 원인은 '운'이라고밖에 볼 수 없다고 설명했다.

> X가 복권에 당첨된다면 행운이다. Z가 떨어진 운석에 맞으면 불운이다. 그러나 아무도 관심 없는 우연한 사건, 예컨대 누군가 지나가던 구름 그늘 속에 가려지는 것 등은 좋든 나쁘든 운과는 상관이 없다.[22]

운은 우리 각자가 느끼는 내적이고 개인적인 특성으로도 볼 수 있다.[23] 운과 가장 밀접한 관련이 있는 사람들이 운을 어떻게 여기는지 살펴보자. 네덜란드 심리학자 기데온 케렌(Gideon Keren)과 빌렘 바게나르(Willem Wagenaar)는 암스테르담 국영 카지노에 출근하다시피

하는 도박사들과 인터뷰하면서 어떻게 기회를 잡는지, 특별한 기술이 있는지 물었다. 학자들이 찾아와서 그런지 처음에 그들은 질문을 불편하게 여기는 듯 보였으나 이내 표정을 풀고 진지하게 대답했다. 그들은 분명히 기회가 있고 기술도 필요하지만 그러려면 행운이 따라줘야 한다면서, 도박사인 자신들이 생각하는 '운'을 이렇게 묘사했다.

행운이 찾아오도록 강요할 수는 없겠지요. 행운이 올 때까지 기다려야 합니다. 하지만 행운이 오더라도 그 행운을 기회로 살리지 못하면 그냥 지나가버립니다. 행운이 온 줄 모르면 말이죠. 오늘이 바로 행운의 날인지, 저 카드 한 벌이 행운의 덱인지, 앞에 있는 딜러가 행운의 딜러인지 알아채지 못해서 정작 행운이 찾아왔는데도 활용하지 못하고 흘려보낼 수도 있습니다. 행운이 떠났을 때도 마찬가지입니다. 운이 다했다는 사실을 모르고 계속 무리한 베팅을 이어나가면, 행운의 효과로 얻은 모든 것을 한순간에 잃게 됩니다.[24]

도박사는 누구보다 운에 친숙하고 운에 의존하는 사람이라고 할 수 있다. 그들은 '운'과 '기회'를 다른 인과관계로 보고 있었다. '운'은 어떤 사람에게는 자주 오고 어떤 사람에게는 가끔 온다. 다시 말해서 '운'은 개인적 특성에 가깝다. 그에 반해 '기회'는 운에서 파생하는 우연으로, 운을 어떻게 활용하는지와 관련이 있고 운을 마주한 모든 사람에게

기회의 심리학

공평하다. 무작위로 우연히 찾아오는 운을 우리 마음대로 만날 수는 없지만, 우리에게 찾아온 운을 기회로 이용할 수는 있다. 그렇지만 암스테르담 카지노 도박사들의 말대로 행운은 예기치 못한 파도처럼 금세 솟아올랐다가 가라앉기 때문에 기회를 잡는 것이 쉬운 일만은 아니다.

"게임의 최고 기술은 파도의 꼭대기를 잡는 것입니다."[25]

우리는 행복하거나 슬프다고 말할 때와 같은 방식으로 행운을 느낀다고 말한다. 운이 좋다는 느낌은 운이 단순히 외적이고 불안정하며 예측할 수 없는 사건의 원인 이상임을 의미한다. 나아가 운은 모든 사람이 느끼는 개인적 특성이면서도 개인마다 민감할 수도, 둔감할 수도, 반길 수도, 싫을 수도 있는 것이다.

노르웨이 사회심리학자 칼 할버 타이겐(Karl Halvor Teigen)은 우리와 같은 보통 사람들이 운을 어떤 방식으로 경험하는지 실험했다. 1996년 그는 '운이 좋다'고 느끼는 데 '확률'이 영향을 미치는지 알아보기로 했다. 우선 그는 실험에 참가한 89명 학생에게 룰렛 게임과 관련한 두 편의 짧은 이야기가 담긴 인쇄물을 나눠준 뒤 읽도록 했다. 〈그림 3.1〉과 같은 두 가지 룰렛판으로 게임을 하는 리브(Liv)와 안느(Anne)에 관한 내용이었다. 리브는 검은색, 짙은 회색, 옅은 회색을 3등분한 A로 플레이했고, 안느는 검은색 6개, 짙은 회색 6개, 옅은 회색 6개를 교대로 배치해 18등분한 B로 플레이했다. A와 B 룰렛판 모두

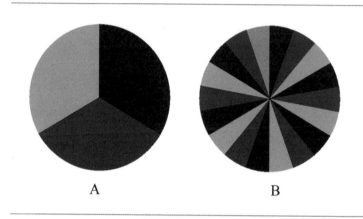

A   B

구슬이 검은색에서 멈추면 승리하는 게임이었다. 결과는 리브와 안느 모두 구슬이 '검은색'에 떨어졌다. 학생들이 이야기를 다 읽자 칼 할버 타이겐은 리브와 안느 중에서 누가 더 운이 좋은지 물었다.[26]

운에 대한 평가가 확률에 기반을 둔다면 리브와 앤 모두 똑같이 운이 좋았다고 해야 한다. 수학적으로 보면 이 룰렛 게임에서 A와 B는 승리 확률이 같다. 여러분도 알다시피 확률은 특정 결과가 발생하는 경우의 수(이 룰렛 게임에서는 구슬이 검은색에서 멈추는 경우의 수)를 발생 가능한 모든 결과를 합친 경우의 수로 나눠서 계산한다. A에서 검은색이 나올 경우의 수는 1이고 모든 경우의 수는 3이니, 리브가 승리할 확률은 1/3인 약 33%다. B는 검은색이 나올 경우의 수가 6이고 모든 경우의 수가 18이므로, 안느가 승리할 확률은 6/18, 약분하면 마찬가지로 1/3인 약 33%다. 검은색이 나와서 이길 확률이 두 사람 다 같은 것이다. 그런데 흥미롭게도 실험에 참가한 학생들은 사건을 이런 식으로 바라보지 않았다. 89명 가운데 76명(약 85%)은 B로 플레이한 안느가 A의 리브보다 더 운이 좋았다고 응답했다. 9명만이 똑같다고 답변했고, 나머지 4명은 오히려 리브가 더 운이 좋았다고 대답했다.

이 결과는 확률에 대한 오해의 또 다른 사례일 수 있다. 리브와 안느의 운을 평가할 때 학생들은 A와 B의 검은색 크기가 다르다는 데 주목했을지 모른다. 그래서 안느가 리브보다 더 운이 좋다고 느꼈을 수도 있다. B의 검은색이 더 작아서 구슬이 그 안에 떨어지기 어려워 보일 수 있기 때문이다. 이 부분만 신경 쓰고 검은색이 더 촘촘히 채워져 있다는 사실은 간과하고 있었을지 모른다. 소수이긴 했으나 리브를 선택한 4명의 경우에는 아마도 A의 큰 검은색보다 다른 색이 두 배로 차지하고 있던 크기에 반응했을 것이다. 어쨌든 이 문제는 우리가 현실에서 확률을 잘못 받아들이는 전형적인 방식이다. 이 실험 말고도 많은 연구에서 우리가 제시된 정보를 무시하고 엉뚱한 부분에 주의를 빼앗긴다는 사실을 확인할 수 있다.[27]

칼 할버 타이겐은 여기에서 그치지 않고 다른 학생 50명을 대상으로 같은 방식에 질문을 달리한 실험을 진행했다. A와 B의 승리 확률이 수학적으로 같다고 먼저 설명한 다음 학생들에게 A와 B 중에서 어느 룰렛판으로 게임을 하고 싶은지 물었다. 사전에 입수한 확률 정보가 운에 대한 평가에 영향을 미친다면 학생 전원이 아무거나 상관없다(선택 항목에 있었음)고 응답하거나, A 또는 B를 선택하겠다는 대답이 적어도 비슷하게 나와야 했다. 그렇지만 50명의 학생 중 32명(64%)이 B를 골랐고 14명(28%)은 A를 선택했다. 단 4명(8%)만 아무거나 상관없다고 응답했다. 색깔 배열이 더 촘촘한 B가 좀더 진짜 룰렛 같아 보여서 그랬을까? 칼 할버 타이겐의 실험은 우리가 운이 사건의 원인이라고 말할 때 확률을 고려하고 있지 않음을 시사한다. 운과 확률에 관한 다른 여러 연구 결과와 연결해서 생각해보면 그리 놀랄 만한 사실도 아니다.

'이익'과 '손해' 측면에서는 어떨까? '행운'은 언제나 '이익'과 관련이 있고 '불운'은 '손해'와 연관이 있을까? 이런 질문에 답을 구할 때 학자들은 '내용 분석(content analysis)'이라고 불리는 방법론을 활용하곤 한다. 어떤 개념의 구조보다 그 개념을 실제 의사소통에 사용한 내용을 정리하고 분석하는 기법이다. 칼 할버 타이겐은 한 달 동안 노르웨이 언론사 두 곳에서 발행한 신문을 수집해 '운'이라는 용어가 언급된 기사를 꼼꼼히 조사했다. 그 결과 재앙적 상황에서 살아남았거나, 다치지 않았거나, 다치긴 했으나 목숨에는 지장이 없는 사람들을 일컬어서도 "운이 좋은 사람"이라 표현하고 있음을 발견했다. 어떤 기사에서는 그들의 행운을 "도저히 믿을 수 없는 일"로 기술했는데, 아마도 죽음에

기회의 심리학

이르는 게 오히려 '정상적'이거나 '예상된' 사고였기 때문일 것이다.[28]

하지만 '행운'을 마주한 사람들인데도 우리가 모두 '이익'이라고 부를 만한 것들은 얻지 못했다. 되레 잃었다. 건강을 잃고, 품위를 잃고, 시간을 잃고, 심지어 팔다리가 손상돼 장애인이 된 사람도 있지만, 신문은 한결같이 "운이 좋았다"고 묘사했다. 앞서 우리가 이미 만나본 사람도 있다. 프라노 셀락은 죽지 않았다는 이유로 '세상에서 가장 운 좋은 남자'라는 별명을 얻었다. '정상적인' 상황이었다면 이미 몇 번이고 죽었어야 했다.

칼 할버 타이겐은 1995년 다른 실험을 진행한 적이 있다. 노르웨이 및 폴란드 대학생과 고등학생 그리고 전문 언론인으로 일하는 성인들에게 자신의 삶에서 경험한 '행운'과 '불운'을 이야기를 쓰도록 한 뒤 '행운의 정도', '불운의 정도', '통제 가능 수준', '사건 발생 확률', '사건의 매력도'라는 5개 항목에 9점 척도가 표시된 시트를 나눠주면서 평가해달라고 요청했다. 〈표 3.1〉은 실험 참가자들에게 제공된 시트이며 〈표 3.2〉는 평가 결과를 종합한 것이다. 5개 항목마다 행운 점수는 흰색 상자, 불운 점수는 회색 상자로 표시했다.

〈표 3.2〉에서 확인할 수 있듯이 실험 참가자들은 자신이 경험한 '행운'과 '불운'을 전적으로 "좋다"거나 "나쁘다"고 간주하지 않았다. 9점 척도에서 1점과 7~9점은 아예 나오지 않았다. 평균 행운 점수 7점이 나온 '행운의 정도' 항목에도 평균 불운 점수 2점이 나타났으며, 평균

표 3.1 | 칼 할버 타이겐이 1995년 실험 참가자들에게 제공한 설문 조사 시트.

	1	2	3	4	5	6	7	8	9
행운의 정도	최소				보통				최대
불운의 정도	1	2	3	4	5	6	7	8	9
	최소				보통				최대
통제 가능 수준	1	2	3	4	5	6	7	8	9
	없음				중간				전부
사건 발생 확률	1	2	3	4	5	6	7	8	9
	0%				50%				100%
사건의 매력도 (반복하고 싶은 경험인가?)	1	2	3	4	5	6	7	8	9
	전혀				중간				반드시

불운 점수 6점의 '불운의 정도' 항목에서도 평균 행운 점수 2점이 나왔다. 행운 이야기에도 불운이 섞여 있고, 불운 이야기에도 행운이 가미돼 있었다는 의미다.

행운과 불운 모두 '통제 가능 수준'은 중간 이하인 3점이었고, '사건 발생 확률'도 그와 동일한 3점으로 나타났다. 낮은 점수지만 그렇다고 아예 통제하지 못한다거나 절대로 일어나지 않는다고는 여기지 않은 것이다.

'사건의 매력도'는 행운 이야기와 불운 이야기에서 차이를 보였다. 행

표 3.2 | 칼 할버 타이겐의 1995년 실험 결과.

	1	2	3	4	5	6	7	8	9
행운의 정도		2	3	4	5	6	7	8	9
	최소				보통				최대
불운의 정도	1	2	3	4	5	6	7	8	9
	최소				보통				최대
통제 가능 수준	1	2	3	4	5	6	7	8	9
	없음				중간				전부
사건 발생 확률	1	2	3	4	5	6	7	8	9
	0%				50%				100%
사건의 매력도 (반복하고 싶은 경험인가?)	1	2	3	4	5	6	7	8	9
	전혀				중간				반드시

운 점수가 8~9점은커녕 6~7점에도 미치지 못하는 '중간' 5점이라는 게 흥미롭다. 행운을 경험했어도 계속 반복되기를 바랄 만큼 매력은 느끼지 못했다니 말이다. 반면 불운은 3점으로 매력도를 낮게 평가했다. 그런데도 '전혀' 반복하고 싶지 않다는 1점 역시 나오지 않았다. 칼 할버 타이겐은 전체적으로 볼 때 운 좋은 경험의 35%는 반복하고 싶지 않은 유형이지만, 운 나쁜 경험의 3%는 반복해서 경험해도 된다는 평가를 받았다고 정리했다.[29]

한편으로 실험 참가자 대부분이 낮게 평가한 행운 및 불운의 '통제

가능 수준과 '사건 발생 확률'은 '행운(또는 불운)의 정도'와는 관련성이 없어 보였다. 칼 할버 타이겐은 이 부분을 통계 기법의 하나인 '상관 분석(correlation analysis)'으로 측정했다. 상관 분석은 서로 상관관계에 있는 두 변수의 관련성을 '상관 계수'로 수치화하는 분석 방법이다. 상관 계수는 'r'로 표기하며 −1.00에서 +1.00까지의 숫자다. 두 변수가 변경되는 양상에 따라 상관관계도 바뀐다. r값이 플러스(+)이면 '양'의 상관관계이고, 마이너스(−)이면 '음'의 상관관계다.

변수 A가 증가할 때 변수 B도 증가하면 양의 상관관계인데, 여러분 키와 부모님 키 사이의 관계를 떠올려보면 이해하기 쉽다. 유전적으로 부모의 키가 크면 자녀의 키도 큰 경향이 있다. 반대로 부모의 키가 작으면 자식의 키도 작은 경향이 있다. r값이 +1.00일 때를 완벽한 양의 상관관계라고 부른다. −1.00은 완벽한 음의 상관관계다.

변수 A가 증가할 때 변수 B가 감소하면 음의 상관관계로 r값은 0.00에서 −1.00이 된다. 일테면 자동차 연식과 가치의 관계가 그렇다. 자동차 연식이 증가할수록 가치는 감소하는 경향이 있다.

r값이 0에 가깝거나 0.00이면 변수 A와 B 사이에는 상관관계가 거의 없거나 전혀 없는 것이다. 머리카락 길이를 A로 놓고 지능을 B로 놓았을 때 r값은 0이 된다. 두 변수 사이에는 아무런 상관관계가 없기 때문이다.

상관 분석 결과 '통제 가능 수준'과 '행운(또는 불운)의 정도' 사이의 상관관계는 0에 수렴했다. r값은 각각 −0.09와 0.14였다. 이 수치를 통계학자들이 보면 변수 사이의 무의미한 관계를 나타낸다고 설명할 것이다. 실험 참가자들이 느낀 '통제 가능 수준'은 그들이 경험한 '행운(또는 불운)의 정도'와 관련이 없었다. '사건 발생 확률'과 '행운(또는 불운)의 정도' 또한 상관 계수인 r값이 0에 가까웠다. 이 실험 결과는 우리가 운이 좋은지 운이 나쁜지를 따질 때 통제력과 확률을 거의 고려하지 않는다는 또 하나의 증거다. 운은 통제할 수 없다는 귀인 이론을 마찬가지로 뒷받침한다.

'사건의 매력도'는 어땠을까? 그 역시 '행운(또는 불운)의 정도'와 상관관계가 없었다. '사건의 매력도' 항목은 실험 참가자 개인들이 경험한 이익 및 손해의 정도를 측정하기 위한 척도였으나, 특정 사건이 어느 시점에 행운이나 불운으로 분류되는지 나타내지 못했다.

요컨대 칼 할버 타이겐의 연구는 '행운' 및 '불운'이 우리의 통제를 벗어난 상황에서 경험된다는 사실을 보여줬다. 운의 경험은 확률에도 의존하지 않으며, 그 결과에 따른 이익이나 손해에도 의존하지 않는다.

운과 반사실적 사고

우리는 운이 좋은지 운이 나쁜지를 판단할 때 어떤 생각을 할까? 이 질문에 답하기 위해 우리는 운에 인과성을 부여하는 패턴을 살펴볼 필요가 있다. 우선 사건의 원인을 기질이나 상황 또는 운에서 찾는 귀인 과정은 일반적으로 사후 판단으로 이뤄진다. 사건 중간중간의 행동, 성향, 책임, 실수 등은 생각하지 않는다. 사건이 일어나고 있는 과정에서도 우리는 그때그때의 일들을 처리하고 행동한다. 돌이켜보면 해당 사건이 발생하던 때 그 사건을 사후의 생각과는 전혀 다른 방식으로 고려할 수 있는 시공간이 있었다. 다 지나고 나서 되돌아보기 전에 우리가 달리 행동할 수도 있었던 그 무엇이 이미 존재했다는 뜻이다.

우리는 우리가 처했던 상황이 사후의 생각과 어떻게 달랐는지 헤

기회의 심리학

아릴 수 있다. 심리학자들은 인간에게 변화할 수 있는 상황의 측면, 즉 다르게 행동할 수 있는 측면을 찾는 능력이 있다고 이야기한다. 우리는 어떤 사건에서 가변성을 찾을 때 '사실적 결과(factual outcome)'와 '반사실적 결과(counterfactual outcome)'를 비교할 수 있다.

'사실적 결과'는 말 그대로 '실제 일어난' 일의 결과다. 예를 들면 우리의 저 불쌍한 프라노 셀락이 탄 버스는 실제로 다리 위 도로에서 미끄러져 강물로 추락했다. '반사실적 결과'는 '일어날 수 있었지만' 실제로는 일어나지 않았던 일의 결과다. 교통 체증으로 버스가 멈춰 서 있었거나 천천히 움직였다면 재난을 피할 수 있었을 것이다. 이처럼 반사실적 결과를 생각하는 것을 일컬어 '반사실적 사고(counterfactual thinking)'라고 한다. 심리학 연구에 따르면 반사실적 사고는 우리의 귀인에 영향을 미친다. 달리 말하면 우리는 사건의 원인을 운으로 돌릴지 말지를 판단할 때 반사실적 사고를 한다.

반사실적 사고는 사후에 할 수밖에 없는 사고 활동이다. 각각의 사건은 우리가 '일어날 수 있었던 다른 것', '할 수 있었던 것', '해야만 했던 것', '하지 말아야 했던 것' 등 해당 사건의 대안을 떠올리도록 자극한다.[30] 이미 벌어진 일과 반사실적 대안을 비교할 때 우리는 운이 좋은 쪽으로든 나쁜 쪽으로든 역할을 했는지 판단하게 된다. 반사실적 사고를 유도하는 기폭제는 대개 부정적 사건이며, 반사실적 사고의 내용은 우리가 정상적이라고 생각한 것들로 결정된다.[31] '정상'은 반사실적 대안을 떠올린 '개인'의 경험과 관련이 있다. 내가 정상이라고 생각하는 것이 여러분에게는 정상이 아닐 수도 있는 것이다.

반사실적 사고는 사건의 '방향성(direction)'에 따라 '상향식(upward)'과 '하향식(downward)'으로 나뉜다. '상향식' 반사실적 사고는 실제 일어난 일보다 나았을 경우를 떠올리는 것이다. 상향식 반사실적 사고는 주로 '좋았을 텐데(if only)'가 들어가는 생각이다. 프라노 셸락은 2번 기차 사고를 되돌아보며 이렇게 생각할 수 있다.

'조금만 더 천천히 갔으면 좋았을 텐데. 그랬다면 선로를 이탈하지 않았을 테고, 강물에 추락하는 일도 없었겠지.'

벌어진 일을 재구성하면서 형성된 반사실적 대안은 실제보다 낫기에 '위'를 향한다고 해서 상향식 반사실적 사고라도 부른다. 그 반대가 더 나빴을지도 모를 '아래' 상황을 떠올리는 '하향식' 반사실적 사고다. '그만하길 다행이지(it could have been worse)'라는 생각이다. 같은 2번 사고에 대해 프라노 셸락은 다음과 같이 생각할 수도 있다.

'그만하길 다행이지, 강물이 더 깊은 여름에 추락했다면 물속에서 허우적거리기만 하다가 죽었을지도 몰라.'

반사실적 사고는 '밀접성(closeness)' 측면에서 분류되기도 한다. '가까운(close)' 반사실적 사고는 아슬아슬한 실수를 떠올릴 때 또는 간발의 차이로 무언가를 이루지 못했을 때다. 브레이크를 조금만 늦게 밟았어도 앞차와 충돌을 피하지 못했던 일, 탁자 위 값비싼 크리스털

기회의 심리학

디캔더를 건드려 바닥에 떨어지려는 찰나에 재빨리 붙잡은 일, 복권 당첨 번호가 하나만 빼고 다 맞은 일 등을 생각할 때가 가까운 반사실적 사고다. 너무 늦게 출발해 목적지에 1시간이나 늦었던 일, 세게 부딪혔는데도 떨어지지 않았던 크리스털 디캔더, 당첨 숫자 근처에도 가지 못했던 복권 등을 떠올리는 것은 '먼(distant)' 반사실적 사고다. 이런 모든 반사실적 사고가 이미 일어난 일이 행운인지 불운인지를 판단하는 근거로 작용한다.

칼 할버 타이겐의 또 다른 실험을 살피면 '밀접성' 및 '방향성' 두 가지 측면의 반사실적 사고가 운에 대한 평가에 어떤 영향을 미치는지 확인할 수 있다. 학생들에게 두 가지 짧은 이야기를 읽게 한 다음 결과를 비교한 실험이었다.[32] 첫 번째 이야기. 샤프(Sharp)와 스파크(Spark) 두 팀이 각각 동일한 전력의 다른 팀과 축구 경기를 펼쳐 승리했다. 샤프와 스파크 모두 각각 한 골씩 득점해 1 대 0으로 이겼다. 그런데 샤프는 경기 시작 후 5분 만에 골을 넣었고, 스파크는 경기 종료 5분 전에 골을 넣었다. 샤프와 스파크 중 어느 팀이 더 운이 좋았을까? 압도적으로 95% 학생들이 스파크를 운 좋은 팀으로 선택했다. 스파크는 전후반 90분에서 5분 후면 경기가 끝나는 상황이라 초조한 마음으로 플레이했겠지만, 샤프 팀은 이미 이기는 상황에서 남은 85분을 여유롭게 플레이할 수 있었다는 것이었다.

두 번째 이야기. 두 학생이 정류장에서 버스를 기다리고 있는데, 정류장 지붕 끝에 매달려 있던 크고 뾰족한 고드름이 갑자기 떨어졌다. 그러자 한 학생이 다른 학생을 쳐다보며 "야, 너 운 좋았어!"라고 외쳤다. 이 말은 누가 했을까? 고드름에서 가까운 학생일까 먼 학생일까? 이번에는 아예 실험에 참가한 학생 100%가 고드름에서 멀리 서 있던 학생이 한 말이라고 응답했다. 고드름 가까이에 있다가 맞을 뻔한 학생이 그런 말을 할 수는 없다는 것이었다. 운은 '밀접성' 측면에서 사건에 얼마나 가까운지에 달려 있다고 볼 수 있다.

운은 '방향성'에 따른 반사실적 사고와도 관련이 있다. 실제 일어난 일보다 더 나쁜 상황을 떠올리는 '하향식' 반사실적 사고를 할 때 우리는 행운을 경험했다고 느낀다. 발생할 수도 있었던 사건이 부정적일수록 '행운의 정도'도 커진다.

'휴, 천만다행이지 뭐야. 운이 좋았어. 하마터면 큰일 날 뻔했다고.'

반대로 '상향식' 반사실적 사고가 발동될 때 우리는 불운했다고 느낀다. 반사실적 대안이 실제 사건보다 긍정적일수록 '불운의 정도'도 커진다. '숫자 하나만 더 맞았더라면 당첨인데'가 '번호가 하나도 안 맞아서 당첨이 안 됐어'보다 불운하다는 느낌이 훨씬 더 강하다.

이제 '밀접성'과 '방향성'이 조합된 반사실적 사고를 생각해보자. 버스 정류장에 서 있던 학생들에게 돌아가보자. '가까운' 반사실적 사고에 해당한 학생, 떨어지는 대형 고드름에 맞을 뻔한 학생은 '하향식' 반사실적 사고가 떠올린 상황이 실제 일어난 사건보다 더 나빴지만,

다행히도 그런 일은 일어나지 않았으므로 운이 좋았다고 할 수 있다. 그런데 고드름이 겨우 연필 크기 정도였다면 운에 대한 평가가 바뀔까? 그래도 여전히 운이 좋았다고 할 것이다. 추운 겨울날 차가운 고드름이 셔츠 안으로 들어오기라도 한다면 매우 불쾌할 테니 말이다. 하지만 고드름이 '대형'을 넘어 '초대형' 크기라면 '하향식' 반사실적 사고가 떠올린 '나쁜 상황'은 훨씬 부정적일 것이다. 예를 들어 2010년 겨울 스코틀랜드의 한 교량에서 발견된 8미터짜리 '괴물' 고드름 크기라면 어떨까?[33] 그랬다면 그 학생은 얼마나 운이 좋은 걸까? 아마도 '행운의 정도'가 몇 배로 커진다는 데 이견이 없을 것이다. 따라서 반사실적 사고의 '밀접성'과 '방향성'은 운에 대한 우리의 판단을 결정하는 두 가지 주요한 요소다.

여기에 더해 심리학자들은 운을 판단할 때 다소 덜 중요한 역할을 하는 몇 가지 다른 요소도 발견했다. '시간 순서(temporal order)' 또한 '행운(또는 불운)의 정도'에 영향을 미친다.[34] 일반적으로 일련의 동일한 사건에서 상대적으로 초기에 발생한 사건은 후기에 일어난 사건보다 덜 운이 좋은 것으로 평가된다. 샤프와 스파크의 축구 경기 이야기가 이를 잘 보여준다. 경기 초반에 골을 넣은 샤프보다 경기 막바지에 이르러서야 득점에 성공한 스파크가 더 운이 좋다고 느끼는 것이다.

행위자의 행동에서 보이는 '선택의 정도(degree of choice)'도 운을 판단할 때 고려 요인이 된다. 사건을 우리가 선택할 수 있었던 행동의 결과로 연결할 때 '행운(또는 불운)의 정도'가 달라질 수 있다. 이와 관련한 칼 할버 카이겐의 다른 실험이 있다. 아프리카 여행을 떠나기 전 황열(黃熱, yellow fever) 예방 접종을 받은 비에른(Bjørn)과 아르네(Arne)의 이야기를 들려준 뒤 누가 더 운이 나빴는지를 묻는 실험이었다. 비에른은 A와 B 두 가지 백신 가운데 하나를 선택할 수 있었다. 비에른은 A를 선택했으나 알레르기가 심하게 나타나 여행을 떠나지 못했다. 한편 아르네는 선택권 없이 A 백신을 맞았다가 알레르기 때문에 여행을 포기했다. 비에른과 아르네 중 누가 더 운이 나빴을까? 실험 참가자 대부분은 비에른이 아르네보다 훨씬 운이 없었다고 응답했다. 선택권이 있었는데도 운이 없어 백신을 잘못 골랐다는 이유에서였다.[35]

그리고 마지막으로 행위자가 운을 '누릴 자격이 있는지(deserve)' 여부도 운에 대한 평가에 영향을 미쳤다. 칼 할버 타이겐이 실험 참가 학생들에게 제시한 다음 두 가지 사례를 보자.

A: 베리트(Berit)가 야니케(Jannicke)에게 복권 한 장만 사다 달라고 부탁했다. 야니케는 베리트의 복권을 구입하면서 자기 것도 한 장 샀다. 야니케는 1만 달러에 당첨됐지만, 베리트는 당첨되지 않았다.

B: 안느(Anne)가 크리스티나(Kristine)에게 복권 한 장만 사다 달라고 부탁했다. 크리스티나는 안느의 복권을 구입하면서 자기 것도 한 장 샀다. 안느는 1만 달러에 당첨됐지만, 크리스티나는 당첨되지 않았다.

기회의 심리학

그는 마찬가지로 누가 더 운이 좋거나 없는지 물었다. 학생들 대다수는 안느보다 야니케가 더 운이 좋았고, 베리트보다 크리스티나가 더 운이 없었다고 답변했다. 학생들은 가만히 앉아서 기다린 사람보다 직접 행동한 사람, 즉 나가서 직접 복권을 구입한 사람에게 운을 누릴 자격이 더 있다고 여겼다. 그래서 그 사람이 당첨되면 더 운이 좋은 사람으로, 당첨되지 않으면 더 운이 없는 사람으로 인식했다.[36]

생각의 창조물

'행운'과 '불운'은 우리의 반사실적 사고가 만들어내는 '창조물'이라고 할 수 있다. 우리는 얼마든지 더 부정적인 일이 일어날 수도 있었다고 상상할 수 있다. 그런 일이 우리 가까이에서 벌어질 수 있었고, 최근에 일어날 수도 있었고, 그런 일이 벌어지는 데 주효한 선택이나 행동을 할 수 있었고, 그 결과를 누릴(받을) 자격이 충분했었다고 상상할 때 우리는 운이 좋다고 여긴다. 그렇기에 '행운'은 우리가 얼마나 더 부정적인 상황을 상상해낼 수 있는지에 달렸다. 불운은 정확히 그 반대일 것이다.

이 기준을 프라노 셸락의 이야기에 적용해보자. 그는 삶에서 일곱 번의 재앙을 경험했다. 그때마다 그는 죽음의 손아귀를 용케 피할 수

기회의 심리학

있었다. '밀접성'과 '방향성' 측면에서 '가까운' 그리고 '하향식' 반사실적 사고는 그를 '세상에서 가장 운 좋은 남자'로 만들었다. 모든 사건에서 가장 '가까이' 있었고 최악의 상황에 빠질 뻔했다. 최악의 상황은 다름 아닌 '죽음'이었다. 그런데 그는 죽지 않았다. 이 사실은 '하향식' 반사실적 사고를 이끌어냈다. 매번 죽어도 모자랄 판에 번번이 살아남았으니 얼마나 다행이고 얼마나 운이 좋은가 말이다. '가까운', '하향식' 반사실적 사고의 일곱 가지 사례로서 이보다 확실한 것이 있을까?

그러나 나도 행운을 좋아하긴 하지만, 프라노 셀락의 사례와 같은 행운은 경험하고 싶지 않다. 단호히 사절하겠다. 나는 도심 외곽에서 예정된 중요한 회의에 참석하려고 열차를 기다릴 때, 무언가 조금이라도 문제가 생길 것 같다는 생각이 들면 아무리 늦더라도 타지 않겠다. 여러분이라면 어떨지 모르겠지만, 어차피 내가 없다고 취소될 회의도 아니다. 나는 그냥 다음 열차를 기다리겠다. 나는 미래에 오늘의 상황을 반사실적 사고로 떠올리면서까지 행운을 느끼고 싶지는 않다.

4

운과 미신

미신은 삶의 시(詩)다.
그것은 인간 본성에 내재해 있으며,
뿌리째 뽑혀 사라졌다고 생각할 때
세상에서 가장 이상한 구덩이와 귀퉁이로 숨는다.
그러고는 한꺼번에 밖을 내다본다.

요한 볼프강 폰 괴테

미라의 저주

1991년 9월 오스트리아 티롤(Tirol)의 화창한 가을날, 두 사람의 열혈 산악인 헬무트 지몬(Helmut Simon)과 그의 아내 에리카(Erika)가 알프스를 오르고 있었다. 헬무트 지몬은 10여 년 전에 시도했지만 실패했던 과업을 끝내고 싶었다. 오스트리아와 이탈리아 국경 외치(Ötzi) 산맥에 있는 높이 3,600미터의 산 시밀라운(Similaun) '정상'을 정복하는 것이 부부의 목표였다.[1]

그들은 이탈리아 쪽 분수령인 베르나고(Vernago) 마을에서 출발해 이미 절반 이상을 오른 상태였다. 여름이 빠르게 사라지고 있었으나 날씨는 여전히 따뜻했다. 그래서 지몬 부부가 계획한 등반 코스, 여느 때 같으면 빙하를 가로질러 눈으로 덮여 있어야 할 곳도 녹아서 알 수 없게 변해 있었다. 두 사람은 '크레바스(crevasse)'가 없는 대신 미로가 된 길을 헤쳐나가야 했다. 수목 한계선을 사이에 두고 확연히 다른 모습을 보이는 풍경 속에서 조심스럽게 길을 골라 앞으로 나아갔다. 녹은 빙하로 드러난 크고 작은 균열들은 하나같이 매우 깊었다. 눈에 보여 다행이지만, 실수로 빠지지라도 하면 살아서 빠져나올 가능성은 거의 없었다. 만약 여러분이 이곳을 등반하다가 이 보이는 크레바스에 빠지게 되면 아무리 동반자가 있더라도 절대로 여러분을 구해내지 못할 것이다.[2]

우회로를 찾아 이동하다 보니 등반 속도가 느려져 계획보다 훨씬 늦게 목적지에 도착했다. 시밀라운 정상에서 약 600미터 아래에 있는 오래된 산장이었다. 하지만 늦게 도착한 장점도 있었다. 그들보다 먼저 도착한 젊은 산악인 부부와 이런저런 정보를 나누면서 친해질 수 있었다. 다음날 함께 아침 식사를 하는데 젊은 부부가 길이 너무 좋지 않으니 인근의 피나일(Finail) 봉우리를 함께 오르자고 설득했다. 고민 끝에 지몬 부부도 그 의견을 따르기로 했다. 두 부부는 피나일 정상에 올라 경치를 한껏 감상하고 내려오면서 앞으로도 연락하며 지내자고 인사를 나눈 뒤 헤어졌다. 젊은 부부는 오스트리아 쪽으로 하산했고 지몬 부부는 왔던 길을 되돌아가 이탈리아로 향했다.

그런데 그렇게 한참을 내려오다가 길을 잘못 들었다는 사실을 깨닫게 됐다. 그래도 그들은 침착하게 불안정한 바위 지대를 천천히 통과하면서 얼음 섞인 물이 흐르는 계곡을 따라 계속 걸었다. 그때였다. 에리카가 눈 속에 반쯤 파묻힌 무언가를 발견했다.

"저것 봐, 사람이야! 얼음 바닥 위로 몸만 튀어나와 엎드려 있잖아!"[3]

시신이었다. 헬무트가 놀란 아내를 진정시키고 시신으로 다가가 사진을 찍은 뒤 위치를 기록했다. 그들은 조난으로 숨진 등산객이거나 오래전 전쟁 때 죽은 병사의 시신이리라 생각하면서 하산을 서둘렀다. 산에서 무사히 내려온 지몬 부부는 곧바로 이 사실을 경찰에 신고했고, 홀가분해진 마음으로 카페에 들어가 음료를 주문했다. 다음날 이 사건은 이탈리아 헌병대 카라비니에리(Carabinieri)로 이관됐다.

처음에 그 시신은 1934년 시밀라운 산장으로 가던 중 실종된 베로나(Verona) 출신 음악가로 추정됐다. 그렇지만 몸 절반이 얼음 속에 파묻힌 시신을 며칠에 걸쳐 완전히 꺼내는 데 성공했을 때 고고학자들은 예상했던 것보다 훨씬 더 오래됐다는 사실을 눈치챘다. 시신이 착용하고 있던 모자와 옷과 신발, 그리고 주변에서 함께 발굴된 돌 화살과 구리 손도끼 등 갖가지 소지품은 이 사람이 머나먼 옛날에 이곳에서 죽었음을 알려주고 있었다. 발견된 지명을 따서 '외치' 또는 직관적으로 '얼음 인간(Iceman)'으로 불리는 이 자연 냉동 미라는 우리가 과거에 대해 알고 있던 많은 것들을 바꿔놓았다.

외치가 '고대인'이라는 사실은 시신을 연대 분석하기 전에 이미 함께 발굴된 도구만 봐도 알 수 있었다. 특히 구리 손도끼는 고고학자들을

기회의 심리학

당혹스럽게 만들었다. 도끼날이 구리와 주석의 합금인 '청동'이 아니라 순도 99%의 '구리'라는 사실은 매우 이례적이었다. 이들의 눈앞에 인류가 석기 시대를 끝내고 청동기 시대로 넘어가는 과도기가 펼쳐져 있었다. 외치가 사용했던 도끼날은 순수하게 구리로만 단조한 것이었고 사용 흔적도 뚜렷했다. 이는 외치의 나이가 무려 5,000년 이상이라는 증거였다.[4]

그러나 현재에도 이 발견은 거의 모든 부분에서 추측이 난무하고 있다. 고고학자, 인류학자, 화학자, 물리학자들은 지금도 외치의 사인을 두고 논쟁한다. 길을 나섰다가 갑자기 닥친 맹렬한 겨울 폭풍에 휘말려 동사했다는 의견도 있고, 어깨에 화살촉이 박혀 있는 데다 오른손에 방어흔으로 보이는 상처가 있으니 타살이라고 주장하기도 한다. 시신이 산 정상 부근에 인위적으로 만든 것처럼 보이는 도랑 형태의 바위 더미로 둘러싸인 것으로 봐서 일종의 매장 의식이 있었고, 외치는 당시 부족 내에서 높은 지위에 있던 인물이라고 추정하는 학자들도 있다.[5]

바위를 순식간에 모래로 만들어버리는 빙하의 엄청난 파괴력, 더구나 5,000년 동안 흘러온 빙하 계곡에서 어떻게 시신이 그토록 온전히 보존될 수 있었는지에 관한 문제도 남아 있다. 그가 발견된 곳은 당시 빙하의 움직임이 없던 곳일까? 그때까지 얼음 속 깊이 묻혀 있어서 훼손 없이 유지된 걸까? 빙하는 해마다 기후에 따라 녹고 얼기를 반복하며 외치 지역은 계곡을 이룬 지 꽤 됐는데 왜 1991년 이전에는 발견되지 않았을까? 그해 여름이 유난히 따뜻했다지만, 그렇다고 빙하가 녹은 것이 그때가 처음은 아니었다.[6] 게다가 지몬 부부가 길을 잃어 우연히 그곳을 지났더라도 상대적으로 사람들이 오가는 길 인근이었다. 5,000년이라는 기나긴 세월 동안 분명히 누군가 지나갔어야 했다. 시신 옆에 똑바로 박혀 있던 길이 1.8미터의 활은 어떤가? 삐죽 튀어나온 기다란 나무 활을 아무도 못 본 걸까? 멀리에서도 충분히 보일 만큼 충분히 두드러져 있었다.

이런 질문 말고도 의견이 분분한 여러 문제가 있다. 어쨌든 외치 또는 얼음 인간은 1998년 그를 위해 특별히 설립된 이탈리아 볼차노(Bolzano)의 고고학 박물관에서 여전히 꽁꽁 얼어붙은 채 영원을 보내고 있다. 여러분이 이 박물관을 방문하면 외치의 마지막 안식처에서 그의 얼굴을 볼 수 있다. 그의 얼굴은 섭씨 영하 6도에 99% 습도를 유지하는 보관실 창문 쪽을 향해 있다. 처음 외치의 시신을 검사한 검시관은 이렇게 말했다.

"정신이 든 것 같았고 무언가 말하기 직전인 듯했습니다."[7]

나는 지금 있는 곳에 대해 그가 뭐라고 말할지 궁금하다. 학자들은 계속해서 그의 시신, 그가 입었던 옷가지, 그가 사용했던 무기와 도구, 나아가 DNA까지 조사하고 있다. 나는 그가 이른바 '미라의 저주(The Curse of the Mummy)'에 관해 뭐라고 말할지도 궁금하다. 그렇다. 다른

기회의 심리학

미라들처럼 외치에게도 저주가 깃들어 있다고 말한다. 그를 건드리면 그가 이끄는 죽음에 동참하겠다는 의미이며, 필멸의 고리를 일찍 끊어내겠다는 뜻이라는 것이다.

독일 시인이자 극작가 요한 볼프강 폰 괴테(Johann Wolfgang von Goethe)가 미신을 일컬어 인간 본성의 일부라고 한 말도 이해가 된다. 1922년 영국 고고학자 하워드 카터(Howard Carter)와 그의 후원자 '카나본 경(Lord Carnarvon)' 조지 허버트(George Herbert)의 놀라운 발견 덕분에 우리는 미라의 저주에 익숙하다. 알려진 대로 하워드 카터는 기원전 14세기 고대 이집트 '소년왕(Boy King)' 투탕카멘(Tutankhamen)의 도굴되지 않은 무덤을 발견했다. 저주를 믿는 호사가들에 따르면 하워드 카터는 무덤 벽에 쓰여 있던 "파라오의 안식을 방해하는 자 죽음의 날개에 닿으리라"는 경고를 무시했다. 하지만 이런 문구는 투탕카멘 무덤 어디에도 없었다. 호기심과 공포심을 유발해 관심을 끌려는 언론의 과대 포장에 불과했다.[8]

저주의 소문은 새의 죽음에서 시작됐다. 어떤 물건을 가져오라는 지시를 받고 하워드 카터의 집을 찾아간 조수가 사람 비명 같은 소리를 듣고 깜짝 놀랐다. 소리가 나는 곳에 가보니 하워드 카터가 애지중지하던 카나리아를 어떤 뱀이 똬리를 틀어 잡아먹고 있었다. 그 뱀은 고대 이집트 파라오의 상징인 코브라였다. 이 이야기를 〈뉴욕타임스(New York Times)〉가 기사로 내보냄으로써 저주가 시작됐다.[9] 여기에 더해 유체 이탈이나 환생 같은 주제로 작품 활동을 하던 소설가 마리 코렐리(Marie Corelli)가 투탕카멘의 무덤은 저주받았고 그 무덤에 침입한 자들은 죽음을 피할 수 없다고 쓰면서 저주 이야기에 힘을 보탰다.[10]

가여운 카나리아는 제외하고 저주에 의한 최초의 죽음은 '카나본 경'으로 기록됐다. 그의 죽음은 많은 의문을 자아냈다. 조지 허버트는 모기에 물려 사망했는데, 당시 상식으로는 이해하기 어려운 사인이었다. 사실 그는 모기에 물려 부푼 환부를 무심코 면도하다가 실수로 상처를 내는 바람에 세균에 감염됐다. 한 달 만에 병세가 악화해 폐렴으로 이어졌고, 1923년 4월 향년 56세로 숨을 거두고 말았다. 마리아 코렐리의 글이 발표된 지 2주 후의 일이었다. 언론은 이를 놓치지 않았다. 투탕카멘의 저주와 카나본 경의 죽음을 연결하는 기사가 쇄도했다. 설상가상으로 투탕카멘 미라를 조사한 의사가 파라오 얼굴에 있던 상처 자국이 사라졌다고 보고하자 저주의 소문은 일파만파로 퍼져나갔다. 투탕카멘의 사라진 상처가 카나본 경이 모기에 물린 그 위치였다면서 말이다. 그가 묻힌 지 6개월이 지난 시점이기에 그 소문이 사실인지 확인할 수 없는데도 이미 내려진 저주를 되돌릴 수는 없었다. 그로부터 16년이 흐른 1939년 하워드 카터가 비교적 장수한 64세 나이에 림프종으로 사망했을 때도 사람들은 그가 저주 때문에 죽었다고 여겼다.[11]

'외치의 저주' 또한 이와 유사한 방식으로 시작됐다. 누군가 이 얼음 인간의 발굴과 조사에 관여한 몇몇 사람이 저주로 죽었다고 소문을 냈다. 저주의 증거로 제시한 이유도 인상적이었다.[12] 가장 먼저 사망한 사람은 외치를 얼음 속에서 꺼내 자루에 담았던 법의학 수사팀장 라이너 헨(Rainer Henn)이라는 인물인데, 당시 장갑 없이 맨손으로 시신을 옮겼다는 것이었다. 라이너 헨은 외치 발견 1년 후 자동차 사고로 사망했다. 얄궂게도 외치에 관한 연구 결과를 발표하고자 학술 모임에 가는 도중이었다. 그다음으로 사망한 사람은 처음 외치를 만졌다고 알려진 커트 프리츠(Kurt Fritz)였다. 그는 지몬 부부의 신고로 경찰과 함께 발견 장소를 찾은 산장 관리인이었다. 발굴에 관한 전문 지식이 부족했던 그는 그때만 해도 베로나 출신 음악가로 추정되던 시신을 살펴보면서 이곳저곳을 건드렸다. 그리고 얼음 속에 묻힌 나머지 부분을 꺼내기 위해 시신 주변을 드릴과 도끼 등으로 깨보려고 했으나 여의치 않았다. 그래서 이 사건이 카라비니에리로 이관된 것이었다.

여기에서 끝이 아니었다. 2년 뒤인 1995년, 외치 연구팀 일원이던 고고학자 베르나르디노 바골리니(Bernardino Bagolini)가 58세 나이에 심장마비로 사망했다. 2004년에는 외치 발굴 과정을 영상에 담았던 촬영기사 라이너 회츨(Rainer Hoelzl)이 뇌종양으로 47세에 사망했다. 외치를 발견한 헬무트 지몬도 등산 중 조난해 시신으로 발견됐는데, 외치의 죽음과 섬뜩할 정도로 비슷했다. 그는 외치가 발견된 곳으로부터 그리 멀지 않은 시밀라운 산장 부근에 엎드린 채 얼어붙어 있었다. 혼자서 산행을 하다가 실족해 추락사한 것이었다. 라이너 회흘이 사망하기 사흘 전의 일이었다.

저주는 계속해서 이어졌다. 헬무트 지몬의 시신을 수습한 구조대장 디터 바르네케(Dieter Warnecke)도 심장마비로 사망했다. 지몬의 장례식에 참석하고 한 시간 만이었다. 외치의 시신을 처음으로 조사한 고고학자이자 연구팀을 이끈 콘라드 스핀들러(Konrad Spindler)도 저주의 손길을 피하지 못했다. 2005년 그는 다발성 경화증에 따른 합병증으로 사망했다. 외치의 옷가지와 무기에서 다른 네 사람의 혈흔을 찾아낸 분자생물학자 톰 로이(Tom Loy)도 같은 해 유전성 혈액 질환으로 사망했다. 이 얼음 인간을 조사하고 연구했던 사람들 가운데 여덟 명이 외치 발견 이후 23년 동안 사망했다.

기회의 심리학

운과 저주

할리우드는 우리가 믿게 만들고 싶겠지만, 저주가 미라와만 관련이 있는 것은 아니다. 누구나, 무엇이든 저주받을 수 있다. 예를 들면 커다란 푸른 돌을 소유한 사람은 불행, 슬픔, 불운, 비극에 빠진다는 '호프 다이아몬드(Hope diamond)'의 저주가 있다. 이 저주의 이야기가 어디에서 시작됐는지 정확히 파악하기는 어렵지만 1888년 뉴질랜드 일간지 〈혹스베이헤럴드(Hawke's Bay Herald)〉 기사에 따르면 저주의 기원은 기원전 5세기 인도로까지 거슬러 올라간다. 무려 112캐럿의 이 청색 다이아몬드는 '락슈미의 화신'으로 알려진 '시타(Sita)' 여신상의 눈으로 장식된 것이었다.[13]

이후 천년이 넘는 세월 동안 여러 사람의 손을 거치다가 17세기 프랑스 보석 상인 장-밥티스트 타베르니에(Jean-Baptiste Tavernier)가 구입해 파리로 가져와서 1668년 루이 14세(Louis XIV)에게 팔았다. 이 커다란 푸른 돌은 루이 14세의 명령에 따라 67.5캐럿의 삼각형 배 모양으로 세공돼 크라바트(cravat) 핀으로 재탄생했다. 루이 14세는 '태양왕(Roi Soleil)'으로 불리며 절대 군주로서 왕권을 강화했지만, 말년에는 끊임없는 전쟁과 베르사유 궁전 유지비로 국가 재정을 낭비해 혁명의 빌미를 제공했고 1715년 비극적 종말을 맞이했다.

뒤이어 즉위한 루이 15세를 거쳐 루이 16세에게 넘어간 이 돌을 왕비인 마리 앙투아네트(Marie Antoinette)가 지니고 있었는데, 알다시피 그녀는 프랑스 혁명 때 단두대에서 목이 잘렸다. 혁명이 한창이던 1792년 이 돌은 도난당해 오랫동안 자취를 감췄다가 1830년 영국 경매장에 등장했다. 하지만 45.52캐럿으로 줄어들어 있었다. 이를 런던의 부유한 은행가 헨리 필립 호프(Henry Philip Hope)가 낙찰받으면서 '호프 다이아몬드'로 널리 알려졌다. 1839년 그가 죽자 조카인 헨리 토머스 호프(Henry Thomas Hope)의 소유가 됐고, 70여 년 동안 자손들에게 상속됐지만, 대부호였던 호프 가문은 1900년 파산하고 말았다. 1908년 오스만제국 황제 압뒬하미트 2세(Abdülhamit II)가 이 돌을 매입해 부인 중 한 명인 수바야(Subaya)에게 선물했으나, 나중에 그녀를 칼로 찔러 죽였고 황제 자신도 1년 뒤 폐위됐다.

이때는 이미 여러 출판물을 통해 이 돌이 저주의 다이아몬드로 인식되던 상황이었다. 1911년 목걸이로 세공된 호프 다이아몬드를 입수한 프랑스 보석상 피에르 카르티에(Pierre Cartier)가 파리를 방문한 미국 사업가 에드워드 빌 매클레인(Edward Beale McLean)과 그의 아내 에벌린 월시 매클레인(Evalyn Walsh McLean)에게 이 돌을 보여주면서 저주와 관련한 모든 내용을 설명했다. 그런데 매클레인 부부는 오히려 저주의 이야기를 즐기면서 이 돌을 매입했다.[14] 어떻게 됐을까? 1919년 장남인 빈슨 월시 매클레인(Vinson Walsh McLean)이 자동차에 치여 사망했다. 부부는 이혼했고 에드워드 빌 매클레인은 정신 이상으로 요양원에 입원했다가 1941년 심장마비로 사망했다. 1946년에는 장녀 에벌린 워싱턴 매클레인(Evalyn Washington McLean)이 스물다섯 나이에 수면제 과다 복용으로 사망했다. 에벌린 월시 매클레인은 1947년 스트레스성 폐렴으로 사망했다.

'호프 다이아몬드'를 소유했으면서도 저주를 피한 사람은 1949년 이 돌을 사들인 미국 보석상 해리 윈스턴(Harry Winston)이 유일했다. 그는 이 돌을 1958년 스미스소니언(Smithsonian) 박물관에 기능했다. 그리고 살 만큼 살다가 1978년 82세를 일기로 사망했다.

다른 저주도 살펴보자. 이른바 '위대한 오마르(Great Omar)'의 저주다. 1901년 프랜시스 샌고르스키(Frances Sangorski)와 조지 서트클리프(George Sutcliffe)가 런던에 설립해 오늘날에도 사업을 영위하고 있는 제본 회사 '샌고르스키&서트클리프(Sangorski & Sutcliffe)'가 있다. 당시 진짜 금과 보석을 사용해 고급스럽기 그지없는 책을 만들었다. 1909년 이 회사는 출판 역사상 유례없는 초대형 프로젝트를 의뢰받았다. 1761년에 시작해 마찬가지로 지금도 영업 중인 서점 '소서런스(Sotheran's)'에서 에드워드 피츠제럴드(Edward FitzGerald)가 9세기 페르시아 천문학자이자 시인 오마르 하이얌(Omar Khayyam)의 작품을 영어로 옮긴 《오마르 하이얌의 루바이야트(Rubaiyat of Omar Khayyam)》를 호화롭게 제본해달라고 의뢰한 것이었다. 소서런스는 작업 의뢰서에 비용은 얼마가 되든 상관없고 높은 비용을 청구할수록 기뻐할 것이라고 썼다. 출판 역사에 길이 남을 가장 위대한 양장본이 될 터였다. 그래서 '위대한 오마르'라는 프로젝트 이름이 붙었다. 그렇게 나온 결과물은 그야말로 호화 제본의 극치였다. 최고급 가죽 에 "극도로 정교한 금박 외에도 석류석, 감람석, 루비, 토파즈, 터키석 등 보석이 1,050개 들어갔고 완성하는 데만 2년이 걸린" 걸작 중의 걸작이었다.[15]

이후에 나온 소문이지만 위대한 오마르의 저주는 책 표지 중앙을 화려하게 장식하는 공작새와 관련이 있었다. 일부 문화권에서 공작은 불운의 상징인데, 이 새를 표지에 넣은 것부터가 불길한 징조였다는 이야기였다. 그래서였을까? 1911년 마침내 책이 나왔으나 처음부터 난관에 봉착했다. 1,000파운드 시작가로 뉴욕 경매에 올리기 위해 화물선에 실어 보냈지만, 미국 세관이 너무 높은 관세를 요구했고 소서런스는 이를 거부했다. '위대한 오마르'는 결국 런던으로 반송됐다. 그리고 1년 뒤 최초 경매 시작가의 절반도 안 되는 450파운드에 뉴욕 골동품 서적상 게이브리얼 웰스(Gabriel Wells)에게 낙찰됐다. 아쉬움을 뒤로 한 채 책은 뉴욕행 선박에 실렸다.

그러나 '위대한 오마르'가 탄 배는 'RMS 타이타닉(RMS Titanic)'이었다. 더 설명할 것도 없이 책은 뉴욕에 도착하지 못했다. 1912년 4월 15일, 초호화 양장본 '위대한 오마르'는 초호화 여객선 '타이타닉'과 함께 가라앉았다. 저주의 시작이었다. 그로부터 6주 후, 프랜시스 샌고르스키가 수영을 할 줄 모르면서도 물에 빠진 여성을 구하려다 익사했다. 공동 창업자를 잃었지만 샌고르스키&서트클리프는 해야 할 일을 계속했고 명성을 이어나갔다. 1924년 조지 서트클리프의 조카인 스탠리 브레이(Stanley Bray)가 합류했다. 그의 주도로 1930년대에 '위대한 오마르' 두 번째 사본이 완성됐다. 판매가 아닌 소장용이었다. 안전을 위해 은행 금고에 보관했다. 하지만 제2차 대전 때 나치 독일의 '런던 대공습(London Blitz)'으로 은행과 그 안에 있던 금고까지 모두 파괴됐다. 조지 서트클리프는 뇌졸중에 걸려 1936년 회사를 조카인 스탠리 브레이에게 맡기고 1943년 사망했다.

스탠리 브레이는 은퇴 후 삼촌을 생각하며 세 번째이자 마지막 '위대한 오마르'를 만들었다. 현재 별다른 저주의 기미를 보이지 않는 이 책은 영국국립도서관이 소장하고 있다.

스포츠팀도 꿀이 파리를 끌 듯 저주를 끌어들이는 것 같다. 우선 '밤비노(Bambino)의 저주가 그렇다. '밤비노'는 미국 메이저리그 전설적인 홈런 타자 베이브 루스(Babe Ruth)의 애칭이다. 이탈리아어로 '아기'를 뜻하며, 루스의 예명인 '베이브'를 빗대어 부른 것이다. 베이비 루스는 보스턴 레드삭스(Boston Red Sox)에서 투수로 활동하다가 타격 자질을 인정받아 타자로 전향했는데, 그를 과소평가한 구단주 해리 프레지(Harry Fragee)가 1920년 뉴욕 양키스(New York Yankees)와 헐값으로 트레이드했다. 1901년 창단한 보스턴 레드삭스는 1903년 월드 시리즈 첫 우승 후 1918년까지 5회에 걸쳐 우승함으로써 메이저리그 명문 구단으로 자리매김하고 있었다. 한편 뉴욕 양키스로 이적한 베이브 루스는 폭발적인 타격으로 최다 홈런 기록을 거듭 경신했고, 팀은 그의 홈런에 힘입어 최고 명문 구단으로 성장했다. 뉴욕 양키스는 2002년까지 월드 시리즈에서 무려 26회나 우승을 거머쥐었다. 반면 보스턴 레드삭스는 1918년 이후 단 한 번도 우승하지 못했다. 1975년과 1986년 월드 시리즈에 진출했지만 우승에 이르지는 못했다. 밤비노의 저주는 이때 시작됐다. 언론들이 보스턴 레드삭스의 연이은 불운을 '밤비노의 저주'라고 표현하면서부터였다. 여러분이 야구팬이라면 보스턴 레드삭스가 2004년 월드 시리즈에서 세인트루이스 카디널스(St. Louis Cardinals)를 꺾고 우승해 86년 만에 밤비노의 저주가 풀렸음을 알고 있을 것이다.[16]

기회의 심리학

저주에 시달린 메이저리그 야구팀이 더 있다. 시카고 컵스(Chicago Cubs)는 월드 시리즈에 진출해도 우승하지 못한다는 '염소의 저주(Curse of the Billy Goat)'에 시달렸다. 시카고 컵스는 1908년 이후 108년 동안 월드 시리즈 우승을 하지 못했던 팀으로 유명하다. 염소의 저주 기원은 1945년으로 거슬러 올라간다. 선술집 '빌리 고트 태번(Billy Goat Tavern)'을 운영하던 빌리 시아니스(Billy Sianis)라는 남성이 있었다. 그는 '머피(Murphy)'라는 이름의 염소를 가족처럼 아꼈고, 이 염소를 모델로 활용해 자신의 선술집을 홍보하곤 했다. 시카고 컵스의 열혈팬이기도 했던 그는 1945년 10월 6일 디트로이트 타이거즈(Detroit Tigers)와 월드 시리즈 4차전 홈경기가 펼쳐질 시카고 컵스 홈구장 리글리필드(Wrigley Field)에 머피와 함께 입장했다. 머피 것까지 해서 표도 두 장을 끊었다. 그렇게 자리를 잡고 들뜬 마음으로 경기를 4회까지 관람하던 차에 구장 경비원이 다가와 염소가 악취를 풍긴다며 퇴장을 요구했다. 한창 관람하던 중 갑자기 쫓겨나게 되자 빌리 시아니스는 화가 머리끝까지 나서 이렇게 소리쳤다.

"컵스 너희는 다시는 월드 시리즈에서 이기지 못할 거야. 내 염소를 모욕했기 때문에 결코 우승하지 못할 거라고!"

말 그대로 '저주'를 퍼부은 것이었다. 시카고 컵스는 그해 월드 시리즈에서 3승 4패로 패했다. 그리고 71년 동안 월드 시리즈에 진출조차 하지 못했다. 저주는 1970년 빌리 시아니스가 사망하고도 46년

이나 지속했다. 염소의 저주는 시카고 컵스가 클리블랜드 인디언스(Cleveland Indians)를 상대로 월드 시리즈에서 우승한 2016년에서야 끝을 맺었다.[17]

골프에서는 U.S. 오픈(U.S. Open)에서 한 번 승자가 되면 두 번 다시 우승하지 못한다는 '오픈(Open) 저주'가 있었다. 하지만 네 번 우승한 잭 니클라우스(Jack Nicklaus)나 세 번 우승한 타이거 우즈(Tiger Woods)를 비롯해 여러 번 우승한 사례가 있어서 이 저주는 큰 효과를 발휘하지 못한 듯하다. 이 밖에도 스포츠와 관련한 저주는 수두룩하다. 미국 프로 농구 NBA에는 '빌리 펜(Billy Penn)'의 저주가 있고, 하키에는 '빌 바릴코(Bill Barillko)'의 저주가 있고, 미식축구 NFL에는 '바비 레인(Bobby Layne)'의 저주가 있고… 저주의 목록은 지금도 갱신되고 있다.[18]

행운의 부적

저주는 불운과 관련이 있지만, 저주를 풀거나 막는 방법도 있다. 운의 힘을 끌어당기는 가장 흔한 방법은 '부적(符籍, charm)'을 소지하는 것이다. 생각보다 많은 사람이 행운의 부적, 행운의 옷, 행운의 액세서리 등을 갖고 있다. 행운을 부르고 불운을 멀리하기 위해서다. 나도 고백하기 부끄러우나 '행운의 신발' 한 켤레를 갖고 있다. 물론 사람들이 이런 '부적'의 힘을 정말로 믿어서, 우주의 무작위 사건을 자신이 원하는 방향으로 이끌 수 있다고 이성적으로 확신하는 것은 아니다. 그러면 마음이 안정되고 기분이 좋아진다는 사실을 감정적으로 알기 때문이다. 나도 무언가 약간의 행운을 바랄 때 내 '행운의 신발'을 신는다.

영국 심리학자 리처드 와이즈먼(Richard Wiseman)은 운에 대한 우리의 믿음과 운이 우리 삶에 미치는 영향을 15년 넘게 연구해왔다. 2003년 그가 진행한 설문 조사 결과에 따르면 응답자의 77%가 운을 믿었고, 행운을 부르거나 불운을 피하고자 미신적 행동을 했다. 심지어 과학에 관한 배경 지식이 있다고 응답한 사람의 25%도 자신들이 다소 미신적이라고 인정했다. 불운을 막는 방법으로 '나무 만지기'(74%), '검지와 중지를 꼬아 십자가 모양 만들기'(65%), '부적 지니고 다니기'(28%)를 믿었고, '사다리'(50%), '깨진 거울'(39%), '숫자 13'(26%) 순으로 불길하다고 여겼다.[19]

미국의 경우는 약간 낮았다. 리처드 와이즈먼은 1996년 〈갤럽(Gallup)〉 설문 조사 결과를 인용해 미국인 53%가 미신을 믿는다고 설명했다. 갤럽 조사에 따르면 미국인 4명 중 1명인 25%는 미신을 적극적으로 믿었다. 응답자의 27%가 '나무 두드리기' 미신을 믿었고, '검은 고양이'(13%), '사다리'(12%), '깨진 거울'(11%), '숫자 13'(9%)가 불운을 가져온다고 응답했다.[20] 〈포브스(Forbes)〉는 미국 인구의 57%가 별자리 운세를 읽는다는 전미여론조사센터(National Opinion Research Center) 설문 조사 결과를 인용하면서, 31%가 점성술을 과학적이라 여긴다고 보도했다.[21]

프로와 아마추어를 막론하고 운동선수 대부분이 저마다 행운의 부적 하나쯤은 몸에 지닌 채 코트, 필드, 그린에 선다. '행운의 의식'을 행하는 선수들도 있다. 특히 프로 스포츠 선수들은 성과, 경력, 부상, 인

기회의 심리학

기 등 갖가지 스트레스 요소에 직면해 있다. 그 때문에 운동선수는 경기를 잘하기 위해 자신들이 할 수 있는 모든 것을 하려는 동기가 강하다. 그게 아무리 비이성적이고 비합리적이라도 말이다. 메이저리그 명예의 전당에 오른 삼루수의 전설 웨이드 보그스(Wade Boggs)는 경기력을 향상하고자 자신만의 '행운의 이식'을 빠짐없이 수행했다. 매일 같은 시간에 일어났고 연습도 의식처럼 했다. 경기에 출전하기 전날에는 무조건 닭고기를 먹었고, 히브리어를 하지 못하는데도 타석에 들어서면 늘 바닥에 '살아있음'을 뜻하는 'חי(카이)'를 그렸다. 그러면 배트를 휘두를 만반의 준비가 되는 것이었다.[22] 1976년부터 1980년까지 5회 연속 윔블던(Wimbledon) 타이틀을 획득한 스웨덴의 테니스 전설 비에른 보리(Björn Borg)는 2주 경기 동안 한 번도 수염을 자르지 않았다. MBA 로스앤젤레스 레이커스(Los Angeles Lakers)에서 활약 중인 르브론 제임스(Lebron James)는 경기 시작 전 미끄럼 반지를 위해 사용하는 송진 가루를 다른 선수들처럼 평범하게 바르지 않고 두 손에 모아 원을 그리듯 머리 위로 퍼뜨리는 '의식'을 취한다.[23]

여러분에게도 매일 '루틴(routine)'처럼 행하는 행운의 의식이 있을지 모르겠다. 많은 이들이 그 효과에 의구심을 가지면서도 생활 일부를 의식화하는 듯 보인다. 오랫동안 심리학자들은 우리가 왜 그런 특이한 행동을 하는지, 무엇이 그 행동을 멈추지 못하게 하는지 연구했다. 행동주의 심리학자 버러스 프레더릭 스키너(Burrhus Frederic Skinner)

는 미신적 행동을 학습과 강화의 결과라고 여겼다. 거의 모든 것이 강화 인자가 될 수 있다. 배고플 때는 음식을 먹고, 목마를 때는 물을 마시며, 신발이 발을 너무 꽉 조이면 벗는다. 강화는 우리가 어떤 반응을 한 뒤에 일어난다. 신발을 벗으면 편안해지고 쿠키를 먹고 나면 덜 배고프다고 느낀다. 그러면 그 행동 동기가 강화된다. 스키너에 따르면 반응을 반복할 가능성을 높이는 강화는 '긍정적 강화(positive reinforcement)'이고 반복하지 않을 가능성을 높이는 강화는 '처벌(punishment)'이다.

스키너는 그 유명한 '스키너 상자(Skinner box)'를 이용해 특정 자극에 적절히 반응하면 먹이를 얻는 등 동물들이 '긍정적 강화' 행동을 하도록 학습시켰다. 예를 들어 불이 켜진 작은 버튼을 부리로 쪼면 먹이가 나오는 상자에서 비둘기들은 매우 빨리 버튼 쪼는 법을 배웠다. 몸을 빙글빙글 돌리거나 머리를 흔들면 먹이가 나오는 상자에서도 빠르게 학습했다. 어느 날 스키너는 자극 없이 먹이만 나오면 비둘기들이 어떻게 할지 궁금해졌다. 다른 장치를 빼고 무작위로 먹이만 나오게 한 상자에서도 비둘기들은 각기 학습한 대로 행동하기 시작했다. 어떤 비둘기는 먹이가 나오기 전 부리로 상자 벽을 쪼았고, 어떤 비둘기는 시계 반대 방향으로 빙글빙글 돌았다. 또 어떤 비둘기는 진자처럼 머리를 앞뒤로 흔들었다. 비둘기들은 마치 그런 반응을 해야 먹이를 먹을 수 있는 듯 행동했다. 자신의 행동과 먹이 사이에 인과관계가 있는 것처럼 말이다. 스키너는 우리의 미신적 행동, 즉 행운의 부적을 몸에 지니거나, 행운의 음식을 먹거나, 행운의 신발을 신는 것도 학습에 따른 강화 행동이라고 결론지었다.

> 카드 뒷면을 불어서 운을 바꾸려는 행동이 좋은 예다. 이와 같은 의식과 결과 사이의 우연한 연결은 그런 행동을 유지하고 강화하기에 충분하다.[24]

나는 새로 산 구두를 신고 면접시험을 봐서 교수가 됐다. 행운의 신발일까, 우연한 행복일까? 스키너식으로 표현하면 나는 그 구두와 좋은 일이 연결되는 경험을 학습했기에 다음번에도 행운이 필요할 때 높은 확률로 그 구두를 신을 것이다.

유사성의 법칙과 전염의 법칙

19세기 초 세계 문화를 연구하던 인류학자와 민속학자들은 저주, 주술, 미신을 믿는 것이 선사 시대 때부터 있던 인간의 특성이라고 봤다. 오히려 이에 관한 우리 선조들의 생각이 오늘날 현대인보다 훨씬 정교하고 구체적이라는 사실도 발견했다. 역작《황금가지(The Golden Bough)》를 남긴 영국 인류학자이자 민속학자 제임스 조지 프레이저 (James George Frazer)는 선사 시대 인류의 주술을 다음과 같이 설명했다.

주술의 기반이 되는 사고 원리를 분석하면 두 가지로 요약할 수 있다. 첫째, 유사한 것은 유사한 것을 낳고 그 결과는 원인과 유사성을 갖는다.

둘째, 이전에 접촉했던 것들은 물리적 접촉이 끝나고 멀리 떨어져 있어도 계속 상호 작용한다.[25]

프레이저는 첫 번째 원리를 '유사성의 법칙(Law of Similarity)', 두 번째 원리를 '전염의 법칙(Law of Contagion)'이라고 불렀다. 위해를 가하고 싶은 누군가를 부두 인형이나 초상으로 만들어 불태우는 행위가 '유사성의 법칙' 사고 원리의 대표적 사례다. 유사성의 법칙에 따라 인형에게 가한 행동은 사람에게도 일어난다고 여기는 것이다. 외치의 저주나 기타 여러 저주는 '전염의 법칙' 사고 원리의 사례다. 외치의 얼어붙은 시신을 만지면 그와 접촉하게 된다. 여러분이 그를 딱 한 번 만지더라도 그의 몸에 깃들어 있던 불운에 전염돼 영원히 여러분을 괴롭힐 것이다. 머피가 받은 모욕은 염소의 저주가 되어 경기장을 떠난 뒤에도 오래오래 남게 되는 것이다.

프레이저는 이 두 가지 법칙이 전세계 다양한 문화에서 두루 작동했다고 설명했다. 그러나 시간이 흐르면서 인류가 진화하고 사회와 문화가 정교해짐에 따라 주술에 대한 믿음은 점차 과학 법칙에 대한 믿음으로 대체됐다고 가정했다. 하지만 정말 그럴까? 옛날 노래 가사에도 있듯이 "꼭 그렇지는 않다(It ain't necessarily so)"는 사실을 우리 모두 안다. 수많은 저주 목록이 지금도 만들어지고 있다. 자신의 염소가 받은 처우에 불만을 품은 한 사람의 분노로 인해 야구팀이 불운의 늪에 빠질 수 있다거나, 냉동 미라 사진을 찍는 것만으로도 제명에 죽지 못할 수 있다고 믿는 현대인은 많이 있다. 누가 봐도 교양 수준이 높고 합리적인 수많은 사람이 저주, 행운의 부적, 악마의 눈, 숫자 13 등을 믿는다.

심리학자들은 인간에게 '주술적 사고(magical thinking)'를 하려는 특성이 있고 그것은 뇌의 작용임을 알아냈다. 주술적 사고는 "어떤 사건이나 결과가 다른 사람의 마음, 소망, 의식 등에 직접 영향을 받을 수 있다는 생각"이며, 많은 사람이 의도하든 하지 않든 주술적 사고에 동참한다.[26] 신경과학자이자 칼럼니스트 매뉴 허트슨(Matthew Hutson)에 따르면 우리는 겉으로 아니라면서도 속으로는 조금이라도 주술을 믿는다. 운, 운명, 루틴, 징크스, 사후 세계, 하늘의 도움 같은 것들 모두가 주술과 관련이 있다.[27] 운에 대한 믿음이 주술적 사고가 아니면 무엇일까? 저주를 믿는 것은 불운을 믿는 것과 같지 않은가? 내가 행운의 신발을 신는 까닭은 행운을 믿어서가 아닌가?

우리는 아이들이 믿는 마법을 기꺼이 받아들인다. 아이가 산타클로스와 이빨 요정을 믿어도 뭐라 하지 않는다. 되레 이 상상의 존재들을 대신해 아이 몰래 선물을 준비한다. 아이가 커다란 'S'자를 가슴에 붙인 채 빨간 보자기를 등에 매달고 뛰어다니면 언젠가 그렇게 훨훨 날 수 있기를 기대한다. 그렇지만 어디까지나 아이들의 눈높이에 맞춰주는 것일 뿐 어른의 사고는 다르다고 말한다. 오직 과학만을 신뢰하며

기회의 심리학

보이지 않는 것은 믿지 않는다고 주장한다. 그런데 정작 연구 결과는 그렇지 않다. 일찍이 심리학자들은 처한 상황이 모호하면 모호할수록 그 상황을 설명할 때 주술적 사고에 의존하는 빈도가 어른이 아이보다 더 높다는 사실을 발견했다.[28]

심리학자 폴 로진(Paul Rozin)과 동료들이 진행한 실험에서 연구팀은 성인 남녀 실험 참가자들에게 사과 주스와 포도 주스를 따라준 뒤 200점 척도로 선호도를 측정했다. 약간의 편차는 있었지만 대부분 200점에 수렴했다. 이번에는 이들의 눈앞에 플라스틱 생일 촛대와 말린 바퀴벌레(커다란 미국 바퀴벌레라고 말해도 되겠지)를 보여주면서 완벽하게 살균을 끝낸 것들이라고 설명했다. 그런 뒤 방금 주스를 따른 컵은 이 '물질'을 담았다가 깨끗이 씻은 것이라고 말한 다음 해당 주스를 다시 마실 수 있는지 물었다. 실제로 마시라는 게 아니라 그럴 용의가 얼마나 있는지 조사하기 위함이었다. 촛대와 바퀴벌레 모두 실험 참가자들의 생각에 영향을 미쳤다. 멸균된 바퀴벌레가 담겼던 컵의 주스는 선호도가 102점이나 떨어졌다. 멸균된 플라스틱 생일 촛대 쪽은 3점만 하락했다.

그런데 실험의 목적은 여기에 있지 않았다. 마지막으로 연구팀은 실험 참가자들에게 새 컵과 주스를 제공하면서 다시 선호도를 측정했다. 주스 종류는 이전과 같았다. 그러나 바퀴벌레 쪽 주스, 그러니까 바퀴벌레와 아무런 접촉도 없었고 종류만 같은 새 컵과 새 주스는 선호도가 바닥이었다. 마치 바퀴벌레의 저주가 씌워졌다는 듯 말이다. 연구팀은 이 실험을 통해 '유사성의 법칙'과 '전염의 법칙'이 '주술적 사고'를 깨운다는 사실을 확인했다.

폴 로진과 동료들은 '유사성의 법칙'과 관련한 실험을 더 진행했다. 연구팀은 실험 당일 식료품점에서 구입한 유명 상표의 설탕과 빈 유리병 두 개를 실험 참가자 앞에 놓았다. 그리고 이들이 보는 앞에서 설탕 봉지를 개봉한 다음 깨끗한 숟가락으로 설탕을 떠서 '설탕(SUGAR)'이라고 표시된 유리병에 넣었다. 마찬가지로 다른 깨끗한 숟가락을 사용해 다시 설탕을 '시안화나트륨—독(SODIUM CYANIDE—POISON)'이라고 표시된 다른 유리병에 넣었다. 그런 뒤 각 유리병에 깨끗한 물을 담아 '설탕물'을 만들었다. 그러고는 실험 참가자들에게 둘 중 어떤 설탕물을 마실지 물었다. 설명한 대로 두 유리병에는 같은 내용물이 담겼고 라벨만 달랐다. 만약 주술적 사고가 작동한다면 '유사성의 법칙'에 따라 '시안화나트륨—독'이라고 적힌 설탕물을 피해야 할 것이다. 당연히 참가자들은 두 음료의 실체가 설탕물임을 알고 있다. 하지만 아니나 다를까 실험 참가자 대부분은 '시안화나트륨—독' 라벨의 유리병을 선택하지 않았다. 심지어 자신들이 직접 유리병에 라벨을 붙이고 나서도 결과는 같았다. '시안화나트륨—독'을 붙인 뒤 거기에 설탕과 물을 넣어 설탕물을 만들고서도 그 유리병을 고르지는 않았다.

연구팀은 이 밖에도 '유사성의 법칙'과 '전염의 법칙'을 확인하는 다

기회의 심리학

양한 실험을 진행했다. 우리는 흥미롭게 읽을 수 있어도 실험에 직접 참여한 사람들에게는 그다지 재미있는 경험이 아니었을 것이다. 어떤 실험에서 참가자들은 좋아하는 사람 얼굴 사진에는 다트(dart)를 던지는 게 내키지 않지만, 싫어하는 사람 사진에는 마음껏 던질 수 있음을 알았을 것이다. 더욱이 사람들 대개가 미워하는 사람, 일테면 아돌프 히틀러(Adolf Hitler) 사진에 다트를 던져 꽂을 때는 정확도가 비교할 수 없이 높았다. 그들은 또한 사각형 모양의 퍼지(fudge)는 잘도 먹으면서 개똥처럼 생긴 퍼지는 먹지 않으려 했다. 나아가 실험 참가자들은 고무로 된 싱크대 배수구 덮개는 입으로 물면서도 재미있는 가짜 토사물 모양의 플라스틱 장난감은 입술 근처에도 대지 않았다. 물론 둘 다 무독성이고 새 제품을 개봉했더랬다.

주술적 사고

또 다른 심리학자 에밀리 프로닌(Emily Pronin)과 동료들은 일상에서 나타나는 주술적 사고를 연구했다.[29] 이들은 우리가 자신의 사적이고 내밀한 생각과 더 넓은 세상에서 일어나는 일 사이의 강력한 연결을 보기 때문에 저주가 실제로도 주효하다고 결론 내렸다. 연구팀은 일종의 몰래카메라 형식으로 실험을 진행했는데, 학생들을 모아놓고 심인성 질환과 아이티 부두교에 관해 설명했다. 이는 표면적인 과정이고 사실은 학생들이 '주술'을 부렸다고 믿게 만들 수 있는지 살피려는 것이었다. 이 실험에는 '공모자', 즉 실험의 진짜 목적을 알고 미리 정한 각본대로 행동할 학생도 참가했다. 이 공모자는 다른 실험 참가자들이 자신을 싫어하게끔 꼴 보기 싫은 짓만 골라서 했다. 늦게 나타나 모두를 기다리게 했고, 껌을 질겅질겅 소리 내 씹었으며, "멍청한 사람들은 번식해선 안 돼(Stupid people shouldn't breed)"라는 문구가 쓰인 티셔츠를 입고 다녔고, 책을 읽는 시간이면 책상 위에서 시끄럽게 볼펜을 달가닥거렸다. 실험 참가 동의서를 마구 구겨 멀리 있는 휴지통에 던졌다가 엉뚱한 곳에 떨어지니 어깨만 으쓱하곤 치우지 않았다. 한마디로 비호감 꼴불견처럼 행동했다. 당연하게도 다른 학생들은 그를 전혀 좋아하지 않았다.

실험 중 설문 조사가 있었는데, 신체적으로 문제 삼을 만한 증상이 있느냐는 질문이었다. '공모자'와 다른 학생들 모두 이상 없다고 응답했다. 공모자 학생은 이때도 낄낄대며 "이상 없지 뭐!" 하며 큰소리를 내고는 밖으로 나갔다. 이 또한 각본대로였다. 이제 나머지 학생들이 '주술사'가 될 차례였다. 연구팀은 학생들을 두 그룹으로 분리해 부두 인형을 나눠준 뒤 그것을 '제물' 삼아 싫어하는 사람을 조용히 머릿속에서 구체적으로 생각하며 인형 아무데나 핀을 꽂으라고 요청했다. 한 그룹에는 나쁜 마음을 가득 담아 찌르라고 했고, 다른 그룹에는 되도록 중립적으로 생각하라고 요구했다.

며칠 뒤 건강 상태를 확인하는 설문 조사가 다시 진행됐다. 그런데 이번에는 이 '얼간이'가 두통이 심해졌다고 투덜거렸다. 연구팀은 나머지 학생들과만 은밀하게 추가 설문 조사를 진행했다. '주술사' 역할을 한 참가자들에게 그 학생이 머리가 아픈 이유가 '주술' 때문이라고 생각하는지 질문하자 대다수가 그렇다고 대답했다. 그리고 중립적으로 생각하라는 그룹보다 더 나쁘게 생각하도록 요구받은 그룹이 '저주'가 더 효과적이었다고 응답했다. 그 학생들은 정말로 자신의 나쁜 생각이 '저주'로 변해 '얼간이'의 두통으로 나타났다고 믿었다. 그들은 또한 그 '꼴불견 대마왕'을 저주한 데 대해 전혀 죄책감을 느끼지 않는다고 응답했다. 머리가 아파도 싸다는 것이었다.

에밀리 프로닌 연구팀은 반대로 어떤 어려운 일에 대한 긍정적이고 고무적인 생각이 실제 성과에도 영향을 미친다고 여기는지도 실험했다. 실험실 밖으로 나가 사람들을 인터뷰하기도 했다. 연구팀은 한 슈퍼볼(Super Bowl) 파티에 참석해 사람들에게 경기가 진행되는 동안 응원한 팀을 얼마나 많이 생각했는지 물은 뒤 경기 결과에도 책임을 느끼는지 질문했다. 인터뷰에 응한 미식축구 팬들은 자신이 경기에 대해 더 열성적으로 생각할수록 그 생각이 경기에 영향을 미쳤다고 믿었다. 응원한 팀이 실제로 우승했는지는 크게 중요하지 않아 보였다. 패배한 팀을 응원했던 사람들도 비록 아쉽긴 하지만 좋은 마음으로 열심히 생각하고 응원한 덕분에 선수들이 최선을 다해 경기에 임한 것이라고 여겼다.

에밀리 프로닌의 말처럼 우리는 마치 생각하는 것만으로도 행위자가 된 듯 느끼며, "우리가 물리적 결과를 물리적 원인에서 찾듯이 생각을 결과의 원인이라고 인식"하는 것 같다.[30] 우리는 무언가 깨지는 소

　　　　　　　　　기회의 심리학

리를 들고 주방으로 갔을 때 아이가 그곳에 서 있는 모습을 보면 본능적으로 그 원인이 아이에게 있다고 생각한다. 중요한 프레젠테이션을 성공적으로 마친 뒤 인사고과에서 좋은 평가를 받으면 발표 전에 행운의 부적 토끼 발(rabbit's foot)을 만진 덕분이라고 여긴다. 이후에도 토끼 발은 행운의 상징으로서 우리 몸을 떠나지 않는다. 우리의 '귀인'은 합리적일 때도 있고 그렇지 않을 때도 있는 것이다.

주술적 사고와 귀인 이론은 서로 밀접한 관련이 있다. 어떤 사건에 대해 주술적 사고를 하는 것은 모호한 상황의 원인을 적대적으로 가정하는 '적대적 귀인 편향'이나, 좋은 일은 내 탓이고 나쁜 일은 남 탓이라는 '자기 위주 편향' 등의 귀인 오류로 볼 수 있다. 미라를 만져서 그저주로 죽었다고 생각할 때 우리는 귀인을 하는 것이다. 카지노 룰렛에서 이겼다거나 운이 좋아 교통사고를 당하고도 다치지 않았다고 생각할 때 우리는 귀인을 하는 것이다. 비논리적이고 비합리적인 귀인이지만, 이 또한 귀인인 것이다.

우리 머릿속에서 주술적 사고가 열리게 만드는 두 가지 열쇠가 있다. 그 첫 번째로 '통제력 부족'은 미신적 행동이나 행운(또는 불운)을 떠올리게 하는 데 주효한 역할을 한다. 이는 진짜 통제력 부족일 수도 있고 지각된 통제력 부족일 수도 있다. 무작위 배열에서 의미 있는 패턴을 보려는 현상인 '파레이돌리아'를 떠올려보자. 암석투성이 화성 표면 사진에서 사람 얼굴을 보거나 나무껍질에서 성모 마리아를 보는 등, 어떻게든 패턴을 찾아내 의미를 부여하려는 우리 뇌의 특징이다.

조직행동학자 제니퍼 윗슨(Jennifer Whitson)과 사회심리학자 애덤 갤린스키(Adam Galinsky)는 통제력 부족이 무작위 시각 자극에서 '착시 패턴'을 볼 때 어떤 역할을 하는지 연구했다. 그 결과 통제력이 부족하다고 느끼는 사람들이나 통제력이 부족했던 과거 상황을 떠올리도록 한 사람들이 충분한 통제력을 갖고 있다고 느끼는 사람들보다 '없는 패턴'을 훨씬 더 많이 본다는 사실을 알아냈다. 이 같은 현상을 조사하고자 특별히 고안한 여섯 번의 실험을 진행한 끝에 두 사람은 하나의 결론을 도출해냈다. 우리 뇌는 시각 통제력이 필요한 상황에서 통제력이 부족하다고 지각할 때 통제 가능한 상태를 유지하고자 패턴을 만들어낸다는 것이었다.[31] 이 특징은 우리의 다른 사고 메커니즘에도 적용된다. 달리 말해 우리 뇌는 어떤 상황에 대해 통제력이 턱없이 부족하다고 인식할 때 주술적 사고를 하거나 귀인을 운으로 돌려 통제력을 회복한다.

사회학자이자 인류학자 조지 그멜치(George Gmelch)는 야구 선수들의 미신 행동을 연구해 몇 가지 흥미로운 결론에 도달했다. 의식화한 행동은 선수들에게 경기 통제력을 강화하는 느낌을 제공했다. 그리고 투수나 타자는 주술적 행동을 할 때가 많지만 야수, 그중에서도 외야수들에게는 그런 모습을 거의 찾을 수 없었다. 이는 상대적으로 더 큰 경기 통제력을 발휘해야 할 때 '자기통제(self-control)' 느낌이 더 절

기회의 심리학

실해진다는 얘기가 된다. 미신적 행동은 이에 기인하는 것으로 읽을 수 있다.

> 주술적 의식은 '기회의 정도'가 매우 높은 투구나 타격과 관련이 있다. 타석에 들어선 타자나 공을 던져야 하는 투수와 대조적으로 수비수, 특히 외야수들은 자신의 경기를 거의 완벽하게 통제할 수 있다. 일단 공이 자신의 방향으로 날아오면 아웃 기회를 여간해서는 놓치지 않는다. 수비수는 투수나 타자보다 걱정할 것이 별로 없다. 자신이 열에 아홉은 임무를 완벽하게 수행할 수 있음을 이미 알고 있다. 예상하는 결과 가능성이 클 때 의식은 필요하지 않다.[32]

주술적 사고를 일으키는 두 번째 열쇠는 '스트레스'다. 우리는 삶이 바라는 대로 풀리지 않거나 일이 뜻대로 흘러가지 않아 스트레스를 받게 되면 그 원인을 다른 데서 찾을 확률이 커진다. 심리학자 제프리 러드스키(Jeffrey Rudski)와 애슐리 에드워즈(Ashleigh Edwards)는 평소 매우 미신적이고 스트레스에 시달리는 학생들을 대상으로 이들이 어떤 방식으로 주술적 사고를 표출하는지 살폈다.[33] 학생들은 무엇보다 학업 성적에 영향을 미친다고 믿는 것들에 대해 강한 미신을 보였다. 70% 학생이 시험 때 이른바 '행운의 자리'를 차지하고자 애쓰거나 '불행한' 사람들과 대화를 피한다고 응답했다. 시험을 잘 보려고 자신

만의 '행운의 의식'을 수행하거나 '행운의 부적'을 이용한 적이 있느냐
는 질문에도 대다수가 그렇다고 답했다. 학생들의 미신 행위는 더 중요
한 시험일수록 증가했고 스트레스도 이에 비례했다.

다른 연구팀은 스트레스와 주술적 의식 사이의 연관성에 세 가지
주요 요인이 있다고 제안했다.[34] 첫째, 주술적 의식은 학생들이 시험
에 집중할 수 있도록 돕는다. 둘째, 의식을 수행하는 행위가 스트레스
를 줄이고 긴장을 완화한다. 셋째, 학생들이 통제할 수 없는 상황을 통
제할 수 있는 것으로 느끼게 한다. 하지만 학생들이 이야기한 몇몇 의
식은 시험공부 대용이었다. 어떤 학생은 시험을 잘 보기 위해 길거리
에서 '행운의 동전'을 찾았는데, 아무리 찾아도 땅에 떨어진 동전이 보
이지 않자 되레 스트레스를 받았다. 또 어떤 학생은 '러키 세븐(lucky
seven)' 일곱 번째 버스를 골라 타고 왔다가 시험에 늦었고, 시간은 그
학생을 기다려주지 않았다.

'마음 챙김의 어머니(mother of mindfulness)'로 불리는 심리학자이자
정신분석학자 엘런 랭어(Ellen Langer)는 일찍이 1975년 '통제의 환상
(illusion of control)'이라는 개념을 제시했다.[35] 그녀는 실제 확률이 보
장하는 상황보다 '무작위 기회'로 좌우되는 상황에서 더욱 성공을 기
대하는 인간의 성향을 발견했다. 우리는 무작위성에 직면할 때도 마치
통제력이 있는 것처럼 행동한다. 익숙한 일일수록 더 그렇다. 어떤 일
에 익숙해지면 그 일을 잘한다고 믿기 때문이다. 일테면 도박을 더 많

기회의 심리학

이 해봤거나 복권을 더 많이 긁어본 사람이 그렇지 않은 사람보다 상황을 더 잘 통제할 수 있다고 느낀다. 만약 어떤 일에 조금이라도 선택의 여지가 있다면 그 결과가 다소 실망스러워도 개인적 기술 문제로 여길 수 있기에 금세 괜찮아질 수 있다. 우리가 통제력이 있다고 느끼면, 설령 그것이 환상이고 착각일지라도 의지를 북돋울 수 있고 자신감을 키울 수 있다. 성공할 수 있다는 동기 부여가 되므로 '통제의 환상'은 뭐든지 잘될 거라는 '낙관주의 편향(optimism bias)'과 더불어 대표적인 '긍정적 환상(positive illusion)'이다.

한편 주술적 사고를 깨우는 데 '불안감(anxiety)'이 주된 요인으로 작용하는 듯 보이자 어떤 심리학자들은 운과 미신을 믿는 사람들과 회의론자들을 비교하고 싶어졌다. 주술과 부적을 믿는 사람들은 회의론자보다 불안감에 취약할까? 이와 관련한 초기 연구 대부분은 이들이 예쁜 그림을 그리지 못하는 부류의 사람들이라고 설명하는 데 골몰했다. 심리학자이자 미신 전문가 스튜어트 바이스(Stuart Vyse)는 여러 실험 결과에서 수집한 방대한 자료를 토대로 '미신적인 사람'의 성격 개요를 정리했다.[36] 그에 따르면 미신적인 사람은 신중하고 체계적인 분석보다 직관이나 직감 및 감정에 의존하며, 인생의 결정이 통제 불가능한 요인에 의해 통제된다고 보는 경향이 있다. 나아가 목표 달성에 성공하지 못하리라 여기는 낮은 '자기효능감(self-efficacy)'과 매사 쉽게 휘둘리고 압도되는 낮은 '자아강도(ego-strength)'를 가졌다. 요컨대 미신적인 사람은 심리적 건강 상태가 좋지 않고 상황 대처 능력이 모자란다는 것이다. 이런.

애런 케이와 동료 심리학자들은 우리가 특정 상황에 직면해 통제력이 없거나 부족하다고 느끼면 무작위성과 혼돈에서 스스로 방어하고자 한다고 설명했다.

> 무작위성을 지각할 때 나타나는 방어 기제는 패턴, 심지어 가상의 패턴을 형성해 받아들이는 것이다. 구조와 질서를 강제하는 인간의 뇌는 통제 욕구를 충족하는 데 효과적일 수 있다. 인간은 하늘에서도 질서를 찾을 수 있고 지구에서 일어나는 일을 모든 일을 통제하는 존재도 얼마든지 설정할 수 있다.[37]

애런 케이 연구팀 실험 참가자들은 개인 통제력이 미치지 못하는 상황 설정에서 '신'이나 '정부'의 외부 통제 시스템에 의존하려는 경향을 보였다. 연구팀이 외부 통제 시스템으로도 통제 불가능한 상황을 설정하자 참가자들은 어떻게든 개인 통제력을 발휘하고자 애썼다. 연구팀은 누군가 또는 무언가는 '반드시' 세상의 질서를 유지해야 한다는 믿음이 인간 뇌에 내재해 있다고 봤다. 어떤 경우에는 그 크고 책임 있는 힘이 우리에게 있고, 어떤 경우에는 우리 외부에 있다고 생각한다는 것이다.

이렇게 보면 무작위성과 혼돈은 일종의 저주이며, 우리는 이 쌍둥이 악마를 우리 머릿속에서 몰아내기 위해 할 수 있는 모든 정신 활동을 수행할 수밖에 없을 것이다.

믿음이 주는 이익

연구팀들이 그리는 그림도 예쁘지는 않은 것 같다. 이들 연구에 따르면 현대인인 우리도 외치와 같은 원시 시대 선조들을 전혀 넘어서지 못한 듯 보인다. 우리는 여전히 동굴 구석에 웅크린 채 별을 바라보며 행운의 부적을 흔들면서 행운을 구하고 불운을 피하고 싶어 한다. 그러나 행운의 신발 한 켤레로 우리는 용기를 낼 수 있다. 애런 케이 연구팀의 최근 연구는 행운의 부적 등을 믿는 주술적 사고가 우리의 긍정적이고 유익한 특성과 연결될 수 있음을 보여준다. 믿음은 설령 그것이 미신일지라도 우리가 통제할 수 있다고 느끼게 해주며, 통제하고 있다는 느낌은 우리를 신체적·심리적으로 건강하게 만들어준다. 애런 케이와 동료들은 "주술적 의식은 인간 경험의 부분적으로 임의적인 특

　　　　　　　　　　　　기회의 심리학

성 때문에 생기는 불안감과 스트레스를 예방하고, 우리가 자신이 처한 환경에 굴복하지 않고 도전할 수 있도록 심리적으로 독려함으로써 궁극에는 실제로 성과를 향상한다"는 '보상적 통제(compensatory control model)' 모델을 제시했다.[38]

주술적 사고의 대표적인 이익은 불안 및 긴장 완화다. 네덜란드 심리학자 미카엘라 스키퍼스(Michaéla Schippers)와 파울 판 랑에(Paul Van Lange)는 네덜란드 최상위권 축구팀, 배구팀, 하키팀 선수들을 대상으로 경기 전 수행하는 자신만의 의식이 있는지 물었다.[39] 미신은 엘리트 운동선수들 사이에서 꽤 흔했다. 경기 당일 아침 식사로 반드시 팬케이크 네 개를 먹는다는 대답에서부터, 경기장에 도착하면 특정 위치에 껌 한 조각을 놓거나 경기 전 미리 숫자 13을 봐둔다는 답변에 이르기까지, 선수들이 하는 미신적 행동은 저마다 제각각이었다. 선수들은 또한 해당 경기가 자신에게 더욱 중요하고 상대가 더 강할수록 의식에 더 집중한다고 응답했다. 긴장감이 더 높아지기 때문인데, 그와 같은 주술적 의식을 수행하면 불안과 긴장이 줄어들어 몸과 마음이 편해진다고 했다.

제3장에서 살폈듯이 '반사실적 사고'는 특히 부정적 사건 이후 우리 뇌가 떠올리는 현실에 대한 대안이다. 그 가운데 '상향식' 반사실적 사고는 실제 일어난 일보다 더 나은 현실을 상상한다. '하향식' 반사실적 사고는 반대로 현실보다 더 나쁜 대안이다. 이들 연구팀은 상향식 반

사실적 사고가 미래의 부정적 상황과 다시 마주할 용기를 주고 다음 번에는 더 잘할 수 있도록 돕는다는 사실을 발견했다.

여러분이 자동차 운전석에 앉아 있고 주차장에서 이제 막 빠져나왔다고 생각해보자. 여유롭게 커피 한 모금 마시면서 가속페달을 밟아 속도를 내려는 순간 갑자기 대형 트럭이 차선으로 들어온다. 다행히 접촉 사고는 없었으나 급제동을 하는 바람에 커피를 쏟고 말았다. 이럴 때 상향식 반사실적 사고는 여러분에게 이렇게 말한다.

'이크, 속도를 높이기 전에 사이드미러를 확인했으면 좋았을 텐데. 그랬다면 커피 쏟고 자책할 일도 없었겠지. 아니야, 커피는 차가 멈췄을 때 마셨어야지. 다음번에는 이런 일이 없어야 해.'

방금 여러분은 앞으로 비슷한 상황에서 실수하지 않도록 더 나은 현실 대안을 떠올렸다. 그런데 상향식 반사실적 사고의 한 가지 문제점은 종종 우리 자신에 대해 더 나쁘게 느끼게끔 한다는 데 있다. 무턱대고 속도를 내려고 한 자신이 어리석고 운전 미숙에 부끄럽다는 느낌을 받을 수도 있다. 그래도 상향식 반사실적 사고에 따른 심리적 상처는 미래의 행동을 바꾸려는 동기가 된다.

한편으로 '하향식' 반사실적 사고는 정서적·감정적으로 긍정적 역할을 할 수 있다. 더 나빴을지 모르는 상황을 떠올리면 안도감이 들어서 기분이 좋아진다.

'그만하길 다행이지, 못 멈추고 그대로 들이받았으면 죽었을지도 몰

기회의 심리학

라. 운이 좋았던 거라고.'

더구나 생명은 건졌더라도 소방관들이 출동해 여러분을 구조해줄 때까지 두려움에 떨면서 기다리지 않아도 됐으니 얼마나 좋은가. 이렇게 상상하니 오히려 기쁘기까지 하다.[40]

영국 심리학자 라이자 데이(Liza Day)와 존 몰트비(John Maltby)는 행운에 대한 믿음이 심리적 안녕감에 어떤 영향을 미치는지 연구했다. 이들은 설문 조사에 참여한 학생들의 우울, 불안, 귀인, 낙관주의, 신경증, 자존감, 비합리적 믿음 등과 관련한 응답에서 유의미한 결과를 도출해냈다. 평소 우울하고 불안감을 자주 느끼는 학생들은 자신이나 타인의 행운을 믿지 않는 경향이 있었다. 반면 행운을 믿는다고 응답한 학생들은 매사 낙관적이고 우울감과 불안감을 느끼는 경향이 현저히 낮았다.[41]

다른 연구에서 라이자 데이와 동료 심리학자들은 스스로 운이 없다고 믿는 사람들의 뇌를 분석한 결과 '실행 기능(executive function)'에 장애가 있음을 확인했다. '실행 기능'이란 전두엽이 관장하는 인지 능력으로, 계획을 수립하고 실행하고 검토하거나 성취하려는 목표에 주의를 기울이는 뇌의 기능을 총칭하는 말이다. 집중력, 인지 지속성, 인지 유연성, 과제 전환, 반응 억제, 반응 유지, 조직화, 결정, 문제 해결, 추리 등이 모두 실행 기능에 포함된다. 한마디로 말해서 복잡한 상황에 효과적으로 적응하고 집중력을 적절히 분배해 주어진 과제를 실행하는 능력이다. 자신이 불운하다고 여기는 사람들은 실행 기능 장애를 겪고 있었다. 운이 좋다고 믿는 사람들에게서는 실행 기능 손상이 발견되지 않았다.[42]

독일 심리학자 리산 다미시(Lysann Damisch), 바르바라 스토버로크(Barbara Stoberock), 토마스 무스바일러(Thomas Mussweiler)는 미신이 실제로 어려운 일의 성과를 향상할 수 있는지 알아보고 싶었다. 세 사람은 우리가 지금까지 살펴본 연구에서 도출된 결론으로 시작했다. 사람들은 높은 심리적 스트레스와 낮은 통제력 인지 상태에서 성공 가능성이 매우 불확실성하다고 느낄 때 주술적 의식에 의지하는 경향을 보였다.[43] 미신은 확실히 긴장을 완화했고, 긍정적인 통제의 환상을 만들어냈으며, 예측할 수 없고 혼란스러운 주변 세상을 덜 그렇게 보이도록 해줬다. 그렇다면 미신은 앞서 스튜어트 바이스의 주장과 달리 인간의 '자기효능감'과 '자아강도'를 강화해 목표에 오랫동안 집중하고 더 열심히 노력하도록 이끌 수 있다. 삶을 바라보는 낙관이고 희망적인 태도를 갖게 함으로써 어떤 일이든 더 나은 성과로 이어지게 할 수 있는 것이다.

리산 다미시와 동료 연구자들은 이 가설이 올바른지 확인하고자 갖가지 실험을 진행했다. 첫 번째 실험에서 연구팀은 실험에 참여한 학생들을 두 그룹으로 나눠서 골프공을 퍼팅하게 했다(두 그룹 모두 전문 골퍼가 아니었다). 한 그룹에는 골프공을 건네면서 열심히 해달라는 격려

기회의 심리학

만 했고, 다른 그룹에는 해당 골프공이 유명 프로 골퍼를 우승으로 이 끈 '행운의 공'이니 잘 칠 수 있다고 하면서 미신을 심어줬다. 믿기 어렵 겠지만 결과는 '행운의 공'을 받은 그룹이 압도적으로 더 많은 퍼팅에 성공했다.

두 번째 실험에서는 두 그룹 학생들에게 미로처럼 생긴 판을 이리저 리 기울여 작은 구멍에 공을 넣는 장난감을 나눠줬다. 그런 뒤 한 그룹 에는 양손을 올려 검지와 중지를 꼬아 십자가 모양을 만들어 보이면서 "행운을 빕니다!"라고 응원했고, 다른 그룹에는 예상했듯이 장난감만 건네주고 무작정 시작하라고만 했다. 역시나 행운의 기운을 받은 그룹 이 짧은 시간 내에 더 많은 공을 구멍에 넣었다.

세 번째와 네 번째 실험에서 연구팀은 학생들에게 각자 행운의 부적 을 실험 장소로 가져오도록 요청했다. 그리고 나열한 카드를 한 번에 하나씩만 뒤집어 짝을 맞추는 기억력 테스트와 무작위 독일어 문자 로 최대한 많은 단어를 조합하는 퍼즐을 진행했다. 이때 한 그룹은 계 속 행운의 부적을 소지하게 했고, 다른 그룹은 시작 전에 부적을 압수 했다. 이제는 말하지 않아도 예상할 수 있을 것이다. 행운의 부적을 지 니고 있던 그룹이 부적을 압수당한 그룹보다 기억력 테스트와 단어 퍼 즐에서 모두 훨씬 나은 결과를 보였다. 리산 다미시 연구팀은 이를 "행 운 주술의 활성화는 과제를 완수할 수 있다는 믿음을 강화함으로써 성과 향상으로 이끈다"고 요약했다.[44]

주술적 사고, 미신, 행운에 대한 믿음은 우주의 외부적 힘 또는 우리가 하는 모든 일에 수반되는 개인적 특성으로서 매우 유익하다고 볼 수 있다. 이 믿음은 불확실성이 초래하는 스트레스와 불안감을 줄여준다. 나아가 상황을 통제할 수 있다는 자신감과 자기효능감 그리고 자아강도를 높여준다.[45]

주술적 사고가 삶의 의미를 찾는 데 도움이 된다는 연구 결과도 있다. 로라 크레이를 비롯한 심리학자들은 학생들에게 좋은 친구를 만나지 못했거나 과거 삶을 변화시킨 기회가 없었다면 지금 어떤 삶을 살고 있을지 서술해달라는 설문 조사를 진행했다.[46] '하향식' 반사실적 사고를 유도하는 실험이었다. 이들은 하향식 반사실적 사고가 세상의 무작위성과 통제력의 한계 그리고 운명의 변덕을 상기시키리라고 가정했다. 한편으로는 일어나지 않았던 일을 상상하면서 일어난 일을 떠올리면 실제 현실이 더 의미 있다고 느끼게 할 수 있지 않을까 기대했다. 학생들의 답변을 분석한 결과 삶의 주요한 전환점이 된 사건들에 대한 하향식 반사실적 사고가 상황을 더 잘 이해하고 현재 자신의 삶에 의미를 부여하는 데 큰 도움이 된다는 사실을 확인했다.

반사실적 사고는 삶을 변화시킨 사건의 인과관계에 대한 만족스러운 설명을 제공하며, 그럼으로써 결과를 우연이 아닌 필연으로 느끼게 해준다. 개연성 없는 상황을 상상하는 행위가 역설적이게도 필연성을 부여해

기회의 심리학

주는 것이다. 다음과 같은 논리가 성립하기 때문이다.

"모든 우연은 운명이다. 어떤 우연은 기회를 동반한다. 그러므로 내가 잡은 기회는 운명이다."[47]

일어나지 않은 일을 상상하면 삶의 모호성과 불확실성이 감소한다. 인생에서 마주하는 크고 작은 사건을 우연이 아닌 '기회(잡을 기회 또는 피할 기회)'로 생각하면 기분이 좋아지고, 통제력이 높아지고, 행복해지며, 우리 삶을 이루는 부분들이 때로는 혼란스러워도 거기에 의미와 목적을 부여할 수 있다.

토끼 발, 행운의 신발, 행운의 목걸이, 행운의 의식 등 모든 미신은 비과학적이고 비논리적이며 비합리적이다. 하지만 그렇다고 해서 꼭 배척해야 할 것도 아니며 배척할 수도 없다. 인간이라면 누구에게나 있는 뇌의 특성이며 우리는 그렇게 진화해왔다. 우리가 이런 믿음을 유지하는 까닭은 우리에게 이익이 되기 때문이다. 인간종으로서 우리에게는 불확실성을 줄이고 통제력을 높이려는 강한 동기가 있다. 어떤 일이 일어난 이유를 아는 듯한 느낌은 그 상황 심지어 세상 자체를 통제할 수 있다고 느끼게 해주므로 우리는 모든 것의 원인을 찾는다. 우리는 무려 100만 년을 예측하지 못한 특이한 상황에 직면할 때마다 '왜'라고 묻고 설명하고자 노력해왔다.

헬무트 지몬과 에리카 지몬 부부가 외치를 발견한 사건은 우연이 준 기회였다. 5,000년 전 외치가 그 도랑 속에 있었던 일도 좋든 나쁘든 기회였다. 그는 비록 죽었으나 그 시신이 5,000년 동안 썩어 없어지지 않고 온전히 보존된 것도 기회였다. 그 세월 내내 꽁꽁 얼어붙은 채 한 자리에 그대로 있었다는 사실은 후세 사람들에게 놀랍도록 운이 좋은 사건이고 놀랍도록 우연한 일이다. 그렇지만 산속에서 찾은 시신이 원시인일 확률은 매우 낮기에, 외치의 발견은 단순한 우연일 수 없으며 분명히 어떤 의미가 숨어 있으리라고 가정하는 것이다. 결국에는 발견될 터였고, 아마도 저주를 받았기 때문에 발견될 운명이었을 것이다. 투탕카멘, 호프 다이아몬드, 위대한 오마르, 수많은 스포츠팀의 저주처럼 말이다. 자연스러운 생각이다.

우리는 우리가 경험하는 모든 일의 인과관계를 따지려는 강력한 욕구를 지니고 있으며, 통제할 수 없고 무작위적인 상황에 대한 세대를 뛰어넘은 유전적 공포심을 갖고 있다. 이와 같은 우리 뇌의 특성이 모든 것에 의미를 담는 우리의 또 다른 능력과 결합하면 온갖 미신을 만들어낼 수 있다. 5,000년 전에 죽은 한 사내의 냉동 미라가 그를 만진 사람을 죽게 한다는 저주는 의심할 여지 없이 비이성적이다. 그러나 우리가 이 연결고리를 만들어낼 수 있다는 사실은 5,000년 전 우리 선조들의 삶이 어땠을지 상상하게 해주는 매우 특별한 우리 뇌의 능력이다. 누가 알겠는가? 억울하게 모욕당한 머피만이 시카고 컵스가 왜 그토록 오랫동안 우승할 수 없었는지 설명할 수 있을 것이다.

기회의 심리학

5

운과 뇌

뇌:

우리가 생각한다고 생각하는 신체 기관.

앰브로즈 비어스

한스 베르거와 뇌파

인간의 뇌는 우리가 매일 경험하는 세상의 모든 일과 빛, 소리, 느낌, 냄새, 맛을 감지하는 1.4킬로그램짜리 경이로운 신체 기관이다. 뇌는 우리의 미래를 계획하고, 지금 해야 할 일을 제대로 하고 있는지 고민하며, 과거를 그리워하기도 한다. 뇌는 우리가 서로 사랑하고, 합심해 적을 물리치고, 아침 식사로 무엇을 먹을지도 결정한다. 이 섬세하고 복잡한 신경 기관 덕분에 우리는 즐겁게 춤추고, 달리고, 헤엄치고, 말하고, 노래하고, 숨 쉬고, 씹고, 공부하고, 웃고, 맛있는 음식을 만들고, 환상적인 꿈을 꿀 수 있다. 우리가 하는 모든 행동, 우리가 할 수 있다고 생각하는 모든 행동은 뇌 기능의 결과다. 우리가 가졌거나 갖게 될 모든 생각, 우리가 소중하게 여기는 모든 믿음과 모든 기대와 모든 두

기회의 심리학

려움, 그리고 우리가 품은 모든 희망이 뇌의 산물이다. 여기에 더해 뇌는 우리가 운이 좋은지 나쁜지 생각하게 만드는 희한하고 때로는 기발한 감각 기능도 갖고 있다.

신경과학자들은 우리 뇌를 연구하기 시작했을 때 몇 가지 곤란한 문제에 직면했다. 첫 번째는 무엇을 하든 뇌가 전혀 움직이지 않는다는 것이었다. 초기 과학은 '운동'이 곧 '생명'이라는 생각을 굳게 고수했기 때문에 움직이지 않는 신체 기관은 생명체에게 그다지 중요하지 않은 것처럼 보였을 수 있다.[1] 그러다가 마침내 뇌가 중요하다는 사실을 인지하자 과학은 우리의 생각이 바로 이 기관에서 이뤄진다고 가정할 수 있었다. 관건은 그 작동 원리와 방식을 어떻게 찾을지였다.

독일 신경의학자 한스 베르거(Hans Berger)는 '정신 감응(mental telepathy)' 현상을 과학적으로 입증하고자 애쓴 독특한 인물이었다. 1892년 그는 천문학자가 될 요량으로 예나대학교 수학과에 입학했다. 하지만 한 학기 만에 여느 대학 1학년생들이 그렇듯 전공에 대한 회의감이 밀려와 기병대에 자진 입대했다. 그러던 어느 날 훈련을 받던 중 타고 있던 말이 갑자기 몸을 일으키는 바람에 뒤이어 야포를 끌고 따라오던 말 앞으로 떨어지고 말았다. 말굽에 밟히기라도 하면 큰일 나는 상황이었다. 다행히 말을 몰던 동료가 제때 말을 멈춰서 크게 다치지는 않았다. 그런데 다음날 아버지가 그에게 보낸 전보가 도착했다. 괜찮냐는 내용이었다. 알고 보니 그가 사고를 당할 때 부대에서 수 킬로미터 떨어진 곳에 있던 여동생이 오빠가 위험에 처했다는 느낌을 받고 불안해져 곧장 부모님께 알린 것이었다.[2]

이 일을 계기로 한스 베르거는 '정신 감응'을 믿게 됐고, 제대 후 학교로 돌아와 전공을 신경의학으로 변경했다. 그리고 1897년 의대를 졸업한 뒤 의사와 교수로 일하면서 본격적으로 인간의 뇌 활동을 연구했다. 그는 자신이 '정신 에너지(psychic energy)', 줄여서 'P-에너지 (P-energy)'라고 부른 '정신 감응'의 생리적·물리적 기반을 찾겠다고 결심했다. 이후 학자로서 그의 삶은 "인간 뇌의 객관적 활동과 주관적 정신 현상 사이의 상관관계에 관한 탐구"가 중심을 차지했다.[3]

그러나 한스 베르거는 이 주제로는 아무런 업적도 달성하지 못했다. 정신 감응을 담당하는 뇌 영역도 찾지 못했고, 이 P-에너지가 실제로 존재하는지도 증명하지 못했다. 그렇지만 거듭된 실패가 그의 연구 의지를 꺾을 수는 없었다. 그는 놀랍도록 집요했고, 반복되는 실패에도 끈질기게 P-에너지의 증거를 찾았다. 아마도 그는 토머스 에디슨 (Thomas Edison)의 연구 철학에 철저히 공감한 것 같다. 에디슨은 이렇게 말한 바 있다.

"나는 실패한 적이 없습니다. 단지 잘되지 않는 1만 가지 방법을 찾았을 뿐입니다."

한스 베르거는 문자 그대로 머리에 구멍이 뚫린 환자 그룹에서 P-에너지를 찾기 시작했다. 그가 살던 시대에 뇌 수술이 필요한 환자는 오

기회의 심리학

늘날 '개두술(開頭術, craniotomy)'이라 부르는 두개골 천공 과정을 거쳤는데, 말 그대로 머리뼈에 구멍을 뚫어 수술할 뇌 부위를 드러내는 것이었다. 전공 덕분에 그는 이런 환자들에게 비교적 쉽게 접근할 수 있었다. 그는 우선 드러난 뇌의 맥박을 측정했으나 이 방법으로는 P-에너지의 증거를 찾지 못했다. 다음으로 그는 뇌 온도를 측정했고, 결국 뇌의 전기 에너지를 살피는 쪽으로 방향을 틀게 됐다. 개를 대상으로 뇌의 전기 활동을 포착하는 데는 실패했더랬다.

제1차 대전이 발발하자 그는 머리를 다친 군인들을 치료하면서 연구를 이어갔다. 전유럽을 황폐화한 전쟁이었기에 수많은 사람에게는 불행이었지만, 한스 베르거 개인에게는 행운이었다고 할 수 있다. 그가 일하던 병원에는 두부 손상 환자와 개두술을 받아야 할 환자들이 넘쳐났다. 이 기회를 이용해 한스 베르거는 미세한 전기 신호로 뇌를 직접 자극해보는 실험을 할 수 있었다. 그는 뇌 '피질(皮質, cortex)'에 전기 신호를 보낼 때와 환자가 몸(뇌는 감각에 둔감하므로)에서 느낄 때의 시차를 측정했다. 이 실험은 훗날 그가 피질 자체의 전기 활동 측정을 시도하도록 이끌었다.

1924년 드디어 그는 제델(Zedel)이라는 젊은 환자 뇌의 전기 활동에서 아주 미세한 파동을 측정하는 데 성공했다. 이 첫 발견 후 그는 5년 동안 자신이 포착한 파동이 실험실 잡음이 아닌 실제 환자의 피질에서 나온 것인지 확인하고 또 확인했다. 그런 뒤 이 뇌 피질의 전기적 파동, 즉 '뇌파(腦波, brain wave)'를 기록한 그래프를 '뇌전도(腦電圖, electroencephalogram, 이하 EEG)'라고 명명하고 1929년 이를 학술지 〈정신의학 및 신경과학 기록보관소(Archiv für Psychiatrie und Nervenkrankheiten)〉에 발표했다. 살아 숨 쉬는 인간 뇌에서 얻는 '뇌파'가 처음으로 과학의 연구 대상이 되는 순간이었다.[4]

하지만 불행히도 그의 이 엄청난 업적은 과학의 연못에 잔물결도 일으키지 못했다. 아무도 그것이 인간 뇌 피질의 활동이라고 믿지 않았다. 정신 감응에 대한 한스 베르거의 잘 알려진 집착이 학계에서 그를 사이비로 취급하게 만든 요인이었을지도 모른다. 한창 득세하던 나치에 대한 반감도 한몫한 듯 보인다. 제1차 대전이 끝나고 예나대학교로 돌아왔을 때 그는 병원장으로 승진했지만, 틀에 박힌 과거 프로이센식의 엄격하고 융통성 없는 운영 방식을 고수함으로써 사람들의 신망을 얻지 못했다.

더욱이 그는 조악한 장치로 뇌의 활동을 기록하는 방법을 찾아낸 자신이 얼마나 운이 좋았는지도 몰랐던 것 같다. 전기나 전기 시스템의 기초를 공부해 더 세밀하고 정확하게 뇌파를 측정하려는 노력도 하지 않았다. 영국 신경생리학자 윌리엄 그레이 월터(William Grey Walter)는 1935년 한스 베르거의 연구실을 방문한 뒤 이렇게 썼다.

그는 놀랍게도 비과학적인 과학자였다. 동료들은 그가 독일 정신의학의 최전선에 있음을 인정하지 않았으며 괴짜라고만 여겼다. 그는 자신이 사용한 방법의 기술적·물리적 기반에 완전히 무지했고 알려고 하지도 않았다. 그는 기계나 전기에 관해서는 아무것도 몰랐다.[5]

자신의 업적에 잔혹할 정도로 침묵하는 학계의 분위기에도 불구하고 그는 연구를 계속 이어나가 1929년에서 1938년 사이 피질의 전기 활동을 설명하는 논문을 열네 편이나 발표했다. 그는 우리가 제1장에서 살펴본 제임스 오스틴의 '제2종 행운', 즉 멈추지 않고 계속 움직여 주변 사물을 자극하고 끊임없이 새로운 방식을 시도해 결단코 행운을 내 것으로 만들고야 마는 그런 인물이었다. 1934년 그의 연구를 눈여겨본 명망 높은 영국 생리학자 에드거 에이드리언(Edgar Adrian)이 뇌파 측정법을 자신의 연구에 도입하자 한스 베르거의 'EEG'는 과학과 의학의 강력한 도구로 자리매김했고, 비로소 그도 이 기술의 발명가로서 세계적 명성을 얻게 됐다.

뇌가 일하는 그림

오늘날 뇌파를 측정할 때는 여러 개의 작은 원반 모양 전극을 피부와 전극이 원활한 접촉을 유지하도록 끈적끈적한 젤로 발라 관자놀이, 이마, 두피에 부착한다. 그러면 전극이 닿는 쪽 뇌에 있는 수백만 개의 신경 세포 '뉴런(neuron)'이 '활동 전위(action potential)'라는 미세한 전기 메시지를 한 뉴런에서 다른 뉴런으로 '발화(firing)'하고 있음을 확인할 수 있다. 뇌의 전기 메시지는 전자를 얻거나 잃어서 양전하나 음전하를 띤 원자 또는 원자단 '이온(ion)'이 전달한다.

고등학교 물리 시간에 우리는 같은 전하를 띤 이온은 서로 밀어내고, 반대 전하를 띤 이온은 서로 끌어당긴다고 배웠다. 수많은 이온이 수많은 이온을 밀거나 끌어당기면 수많은 전하가 이동하면서 전류의

기회의 심리학

파동을 생성한다. 이 파동을 두피에 붙인 전극이 감지하는 것이다. 전하가 이동함에 따라 파동에서 전압이 발생하는데, 전극의 금속은 전압의 밀기(같은 극의 전하)와 끌어당김(다른 극의 전하)을 포착한다. 각기 다른 위치에 붙인 전극마다 각기 다른 파동을 감지하며 이 차이를 전압계가 측정한다. EEG는 바로 시간 흐름에 따른 이 전압을 기록한 데이터로, 전극을 붙인 부위의 뇌 신경 세포 활동을 반영한다.[6] 한마디로 EEG는 우리 뇌가 일하는 그림이다. EEG는 뇌 연구 분야에 혁명을 일으켰다. 이제 우리는 뇌가 작동하는 모습을 볼 수 있게 됐다. EEG로 기록된 뇌파는 '주파수(초당 진동수)', '진폭(파동의 정도)', '위치(파동이 발생한 피질 부위)'로 특징짓게 된다.

뇌파는 위 세 가지 특징에 따라 몇 가지로 분류된다. '알파파(alpha waves)'는 한스 베르거가 기록한 뇌파 유형이다. 그래서 처음에는 '베르거파'라고 불렀다. 초당 8~13헤르츠(Hz)로 진동하며 일반적으로 눈을 감은 상태에서 아무것도 집중하지 않을 때, 특히 잠에서 깼으나 가만히 누워 있는 상태에서 나타난다. 주로 머리 앞쪽이 아닌 뒤쪽 부분에 붙인 전극에서 감지된다.

'베타파(Beta waves)'는 초당 13헤르츠 이상으로 진동하며, 깨어 있는 상태에서 무언가에 주의를 기울일 때 두드러진다. 그런 이유로 베타파를 기록할 때는 조용히 수학 문제를 풀거나 책을 읽으라는 등의 요청을 한다. 알파파와 반대로 머리 앞쪽의 전극에서 기록된다. 알파파와 베타파 모두 진폭은 상대적으로 낮고(작고) 주파수는 상대적으로 높다(빠르다).

'세타파(theta waves)'는 초당 4~7헤르츠로 주파수가 알파파나 베타파보다 낮고(느리고), '델타파(delta waves)'는 3헤르츠 이하로 더 낮다(느리다). 반면 세타파와 델타파는 진폭이 알파파와 베타파보다 높다(크다). 일반적으로 세타파는 피험자가 얕게 잠들었을 때, 델타파는 깊은 잠에 빠졌을 때 나타난다(두피에 전극을 달고 잠들 수 있다는 게 신기하긴 하지만). 세타파는 명상이나 공상을 할 때 나오기도 한다. 우리 할머니가 "녀석 또 백일몽(白日夢, daydreaming)에 빠졌구먼" 하실 때다. EEG를 보면 의사나 연구자는 피험자의 뇌가 제대로 일하고 있는지 알 수 있다. 이상하다 싶으면 뇌파의 주파수, 진폭, 위치를 살펴 문제가 발생한 부분을 정확히 찾아낸다.[7]

이런 것들이 운과 무슨 상관이 있냐고? 당연히 있다. 운에 대한 믿음은 다른 모든 것들과 마찬가지로 좋든 나쁘든, 현명하든 어리석든, 요정이든 요괴든, 천사든 악마든, 바라든 피하든 간에 우리의 '생각'이다. 생각은 우리 '뇌'가 한다. 뇌가 우리 신체에서 생각을 담당하는 기관이기 때문이다. 두뇌 활동의 최종 결과가 다름 아닌 생각이다. 심리학자이자 영장류학자 수전 새비지-럼보(Susan Savage-Rumbaugh)와 로저 르윈(Roger Lewin)은 인간의 정교한 중추 신경계인 뇌의 근본적 목적은 우리가 다음에 해야 할 일을 알아내는 것이라고 설명했다.[8] 우리 뇌는 그 결정을 내리기 위해 손잡을 수 있는 모든 것을 이용한다. 아주 단순한 사안은 물론 삶의 의미에 대한 우리의 이해, 미래에 대한 우리의 기대, 결과와 원인의 연결, 두려움과 걱정, 자신이 누구인지에 대한 우리의 믿음, 끊임없이 변화하는 세상에서 쉴 틈 없이 결정을 내리기 위해 우리 뇌는 모든 요소를 고려한다.

그렇다면 뇌의 활동 패턴에 우리가 지금까지 살펴본 운의 특성도 있을까? 부지런한 우리 뇌의 뇌파에서 그 특성을 찾아볼 수 있을까? 이 질문에 답하기 전 우리 뇌가 어떻게 생겼고 어떤 시스템으로 구성돼 있는지 살펴보자. 맥락만 알면 되므로 쉽고 간단하게 설명할 테니 너무 긴장하지 않아도 된다. 그런 다음 뇌파가 운에 관해 무엇을 말해줄 수 있는지 이야기할 것이다.

짧게 떠나보는 뇌 여행

한스 베르거를 비롯한 학자들은 두개골이 감싸고 있는 뇌 전체에서 피질 활동이 다양하게 나타난다는 사실을 눈치챘다. 이마, 즉 두개골 앞쪽에서 기록된 활동은 뒤통수 쪽 뇌 피질 활동과 정확히 일치하지 않았다. 이는 뇌 부위마다 서로 다른 역할을 한다는 의미였다. 우리가 무언가 골똘히 생각할 때와 긴장을 풀고 딱히 집중하지 않을 때 뇌가 일하는 부위는 어떻게 다를까?

당시 학자들을 골치 아프게 한 문제는 우리 뇌에서 가장 큰 부피를 차지하고 있는 '대뇌(大腦, cerebrum)'의 각 부위가 비슷하게 생겼다는 것이었다. 신경해부학자들은 대뇌의 각 부위가 어떤 역할을 하는지 알기 위해 실험실과 병원 등에서 구할 수 있는 모든 정보를 취합해 분석했다. 그렇게 마침내 대뇌의 기본 조직 패턴을 설명할 수 있게 됐다. 우리가 매 순간 직면하는 막대한 양의 정보를 뇌는 일종의 '분할 정복 전략(divide and conquer strategy)'으로 처리한다. '분할 정복'이란 큰 문제를 작은 문제로 분할해 단순한 문제로 만든 뒤 그 각각을 처리함으로써 큰 문제를 해결하는 방법이다. 뇌가 조직화하지 않으면 우리 뇌로 들어오는 정보는 혼란 속에서 사라지게 된다.

뇌는 부위마다 고유한 패턴과 역할 규칙으로 정보와 접촉한다. 물리적으로 명확히 확인할 수 있는 뇌의 조직화 패턴은 우리 대뇌가 두 개라는 사실이다. '좌반구(left-hemisphere)'와 '우반구(right-hemisphere)', 즉 '좌뇌'와 '우뇌'는 각각 피질로 덮여 있고 동일한 하부 구조를 갖추고 있다. 가장 큰 역할 규칙은 좌뇌가 신체 오른쪽을 통제하고 우뇌가 왼쪽을 통제한다는 데 있다. 여러분이 오른손잡이라면 '좌반구 우세', 왼손잡이라면 '우반구 우세'다.

〈그림 5.1〉처럼 대뇌의 피질에는 주름이 있는데, 바깥으로 올라온 부분은 '뇌이랑(gyrus)'이고 주름져 들어간 부분은 '뇌고랑(sulcus)'이다. 뇌이랑과 뇌고랑이 모여 '뇌엽(腦葉, lobe)'을 형성하며, 뇌엽은 처리하는 정보의 종류에 따라 느슨하게 네 부분으로 나눌 수 있다. 각각의 뇌엽은 다른 뇌엽과 정보를 공유하지만 주로 우세한 기능을 담당한다. 대뇌 뒤쪽 아래의 '소뇌(小腦, cerebellum)'까지 다섯 번째 뇌엽으로 포함하는 때도 있으나, 그 자체로 고유한 기능과 피질을 갖춘 해부학적

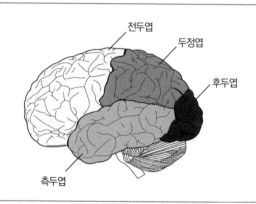

구조를 띠므로 여기에서는 제외하겠다.

대뇌의 네 가지 뇌엽 중 세 가지는 주로 우리 신체 외부에서 일어나는 일에 대한 정보를 처리한다. 이 세 가지 뇌엽은 우리의 눈과 귀 그리고 가장 넓은 감각 기관인 피부를 통해 정보를 받는 감각 피질을 구성한다. 각 감각 기관이 입수한 정보는 피질의 고유한 감각 영역에서 처리한다.

우리의 짧은 뇌 여행은 머리 뒤쪽에 있는 '후두엽(後頭葉, 뒤통수엽, occipital lobe)'에서부터 시작할 것이다. 흥미롭게도 우리 머리에서 눈과 가장 멀리 떨어져 있는 이 피질 영역이 시각 정보를 처리한다. 우리 머리 측면, 그러니까 양쪽 관자놀이 부분에서는 '측두엽(側頭葉, 관자엽, temporal lobe)'을 찾을 수 있다. 이 부위 피질 영역은 청각 정보를 처리하고 우리가 아는 사람의 얼굴을 알아보게 해준다. 다음 장소인 '두 정엽(頭頂葉, 마루엽, parietal lobe)'은 우리 머리 맨 위쪽 정수리 약간 뒤에 위치한다. 이 피질 영역은 우리에게 닿는 게 무엇인지, 따뜻한지 차가운지, 부드러운지 거친지 등에 관한 정보를 처리한다. 나아가 우리가 있는 위치, 공간, 크기, 형태 등을 지각한다.

우리의 뇌 여행 종착지는 이마, 즉 머리 앞쪽의 '전두엽(前頭葉, 이마엽, frontal lobe)'이다. 모든 정보가 이곳으로 모이기에 종착지로 정했다. 대뇌에서 가장 넓은 피질 영역을 차지하는 전두엽은 각 뇌엽에서 보내오는 메시지를 받는다. 우리가 생활하는 환경에서 경험하는 모든 감각 정보가 이 전두엽으로 보내진다. 전두엽은 주의, 기억, 계획, 추상적 사고, 감정, 동기 부여 그리고 우리가 무언가 올바른 일을 할 때 보상받는 듯한 느낌을 통제하는 신경 체계의 실행 기능을 맡고 있어서 모든 정보가 필요하다. 전두엽은 또한 우리 행동을 감시해 우리가 실수했을 때나 사회적으로 용인되지 않는 일 또는 명백히 잘못된 일을 했을 때 그 일을 다시 하지 않도록 충동을 억누른다. 우리가 신체를 움직이도록 근육에 명령하는 '운동 신경'도 전두엽이 관할한다.

복잡하고 조직화한 구조를 통해 우리 뇌는 여러 피질 영역에서 서로 다른 정보를 처리한 뒤 해당 정보를 다른 영역과 공유한다. 정보량을 좌뇌와 우뇌 각각의 뇌엽에 나누어 적절한 순서로 수행되도록 제어한다. 특히 전두엽은 한 사람의 개인으로서 우리가 누구인지, 어떤 삶을 살고 싶은지, 어디로 향해야 하는지, 무엇을 해야 하는지와 궁극적으로 계획을 어떻게 실행해야 하는지 알려주는 매우 중요한 역할을 수행한다.

간단히 살펴봤지만 사실 우리 뇌에는 이보다 더 세분화한 영역이 있으며 부위도 더 많다. 하지만 우리가 궁극적으로 살필 주제와 멀어지므로 여기까지 하고 다시 우리의 질문으로 돌아가자. 어쨌든 오늘날 우리는 베일에 싸여 있던 뇌의 실체에 가까이 다가갈 수 있게 됐다. 이 모든 게 과학과 기술 덕분이다. 개별 뉴런이 형성하는 복잡한 신경망과 서로에게 보내는 메시지에 대한 심도 있는 연구와 함께 뇌파 측정 같은 기술 혁신을 이뤘기에 가능한 일이다. 그렇지만 여전히 뇌에 관한 모든 것을 알아냈다고는 할 수 없다. 우리 개개인의 뇌를 전부 분석할 수 없을뿐더러 뇌 기능에서도 개인차가 많이 있기 때문이다. 그도 그럴 것이 지금도 신경학자들은 사람마다 다르게 나타나는 뇌 활동으로 정상적인 뇌 기능에 대한 보편적 정의는 내리지 못하고 있다. 건강한 뇌도 사람마다 다르다. 그렇기에 학자들은 어떤 유형의 EEG 패턴이 건강한 뇌의 특징이라고 할 수 있는지 알아내기까지도 여러 우여곡절을 겪었다. '건강한 뇌'라고 하니 눈치챘을지도 모르겠다. 그렇다. 일반적인 사람의 뇌가 수행하는 '정상적인' 일을 설명하기 위해 의학, 심리학, 신경과학 등에서는 뇌가 손상됐거나 뇌에 질병을 앓고 있던 사람들의 뇌가 하는 '비정상적인' 일을 관찰할 수밖에 없었다.

쇠막대기로 뇌가 뚫린 남자

무엇보다도 피니어스 게이지(Phineas Gage)의 이야기가 '정상'을 이해하고자 '비정상'을 연구한 대표적 사례일 것이다. 피니어스 게이지는 미국 버몬트 중부의 철도 건설 현장에서 일하던 평범한 남성이었다. 그런데 1848년 9월 어느 날 큰 사고를 당하고 만다. 평소처럼 철도가 깔릴 길을 내기 위해 기다란 쇠막대기로 바위 사이에 화약을 다져 넣다가 불꽃이 튀면서 폭발이 일어났고, 그가 들고 있던 쇠막대기가 폭발 충격으로 그의 왼쪽 눈을 뚫고 들어가 정수리로 빠져나갔다. 하지만 놀랍게도 그는 죽지 않았다. 두꺼운 쇠막대기가 전두엽을 관통했는데도 말이다. 운이 좋았다고밖에 할 수 없는 기적이었다. 사고 당시 뚫린 안구로 뇌수가 흘러나왔지만, 석 달 동안 병원에서 치료받고 무사히 회복해 왼쪽 눈만 실명하는 데 그쳤다. 그는 곧장 일터로 복귀했다. 그러나 그 사고로 전두엽이 크게 손상된 그는 가족과 동료들이 알고 사랑했던 예전의 피니어스 게이지가 아니었다.[9]

그를 치료한 의사 존 마틴 할로(John Martyn Harlow)는 그가 사고 이전에는 직장에서도 좋은 평가를 받았고 동료들과 사이도 좋았으며, 무엇보다 '균형 잡힌' 정신을 갖고 있었다고 말했다. 그의 가족과 친구들도 그가 "성실하고 슬기로우며, 열정이 넘치면서도 절제심 강하고, 늘 계획을 세워 생활하는 심지가 곧고 온화한 사람"이라고 회상했다.[10] 하지만 사고가 있고 난 뒤 얼마 지나지 않아 가족과 동료들은 그가 더는 피니어스 게이지가 아니라고 확신했다. 성격이 완전히 달라졌기 때문이다. 존 마틴 할로는 의학 학술지에 발표한 논문에서 그의 모습을 이렇게 묘사했다.

> 말하자면 인간의 지적 능력과 동물적 성향 사이의 평형 또는 균형이 파괴된 듯 보인다. 툭하면 욕설을 내뱉고, 충동적이고, 불손하고, 동료들을 무시하고, 조언이나 충고를 참지 못하고, 고집불통이고, 양심이 없는 사람처럼 행동한다. 할 일을 계획하긴 하지만, 다른 계획이 떠오르면 이전 계획은 가차 없이 버린다.[11]

요컨대 이전의 피니어스 게이지는 착하고 믿음직한 사람이었지만,

달라진 그는 매우 산만하고, 변덕스럽고, 밉상이고, 신뢰할 수 없고, 입이 더러운 얼간이였다. 끊임없이 동료들과 마찰을 빚는 데다 일솜씨도 형편없어져서 그는 결국 일터에서 쫓겨났다. 이후 이곳저곳을 떠돌다가 칠레로 건너가 역마차 마부로 일했고, 건강이 나빠져 1860년 사망했다. 그의 사망 소식을 들은 존 마틴 할로는 유가족을 설득해 1866년 두개골 유해와 쇠막대기를 인도받았다.

여러 세대에 걸쳐 이 이상한 사례를 조사한 학자들은 사고로 인한 뇌 손상이 피니어스 게이지의 성격과 능력에 근본적 변화를 초래했다는 정도만 알아냈을 뿐이었다. 이는 누구라도 유추할 수 있었다. 사고 후 성격이 변했을뿐더러 목표 달성을 위해 어떤 일에 집중하고 실행하는 능력도 현저히 떨어졌으니 말이다. 존 마틴 할로는 물론이거니와 다른 의사나 학자들도 그의 전두엽 피질 일부가 쇠막대기로 손상됐다고만 추측했을 뿐 정확히 어느 부위이고 그 영역이 어떤 역할을 하는지는 설명하지 못했다. 그럴 만한 기술이 없었기 때문이다. 1980년대에 이르러서야 새로운 세대의 과학자들이 신기술을 활용해 피니어스 게이지의 뇌 손상 부위를 재현하기 시작했다. 2004년에는 컴퓨터 단층 촬영(computed tomography, CT)으로 그의 두개골을 스캔한 뒤 일반적인 뇌의 3차원 모델에 겹치는 방식을 통해 쇠막대 통과 경로를 재현했다. 그 결과 '대뇌 좌반구(좌뇌)'의 전두엽으로 손상 부위를 좁힐 수 있었다.[12]

설명하려니 어쩔 수 없다. 전두엽을 좀더 자세히 살펴보자. 전두엽 피질 영역은 가장 앞쪽의 '전전두 피질(prefrontal cortex)'과 뒤쪽의 '운동 피질(motor cortex)'로 나뉜다. 운동 피질 바로 뒤가 '두정엽'이다. 운동 피질은 우리 뇌의 주된 출력선이다. 골격근으로 명령을 내려 우리가 온갖 동작으로 움직일 수 있도록 해준다. 전전두엽은 크게 세 부분으로 피질 영역이 나뉘는데, 각각 다른 실행 기능을 처리한다. 학자들은 해당 영역이 점유하는 위치로 명칭을 부여했다. 많은 이들이 이 대목에서 어려워한다. 그래서 뇌의 명칭 이야기만 나오면 골치가 아프다고 한다. 하지만 이름을 왜 그렇게 정했는지 맥락만 알면 어려울 것도 없다. 이번 기회에 확실히 이해해보자.

전전두엽은 '배측(배내측·배외측)'과 '복측(복내측·복외측)' 그리고 '안와' 피질로 이뤄져 있다. '배(背, dorsal)'는 상어 등지느러미처럼 '등쪽' 또는 '위쪽'이라는 뜻이고, '복(腹, ventral)'은 '배쪽' 또는 '아래쪽'을 의미한다. '내(內, medial)'는 말 그대로 '안쪽'이며 '외(外, lateral)'는 '바깥쪽'이다. '안와(眼窩, orbital)'는 두개골에서 우리 눈이 들어가 있는 동그란 공간을 둘러싼 뼈를 말한다. 이런 부위가 좌뇌와 우뇌에 각각 위치한다. 〈그림 5.2〉에서 볼 수 있듯이 우리가 전전두엽에서 주목할 피질 영역은 세 부분이다.

전전두엽의 이 피질 영역 각각이 하는 일은 뇌엽이 물리적으로 연결돼 있기에 중복되는 부분도 약간 있지만 서로 다르다. 기본적으로 '내'

그림 5.2 | 전두엽 피질의 이 세 영역은 운이나 기회의 인지 능력과 관련이 있다.

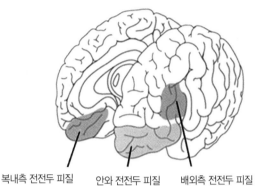

복내측 전전두 피질   안와 전전두 피질   배외측 전전두 피질

는 '자아'에 주목하고, '외'는 '외부 세계'에 관심을 둔다. 아래쪽인 '복'은 '감정적'이고, 위쪽인 '배'는 '논리적'이다. 이를 염두에 두면 '배외측 전전두 피질'과 '복내측 전전두 피질'의 특성을 대략 떠올릴 수 있다.

먼저 위쪽(등쪽) 바깥쪽에 위치한 '배외측 전전두 피질(dorsolateral prefrontal cortex)'은 주로 우리가 다음에 할 일, 즉 이 상황에서 무언가 행동을 취해야 할지 아니면 상황이 바뀔 때까지 기다려야 하는지 계획하는 역할을 담당한다. 계획을 세우려면 정보가 필요하므로 배외측 전전두 피질은 우리의 '작업 기억(working memory)'을 호출한다. 작업 기억은 우리가 어떤 일을 수행할 때 필요한 일시적 정보, 일종의 정신적 작업 공간에서 단기적으로 저장한 제한된 정보를 말한다. 경험한 내용을 일시적으로 저장하고 꺼낼 수 있는 능력이다. 일테면 이메일 주소를 다 입력할 때까지 머릿속에서 기억하고 있는 것 등이 작업 기억이다. 컴퓨터로 치면 작업 기억은 램(RAM)이고 장기 기억은 컴퓨터 저장 장치에 저장된 모든 정보다.

배외측 전전두 피질은 우리의 '인지 유연성(cognitive flexibility)'도 관할한다. 인지 유연성은 변화하는 상황에 대응하고 정보를 재구성하는 능력이다. 배외측 전전두 피질은 어떤 일에서 다른 일로 전환하거나, 한 번에 두 가지 이상을 생각할 때 발현한다. 특히 계획의 장단점을 모두 고려해야 하는 상황에서 활성화한다. 전전두엽에서 이 영역은 우리 외부에서 어떤 일이 일어나는지 논리적으로 생각하고 그 상황에서 우리가 무엇을 해야 하는지 판단한다. 그렇기에 인지 유연성은 상황에 따라 관점을 유연하게 바꿀 수 있는 능력이기도 하다. 똑같은 상황이라도 관점을 달리하면 다르게 생각할 수 있다. 관점을 바꾸려면 이전에 본 관점을 비활성화하고 새로운 활성화해야 한다. 그러므로 인지 유연성은 억제 능력과 작업 기억 능력을 기반으로 발달한다.

다음으로 전전두엽의 아래쪽(배쪽) 안쪽 영역인 '복내측 전전두 피질(ventromedial prefrontal cortex)'은 작업 기억을 감정적 정보에 따라 통합하고 구성하는 역할을 한다. 감정 및 공감 능력과 밀접한 관련이 있다. 물론 복내측 전전두 피질도 다른 감정 처리 영역이나 배외측 전전두 피질과도 정보를 공유한다.

기회의 심리학

그 다음 전전두엽 맨 아래, 우리 눈 바로 뒤에 있는 '안와 전전두 피질(orbitofrontal prefrontal cortex)'은 사물에 대한 우리의 욕구 및 동기와 관련한 정보를 처리하는 데 관여한다. 가장 중요한 역할은 감정적 정보를 상황에 맞게 조정해 우리가 사회적으로 적절히 행동할 수 있도록 하는 것이다. 억제 능력의 중추 역할을 하기에 안와 전전두 피질이 제대로 발달하지 못하거나 손상되면 '탈억제 증후군(disinhibition syndrome)'이라는 일련의 행동 변화를 초래한다. 마치 모든 제약이 사라진 듯 행동하게 된다. 사회 규범과 도덕을 무시하고, 충동을 억제하지 못하며, 위험 평가 능력이 떨어지거나 위험 자체를 인지하지 못한다.[13]

이제 피니어스 게이지에게 돌아가보자. 쇠막대기가 왼쪽 눈을 통해 머리를 뚫고 나갈 때 그는 좌뇌 전전두엽에 심각한 손상을 입었다. 다시 말해 쇠막대기가 그의 안와 전전두 피질과 복내층 전전두 피질 그리고 배외측 전전두 피질을 파괴했다. 전전두 피질이 아닌 운동 피질이 망가졌다면 그는 살았어도 몸을 움직이지 못하는 상태가 됐을 것이다. 사고 후 그가 보인 행동은 그때는 알 수 없었으나 지금은 명백해진 전전두엽 손상에 따른 전형적 증상이었다. 실제로 전전두엽이 손상된 환자는 자기 말고는 누구에게도 아무것에도 관심이 없는 듯한 태도를 보인다. 충동을 조절하지 못하며, 때로는 동물과 다름없이 행동한다. 이 때문에 어떤 원인으로든 전전두 피질이 제 기능을 하지 못하는

사람과는 함께 생활하기가 사실상 불가능하다.[14]

피니어스 게이지의 지적 능력 상실은 배외측 전전두 피질이 손상된 결과였다. 사고를 당하기 전 그는 꽤 유능한 일꾼이었지만, 복귀 후에는 현장 작업에 집중할 수 없었고 일을 계획해서 처리하지도 못했다. 작업 기억이 떨어져서 눈앞의 일만 좇았으며, 현장에서 이어나가야 할 일에 대한 의사결정도 제대로 하지 못했다.

변덕스러워지고 감정 기복이 심해진 이유는 복내측 전전두 피질이 훼손됐기 때문이며, 화를 참지 못하고 자신의 행동을 아무렇지도 않게 여긴 까닭은 안와 전전두 피질이 망가진 탓이었다. 전전두 피질의 이 세 영역은 우리가 앞일을 예상하고, 자기 자신을 객관적으로 바라보고, 사회적 동물로서 타인과 상호 작용하는 데 중요한 역할을 한다. 그리고 무엇보다 우리가 운이나 기회를 인지하는 데 결정적 영향을 미친다. 따라서 우리는 전전두엽을 단련해야 한다.

운과 전두엽

개인의 행동과 준비가 개인 고유의 성향과 결합할 때 나타나는 제임스 오스틴의 '제4종 행운'을 기억해보자. 제4종 행운은 운의 종류에서 개인차가 가장 많이 나는 운이다. 달리 말해 삶에서 기회를 잡기 위해 가장 주의를 기울여야 하는 운이다. 이 운은 '주의력'을 이용해 '딱 알맞은(just right)' 결과를 찾는 방법으로 연결된다. 제4종 행운은 철저히 개인적인 운이기에 어떤 사람은 이 운으로 기회를 잡고 어떤 사람은 이 운과 마주해도 기회를 놓쳐버린다. 운이 좋은 사람들은 운이 좋지 않은 사람들보다 자신만의 재능과 능력이 빛을 발할 수 있는 적절한 시기와 장소를 훨씬 잘 찾는다. 운이 좋은 것은 단순히 운이 좋은 게 아니라 주의를 한곳에 더 잘 집중시키는 능력으로 귀결될 수 있다.

실제로 운이 좋아지는 방법은 주의력을 향상하는 기술인 경우가 많다. 이는 제7장에서 자세히 다룰 것이다. 그 전에 '주의(注意, attention)'가 정확히 무엇인지 확실하게 짚고 넘어갈 필요가 있다.

'주의'는 우리 뇌가 수행하는 '인지적' 과정이며, 우리가 목표를 달성하기 위해 지속하는 '행동'이다. 우리는 어떤 사물에 '주의를 기울일' 때 그 한 가지에만 집중하고 다른 것들은 무시하고자 최선을 다한다. 우리는 무언가에 주의를 기울일 때마다 뇌의 한정된 자원 일부를 사용한다. 우리는 주의를 여러 군데 기울일 수 없다. 주의를 나누면 주의력이 '고갈'되기 때문이다. 우리는 음악에 집중하면서 책을 읽을 수 없으며, 문자메시지를 보내면서 대화할 수 없다. 우리는 동시에 여러 일을 할 수 없다. 착각일 뿐이다. '멀티태스킹(multitasking)'은 허구다. 그것은 컴퓨터의 능력이지 인간의 뇌는 다중 작업을 수행하지 못한다. 한 가지 작업에서 다른 작업으로 빠르게 전환할 뿐이다. 한 번에 그렇게 많은 일을 할 수 있는 주의력은 우리에게 없다. 자꾸 뇌에 부하를 주면 단련은커녕 오히려 손상을 일으킨다.

전두엽, 그중에서도 전전두엽 위쪽(등쪽)에 위치한 배측(배내측·배외측) 전전두 피질은 '실행 주의(executive attention)'라고 부르는 것과 관련이 있다. 실행 주의는 독자적이다. 우리가 통제할 수 있고 언제 어디서 어떻게 실행할지 결정할 수 있다. 보통 우리는 목표를 달성하고자 할 때 실행 주의를 이용해 '하향식'으로 처리한다. 외부 세계의 사건과 자극에 이끌리는 '상향식' 주의도 있다. 우리 외부에서 유도하는 이런 '외생적' 주의와 운과의 관계는 잠시 뒤 제6장에서 다룰 테니 조금만 기다리자.

일반적인 사람의 뇌가 주의를 통제하는 방식을 연구할 때도 '정상'을 이해하기 위해 '비정상'을 살피는 이른바 '손상' 모델을 이용했다. 앞서 피니어스 게이지 사례처럼 전전두엽이 손상된 환자를 검사해 주의력에 무슨 일이 벌어졌는지 설명하는 식이다. 전전두엽 손상은 '주의 체계(attention system)'에도 심각한 문제를 초래한다. 최근 연구에서는 주의력에 문제가 있는 사람들에게 초점을 맞춰서 이들의 뇌에 어떤 변화가 있는지 분석하고 있다.

이 연구에서 가장 자주 언급되는 주의력 저하 사례가 바로 '주의력 결핍 장애(이하 ADD)'와 '주의력 결핍 과잉 행동 장애(이하 ADHD)'다. ADD와 ADHD 모두 주의력 문제가 핵심이다. ADHD는 주의력 결핍에 '과잉 행동'까지 보이는 증상이다. 분류 도식에 따라 ADD와 ADHD 여러 하위 유형이 있으나 모두 '짧은 주의 지속 시간', '높은 주의 산만', '건망증(작업 기억력 저하)', '혼란', '잦은 소지품 분실' 등의 공통점이 있다.[15]

ADD와 ADHD에서 비정상적으로 기능하는 뇌 영역 역시 전전두 피질이다. 연구자들은 ADD나 ADHD로 진단받은 사람과 이 증상이 없는 사람의 뇌파가 다르다는 사실을 발견했다. 전전두 피질의 뉴런 활동으로 방출되는 '세타파/베타파 비율(theta/beta ratio, 이하 TBR)'이 ADD와 ADHD 환자들은 매우 높았다. 앞서 살펴본 내용을 떠올려보자. 세타파는 상대적으로 진폭은 높고(크고) 주파수는 낮다(느리다). 우리가 얕게 잠들거나 긴장을 풀고 집중하지 않을 때, 명상이나 공상에 빠져 있을 때 나온다. 반면 베타파는 진폭은 상대적으로 낮고(작고) 주파수는 높다(빠르다). 무언가에 집중할 때 나타난다. 베타파가 실행 주의를 담당하는 전전두엽의 배측 전전두 피질에서 나온다는 사실이 이제는 놀랍지 않을 것이다.

보통의 건강한 뇌라면 EEG에서 베타파와 세타파를 모두 볼 수 있어야 하고 비율도 균일해야 한다. 여러분 뇌파에서 같은 양의 베타파와 세타파가 보인다면 비율은 1.00에 수렴할 것이다. 아주 건강한 뇌다. 피험자의 나이나 측정 피질 부위 그리고 EEG 기록 용도에 따라 조금씩 다르긴 하지만, 통상적으로 TBR이 1.7~8.5면 건강한 뇌로 분류한다.[16] 세타파보다 베타파가 많으면 비율은 1.00 미만이 된다. 반대로 베타파보다 세타파가 많으면 비율은 1.00을 초과할 것이며, 이 숫자가 높으면 문제가 있다. 마찬가지로 나이, 기록 장소, 용도, 주의력 요구치 등에 따라 차이는 나지만, ADD나 ADHD 환자는 TBR이 10에 가까웠다. ADD나 ADHD로 진단받은 아동과 성인 모두가 TBR 균형이 맞지 않았다. 그들의 뇌파는 세타파가 지배하는 듯 보였다. 연구자들은 ADD나 ADHD 환자들의 경우 집중해야 하는 상황일 때 긴장이 풀리고 몽환적인 느낌에 사로잡히는 '세타 상태(theta state)'에서 빠져나오기 어려워한다고 설명한다.[17]

세타 상태가 그 자체로 나쁜 것은 아니다. 혹시 거의 자동으로 운전해 직장에 출근해서 보니 올 때까지의 과정이 전혀 생각나지 않은 적 있지 않은가? 그런 것도 세타 상태이며 어떤 사람들은 이 시간 동안 기발한 아이디어가 떠오르기도 한다고 말한다. 문제는 갑자기 집중해야 할 일이 눈앞에 닥쳤는데도 세타 상태에서 벗어나지 못할 때다. 일테면 운전 중 급제동을 해야 할 긴박한 상황에서 말이다.

'최면(催眠, hypnosis)'에 걸린 상황도 일종의 세타 상태다. 최면 상태의 피실험자들에게서도 비슷한 뇌파 변화가 나타난다. 그런데 최면 상태에서는 오히려 최면에 빠지게 한 암시로 인해 주의력은 높아지고 주변 세계에 대한 인지력은 낮아진다. 모든 사람이 '최면 유도(hypnotic induction)'나 '최면 트랜스(hypnotic trance)'에 취약하지는 않다. 요즘 연구에서는 최면 상태가 한마디로 정의하기 모호한 측면이 있어서 최면에 걸린 피험자들을 지칭할 때 '트랜스 상태(trance state)'라는 표현은 지양하는 편이다. 어쨌든 연구자들에 따르면 인구의 10%만 최면에 매우 민감하며, 10%는 거의 최면에 걸리지 않는다. 나머지 80%는 중간 정도다.[18] 최면에 민감한 사람들은 굳이 최면을 걸지 않더라도 현실 세계를 쉽게 차단하고 백일몽에 자주 빠져든다.

세타 상태와 최면 상태는 서로 유사한 부분이 있지만, EEG에 나타나는 일반적인 세타파는 최면에 걸린 사람과 그렇지 않은 사람을 구분하지 않는다. EEG로 표시되는 뇌파만으로는 누가 최면에 걸렸는지 알수 없다. 그래도 EEG는 뇌의 서로 다른 영역이 기능적으로 어떻게 연결돼 있는지 알 수 있게 해준다. 다시 말해 피질 영역이 서로 메시지를 주고받고 정보를 공유하는 방식을 살피는 데 유용하다. 이를 토대로 뇌파를 보면 최면에 잘 걸리는 사람이 눈에 띈다. 연구자들은 최면에 민감한 사람이 그렇지 않은 사람에 비해 전두엽과 두정엽을 연결하는 '주의' 회로의 세타파가 '증가'한다는 사실을 알아냈다. 그리고 최면에 걸린 사람들은 전두엽과 후두엽 모두에서 베타파가 현저히 '감소'했다. 세타파의 변화 양상은 '하향식' 실행 주의 회로와 관련이 있고, 전두엽과 후두엽 베타파의 변화 양상은 최면에 걸렸을 때 신체 움직임을 통제할 수 없는 느낌과 연관이 있다.[19]

TBR은 '위험한' 행동을 하려는 인간의 성향과도 연결된다. '아이오와 도박 과제(Iowa Gambling Task)'라는 유명한 실험에서 참가자들은 컴퓨터 모니터에 표시된 네 벌의 카드 덱에서 한 장을 골라야 한다. 물론 카드는 뒤집혀 있으며, 각각의 카드에는 상금과 벌금이 있다. 카드를 클릭해 선택하면 얻은 금액이나 잃은 금액이 표시된다. 네 벌의 카드 덱 중 두 벌은 '고수익 고위험' 덱이다. 상금 액수도 크지만 벌금도 크다. 이 두 덱의 카드만 선택하면 장기적으로 돈을 잃게 되므로 '불리한 덱(disadvantageous deck)'이다. 나머지 두 벌은 '저수익 저위험' 덱

기회의 심리학

이나 평균 이익은 더 높은 '유리한 덱(advantageous deck)'이다. 어느 덱이 '불리한 덱'이고 어느 덱이 '유리한 덱'인지는 모른다. 한 번에 한 덱의 카드만 선택할 수 있고 상금 또는 벌금이 나온다는 것만 알고 있다. 카드를 100장 선택하면 게임이 종료된다는 사실도 참가자들은 모른다. 실험 참가자들이 가능한 한 많은 상금을 얻으려면 각 덱의 선택 결과를 결정하는 숨겨진 규칙을 파악하고, 그때그때 선택 전략을 변경해 학습한 내용을 실행에 옮겨야 한다. 즉, 유리한 덱을 더 많이 골라야 한다.[20]

'학습 능력'은 마지막 스무 번의 '유리한 덱' 선택 횟수에서 처음 스무 번의 '유리한 덱' 선택 횟수를 뺀 결과로 측정한다. 보통 사람들은 카드를 열 번쯤 뒤집다 보면 어느 쪽이 '유리한 덱'인지 자연스럽게 깨닫기 시작한다. 처음에는 알 수가 없으니 네 벌의 덱 모두에서 무작위로 선택하게 되므로 '유리한 덱'을 고르는 횟수는 상대적으로 적다. 하지만 일단 이기는 법을 배우면 그때부터는 '유리한 덱'을 선택하기에 마지막으로 갈수록 '학습 능력' 수치가 높아진다. 처음 스무 번과 마지막 스무 번의 괴리가 클수록 좋은 학습 능력을 보인 것이다.

그런데 모든 사람이 이기는 법을 배우는 것은 아니었다. ADD나 ADHD 진단을 받은 사람들은 '불리한 덱'을 고수함으로써 손실을 무시하는 경향을 보였다. 아이오와 도박 과제에서 '위험한' 행동을 선택한 사람은 두 가지 양상을 보였다. 첫째, '유리한 덱'을 선택해 게임에서 이기는 법을 배우지 못한 사람은 '불리한 덱'이 선택적으로 제공하는 높은 상금에 민감하게 반응했다. 둘째, 카드를 잘못 선택해 벌금이 나와도 액수와 상관없이 별다른 심리적 반응을 보이지 않았다. 어느 쪽이든 '위험한' 행동을 억제하지 못했다는 증거로 간주할 수 있다.

아이오와 도박 과제에서 일반적인 '학습 능력'을 보이지 못하는 것은 주의력이 결핍된 사람들만의 문제가 아니라는 데 주목할 필요가 있다. ADD나 ADHD가 없는데도 아이오와 도박 과제에서 '위험'을 선택하는 사람들이 많이 있다. 위험에 대한 수용 수준은 사람마다 다르다. 도박의 다른 측면도 영향을 미친다. 운이 좋다고 느낀 도박사들은 아이오와 도박 과제에서 '고수익 고위험'의 '불리한 덱'을 일부러 계속 선택해 자신의 운 좋은 결과를 가져오리라고 확신할 수 있다. 자신이 태생적으로 운이 좋다고 여기는 사람이나 적어도 그 순간만큼은 운이 따라주리라고 철석같이 믿는 사람은 도박에서 손실을 봐도 결과적으로는 자신이 이긴다고 확신해 심리적으로 흔들리지 않을 수 있다. 여러 연구에 따르면 실제로 그렇다.

미국 듀크대학교와 네덜란드 위트레흐트대학교 심리학자들이 국제적으로 공조한 연구에서 학습 또는 인지 장애가 전혀 없는 학생들을 대상으로 아이오와 도박 과제와 EEG 측정을 동시에 진행했다. 이들은 이 도박 게임을 시작하기 전 측정한 실험 참가자들의 전전두엽 TBR을 통해 어떤 학생들이 '불리한 덱'을 선택할지 예측할 수 있었다. 예측한

기회의 심리학

대로 아이오와 도박 과제 전 TBR이 높을수록(베타파 대비 세타파가 더 많이 방출됨) '학습 능력'이 저조했다. 이 학생들은 기꺼이 '불리한 덱'을 선택하는 경향을 보였다.[21]

연구팀은 '유리한 덱'을 선택해 게임에서 이기는 법을 학습한 학생들과 '불리한 덱'이 가져다주는 짜릿함을 추구한 학생들 사이의 세타파 차이가 이들이 자기 행동의 보상으로 느끼는 데 필요한 것들 사이의 차이를 나타낸다고 결론지었다. 세타파의 강도가 위험한 행동에 대한 개인차를 반영하는 것이다. 이는 세타파를 방출하는 전전두 피질의 '실행 주의' 회로에도 개인차가 있음을 시사한다.[22]

'위험'을 선택한 학생들은 자신의 운을 믿어 결국 이긴다고 기대했을지 모른다. 스스로 운 좋은 사람으로 믿는다면 더 큰 보상을 얻기 위한 노력은 덜 위험하다고 느낄 수 있다. 제3장에서 살폈듯이 카지노 도박사들은 '운'을 어떤 사람에게는 자주 오고 어떤 사람에게는 가끔 오는 '개인적 특성'이라고 여기며, 도박에서 자주 이기는 사람은 가끔 이기는 사람보다 더 운이 좋다고 생각한다. 운이 좋다고 느끼면 큰 위험에도 별다른 주의를 기울이지 않게 된다.[23]

신경과학 연구에 따르면 우리 뇌의 전전두엽이 주의력을 관리한다. 주의력 및 주의력 통제 변화는 위험을 감수하고라도 행동 결과에 대한 보상을 느끼려는 우리 의지의 기반이 될 수 있다. 운이 좋다고 느끼는 사람이 운이 나쁘다고 느끼는 사람보다 '실행 주의'를 더 잘 제어한다면, 주의력을 통제하는 뇌 회로에서 보이는 뇌파 차이가 그렇게 이상할 것도 없다. 스스로 운 좋다고 믿는 이가 그렇지 않은 이들보다 패배감에 덜 사로잡히고 승리감에 더 도취하는 뇌의 변화 양상 또한 충분히 예상할 수 있다.

피니어스 게이지의 안타까운 이야기는 전전두 피질이 우리 일상의 또 다른 측면인 '성격'과도 밀접한 연관이 있음을 보여줬다. 운이 좋다고 믿는 사람과 운이 나쁘다고 여기는 사람의 '성격'은 다를까? 즉, '전전두엽'이 다를까? 만약 다르다면 운이 좋다고 믿는 사람은 그렇지 않은 사람과 다른 방식으로 자신의 '뇌'를 사용하고 있을까?

기회의 심리학

성격과 운

우리는 앞서 '귀인 이론'과 '반사실적 사고'를 논의하면서 운을 믿는 사람들(사실상 우리 대부분)이 생각하는 방식을 살폈다. 운을 믿는 사람은 자신의 삶에서 일어난 외적이고 불안정하며 통제할 수 없는 사건의 귀인을 운에서 찾는다고 했다. 그 근거는 운을 믿지 않는 합리적인 사람일수록 확률을 고려하고 자신의 상황이나 능력 같은 내적 귀인을 한다는 가정이었다. 그도 그럴 것이 심리학의 전통적 견해는 운을 믿지 않는 사람이 믿는 사람보다 심리적으로 더 건강하다는 것이었다.

그러나 심리학에도 많은 변화가 있었다. 새로운 연구는 운이 카지노 도박사들의 말처럼 운을 믿는 사람의 개인적 특성이며 '성격' 일부에 속한다고 제안한다. 스스로 운이 좋다고 여기는 사람들은 예측하지 못한 무작위 문제에 직면할 때 희망과 자신감을 얻기 위해 그 믿음을 이용한다. 운은 개념상 여전히 무작위적이고 우리의 통제에서 벗어나 있지만, 자기 자신을 운이 좋은 사람으로 믿으면 그와 같은 무작위성을 더 쉽게 견디고 다음에 무엇을 해야 할지 찾는 데 도움이 된다. 이 관점에서 보면 '나는 운이 좋다'고 믿는 사람이 '나는 운이 없다'고 여기는 사람에 비해 심리적으로 더 건강하고 현실 대처 능력도 더 뛰어나다.

그렇다고 해서 '운'과 '성격'의 관계가 명확히 드러난 것은 아니다. 운에서 성격이 차지하는 역할을 설명하기란 무척 까다롭다. '성격'을 정의하는 일부터 녹록지 않다. 심리학자들은 성격을 한 개인과 다른 개인이 구별되는 생각과 감정과 행동의 패턴이라고 정의한다.[24] 주변 세계와 상호 작용하는 이 개인적 특성은 우리 내부, 즉 우리 뇌에서 나온다. 우리의 성격은 삶의 경험을 통해 조금씩 바뀔 수 있고 실제로 그러기도 하지만, 숫자를 계산하거나 동사 활용법을 배우거나 역사적 날짜를 외우는 것과는 완전히 다른 우리 그 자체다. 생물학적으로 타고난 성격이 모든 생애에 걸쳐 일관되게 유지된다. 우리의 성격은 저 가련한 피니어스 게이지처럼 뇌가 급격한 변화를 겪지 않는 한 순식간에 바뀌지 않는다.

뇌파의 TBR은 우리 내면이나 주변 세상의 다양한 사물에 주의를 기울이는 방식을 포함한 성격의 여러 측면을 나타낸다.[25] 알다시피 우

기회의 심리학

리 가운데 누구는 다른 이들보다 주의를 더 잘 통제할 수 있다. '주의 통제력'은 우리 성격의 안정적이고 장기적인 특성이다. 상관 분석 결과에 따르면 TBR은 주의 통제력과 음(-)의 상관관계에 있다. 주의 통제력이 높은 사람은 TBR이 낮은 경향을 보이며, 주의 통제력이 낮으면 TBR이 높다.[26] 성격의 뇌파 특성은 전전두엽의 주의 회로가 작동하는 방식과 관련이 있다.

성격이 사람마다 다른 데는 '불안'도 작용한다. 어떤 사람은 다른 사람보다 더 불안해한다. 여기에서의 '불안'은 불안할 만한 상황에서 불안감을 느끼는 게 아닌 평소 성향을 말한다. 이 불안도 마찬가지로 성격의 안정적·장기적 특성이다. 막연하게 지속해서 느끼는 불안으로 '특성 불안(trait anxiety)'이라고 부른다. 특성 불안으로 '주의 통제력'과 마찬가지로 개인차가 있다. 특성 불안이 높은 사람은 낮은 사람보다 많은 상황에서 위협과 위험을 더 자주 느낀다. 다른 사람들은 위협적이라고 느끼지 않는 상황에서 위협을 걱정하고, 다른 이들조차 위협을 느끼는 상황에서는 극도의 불안감에 빠진다. 특성 불안은 주의를 기울이는 방식에도 영향을 미치기에, 우리가 운을 인지하는 시기와 방법과도 관련이 있다.

신경과학자 소니아 비숍(Sonia Bishop)은 한 실험에서 특성 불안이 높은 사람이 낮은 사람에 비해 배외측 전전두 피질 활성화 영역이 작다는 사실을 발견했다.[27] 전전두엽의 이 차이는 실험 참가자들에게 요구한 과제가 큰 주의를 필요로 하지 않을 때 특히 두드러졌다. 특성 불안이 낮은 쪽은 과제에 잘 집중했으나, 특성 불안이 높은 쪽은 과제 외 다른 자극에 쉽게 주의를 빼앗겼다. 이때 심리적으로 산만해진 이들의 배외측 전전두 피질은 제대로 활성화하지 못했다. 소니아 비숍은 전전두 피질 활성화 결여가 특성 불안이 높은 사람들의 낮은 주의 통제력을 설명하는 증거라고 정리했다. 이를 운과 연결하면 운이 좋다고 믿는 사람은 주의 통제력이 높다고 할 수 있으며, 운이 없다고 여기는 사람보다 특성 불안이 낮고 배외측 전전두 피질의 주의 회로를 더 잘 제어한다고 볼 수 있다.

우리는 이해할 수 없는 사건이 벌어지고 난 뒤 그 원인을 찾으려 할 때 귀인을 운에 돌리는 경향이 있다. 아마도 우리 대부분이 그럴 것이다. 이때 우리는 반사실적 사고를 한다. 사후에 과거를 돌아보고 일어났을지도 몰랐던 다른 일을 떠올린다. 낙관적인 사람이라면 일반적으로 '방향성'에서는 '하향식', '밀접성'에서는 '가까운' 반사실적 사고를 한다. 그리고 그 순간 운이 좋다고 느낀다. 심리학자이자 신경과학자 애런 바비(Aron Barbey)와 동료들은 전전두 피질이 우리가 반사실적 사고를 하는 데 주효한 역할을 한다는 사실을 밝혀냈다.

> 과거를 기억하고 미래를 예측하는 역량은 직면한 상황을 대안적인 상상의 관점으로 전환하는 능력에 달려 있다.[28]

기회의 심리학

애런 바비 연구팀은 또한 우리가 다른 일을 했다면 어땠을지 상상하고 그 대안 행동의 결과를 평가하는 것도 전전두 피질의 역할이라고 설명했다.

우리의 '귀인 패턴'도 개인 성격의 일부다. 사회심리학자들은 우리 개개인의 귀인 패턴을 설명할 때 '귀인 양식(attributional style)' 또는 '설명 양식(explanatory style)'을 언급하곤 한다. 우리는 대체로 매사 '낙관적인' 귀인 양식을 가졌다. 이미 살폈듯이 우리 대부분 긍정적인 사건에 대해서는 그 원인을 우리 내부에서 찾는 '내적 귀인'을 하지만, 부정적인 사건은 그 탓을 외부로 돌리는 '외적 귀인'을 한다. 여기에 더해 낙관적인 귀인 양식을 가진 사람은 긍정적인 사건에 대해서는 다시 일어날 가능성이 크다고 여기지만, 부정적인 사건은 반복될 가능성이 작다고 보는 경향이 있다. 반대로 '비관적인' 귀인 양식을 가진 사람은 긍정적 사건은 '외적 귀인'을 하고 부정적 사건은 '내적 귀인'을 하면서 자신을 탓한다. 이들은 또한 긍정적인 사건은 일시적인 우연으로 치부하고 부정적인 사건은 계속해서 영원히 반복된다고 생각한다. '귀인 패턴'이 반대인 것이다.

이처럼 성격이 낙관적인 사람과 비관적인 사람은 운을 서로 다르게 받아들인다. 이는 이들의 뇌도 서로 다른 방식으로 정보를 처리하고 평가한다는 뜻이다. 라이자 데이와 존 몰트비의 연구에 따르면 행운과 낙관주의는 긍정적 관계다. 행운에 대한 믿음이 강할수록, '나는 운이 좋다고 생각하는 사람일수록 삶을 더 낙관적으로 바라본다. 나아가 '나는 운이 좋다'고 여기는 사람은 고난에 처해서도 희망을 본다.[29]

임상심리학자 린 에이브럼슨(Lyn Abramson)과 동료 연구자들은 성격이 비관적인 사람일수록 '우울증(憂鬱症, depression)'에 취약하다고 설명했다. 우울증은 질병이라기보다는 뇌 기능 장애로 보는 것이 타당하며, 여기에서 린 에이브럼슨 연구팀이 말하는 우울증은 '절망감 우울 장애(hopelessness depression disorder)'다. 이 우울 장애는 깊은 슬픔, 좌절감, 의욕 및 의지 결핍, 기력 저하, 무관심, 무력감 등의 증상을 보인다.[30]

평소 낙관적인 성격을 가진 사람도 절망감 우울 장애를 겪으면 심각한 비관주의자로 바뀌는 경향이 있다. 이들은 자신에게 나쁜 일과 그로 인한 부정적 결과를 상상하면서 내적 귀인을 한다. 그리고 이들은 행운 따위는 없다고 여긴다. 성격이 비관적인 사람은 낙관적인 사람들과는 다른 방식으로 전전두 피질의 실행 주의 회로가 작동한다.

신경과학자 로빈 너슬록 등이 공동 진행한 또 다른 연구에 따르면 우리 뇌의 좌뇌와 우뇌에 각각 위치한 전두엽은 일반적인 사람들의 경우 대칭적으로 활성화하지만, 절망감 우울 장애가 있으면 비대칭적으로 활성화한다. 쉽게 말해 좌뇌와 우뇌의 뇌파 비율이 맞지 않는다는 의미다. 연구팀은 가벼운 우울증조차 겪어본 적 없는 학생들을 대상으로 설문 조사와 함께 EEG 표본을 확보해 분석했는데, 비관적인 성

기회의 심리학

향일수록 좌뇌 전두엽 활동이 우뇌에 비해 낮다는 사실을 발견했다. 나아가 연구팀은 좌뇌와 우뇌의 뇌파 균형을 살피면 향후 3년 동안 어떤 학생이 우울 장애를 겪게 될지 예측할 수 있다는 사실도 알게 됐다. 삶을 비관적으로 바라보는 태도와 전두엽 뇌파 비대칭은 절망감 우울 장애를 예견할 만큼 긴밀한 상관관계를 형성하고 있었다.[31]

우리 뇌가 우리 주변 세계에 어떻게 주의를 기울이는지 살피는 것은 우리가 일상에서 어떻게 정보를 얻고 처리하는지 이해하는 첫 번째 단계다. 이 중요한 메커니즘을 이해한다면 거꾸로 우리 뇌를 변화시킬 수 있다. 우리도 뇌의 결정에 따라 행동하지만, 우리 뇌 역시 우리가 받아들이는 정보에 의존해 판단한다. 우리가 주의를 할당하는 방식은 뇌가 받는 정보에 직접 영향을 미친다. 여러분의 주의를 A에서 B로 돌리면 뇌가 내리는 결정도 바뀌게 된다. 제7장에서 자세히 설명할 텐데, 새롭고 더 나은 방식으로 주의를 기울이는 방법을 배우면, 여러분은 운이 좋아질 수 있고 기회를 잡을 수 있다.

6

운의 과학

과학은 광신과 미신이라는 독의
위대한 해독제다.

애덤 스미스

행복한 뇌

이 책에서 우리는 '무작위성'으로 대표되는 운과 운명, 우연과 기회의 언어, 문화, 진화, 신화, 역사, 사회, 심리, 미신, 주술적 특성과 관련한 대부분을 살폈으며, 제5장부터는 이제 그것을 본격적으로 '과학의 범주에 포함하기 위해 우리의 모든 생각, 느낌, 행동의 근원이자 '자아' 그 자체라고 할 만한 '뇌'를 들여다보고 있다. 과학이 비로소 뇌의 중요성을 인식했고, 뇌파의 발견과 더불어 EEG 기술이 발전하면서 뇌의 실체에 가까이 다가설 수 있게 됐다. 그리고 이 과정에서 운과 뇌의 상관관계가 드러나기 시작했다.

신경과학자들은 뇌를 연구하기 위해 뇌 기능의 다양한 측면을 먼저 이해할 필요가 있었다. 우선 뇌가 우리 신체에서 어떤 일을 하는지, 왜

기회의 심리학

우리가 뇌를 가졌는지 알아야 했다. 알고 난 뒤에는 뇌를 이루는 신경 세포가 메시지를 전달하고 공유하는 방식을 관찰해야 했다. 마지막으로는 뇌가 그 작업을 어떻게 수행하는지, 다시 말해 뇌 세포가 보내는 신호가 정확히 무엇을 의미하는지, 그리고 그 신호가 운에 관한 우리의 생각, 상상, 믿음, 행동을 어떤 메커니즘을 통해 낳게 하는지 증명해야 했다.

이 장에서 나는 여러분의 뇌 세포가 여러분 자신과 어떤 방식으로 대화하는지, 대화 내용은 무엇인지, 운에 관해서는 무엇을 말할 수 있는지 설명할 것이다. 그런 뒤 아마도 여러분이 가장 궁금해할 제7장으로 넘어갈 것이다.

운은 왜 과학의 관심을 끌게 됐을까? 사실 과학에서도 '횡재'한 사례가 꽤 많다. 과학자라고 하면 떠오르는 틀에 박힌 이미지가 있다. 각종 미디어에서 과학자들은 하얀색 실험복을 입고 눈금이 그려진 투명한 플라스크(flask)와 비커(beaker) 속 액체를 흔들며 유심히 살피는 사람, 눈으로 관찰할 수 있는 사실에만 관심이 있고 인생에 운 같은 건 없다고 치부하는 매우 합리적인 사람으로 묘사된다. 실험실은 철저히 과학적인 공간이며 실험은 정확한 수치와 확률로 이뤄지기에 그 어디에도 우연, 즉 무작위적인 기회가 끼어들 여지는 없다. 그런데 과연 그럴까? 때로는 실험실도 운이 지배한다. 좋은 예로 심리학자 제임스 올즈(James Olds)와 신경생리학자 피터 밀너(Peter Milner)가 1954년 인간의 뇌에서 '쾌락 중추(pleasure center)'라는 놀라운 영역을 발견한 것은 행운이 준 선물이었다. 이야기를 거슬러 올라가면 두 사람의 연구보다 훨씬 오래전에 시작됐지만, 결과적으로는 이들의 발견이 "이 분야에서 지금까지 이뤄진 가장 중요한 단일 발견"으로 불린다.[1]

사실 쾌락에 관한 논의는 기원전 이미 누군가가 행복을 얻기 위한 노력과 고통을 피하기 위한 노력이 똑같이 어렵다는 사실을 알아냈을 때 시작됐다. 이 개념을 공식화한 고대 그리스 철학자 에피쿠로스(Epikuros)는 빵과 물만 있으면 신도 부럽지 않다고 말하면서 생존에 필수적인 욕망만 추구한다면 고통을 피하고 진정한 쾌락에 이를 수 있다고 가르쳤다.[2] 이후 수많은 철학자가 저마다 쾌락을 언급했고, 근대 영국 공리주의 철학자 제러미 벤담(Jeremy Bentham)도 인간은 고통과 쾌락이라는 두 주인에 의해 지배된다며 이 논의에 자기 생각을 얹었다.[3] 아울러 그는 인간 행동의 이 두 가지 동기를 과학적으로 연구할 수 있고 반드시 연구해야 한다고 주장했다. 1879년 독일 생리학자 빌헬름 분트(Wilhelm Wundt)의 연구실에서 현대적 의미의 심리학이 탄생했을 때, 과학이 된 심리학 연구자들은 철학자들이 중단했던 부분을 이어받아 곧바로 그 작업에 착수했다.

'쾌락주의(hedonism)'는 쾌락을 바라보는 관점에 따라 몇 가지로 나뉘는데, 심리학에서는 인간의 즐거움을 추구하고 고통을 피하려는 경향을 '심리적 쾌락주의(psychological hedonism)'라고 부른다. 이 관점

기회의 심리학

은 우리 뇌가 어떻게 새로운 정보를 학습하고 주변 세계의 변화에 적응하는지 연구하는 데 중요한 역할을 해왔다. 기본적인 학습 이론은 우리 뇌가 '즐거움→보상→강화'로 이어지는 행동은 반복하려 하고, '고통'이나 '처벌'을 초래하는 행동은 중단하려 한다고 말한다. 제러미 벤담의 설명처럼 쾌락과 고통, 보상과 처벌이 우리 일상을 형성한다. 초기 신경과학자들은 뇌의 어느 부위에서 즐거움이나 보상, 고통이나 두려움의 감정이 발현되는지에 관심이 많았다. 그 대표적인 인물이 바로 제임스 올즈와 피터 밀너였다.

두 사람 가운데 피터 밀러가 학자로서 경력이 더 많았다. 그는 사회심리학 분야에서 박사학위를 받은 제임스 올즈가 박사 후 과정을 위해 캐나다 맥길대학교에 도착했을 때 이미 신경생리학자로서 뇌가 행동을 유도하는 방식을 알아내고자 열심히 연구하고 있었다. 제임스 올즈는 뇌의 학습 방식을 연구하기 원했고 책임자는 피터 밀너의 상사이자 맥길대학교 심리학 학과장인 도널드 헵(Donald Hebb)이었다.

학과장은 갖가지 행정 업무까지 처리해야 하는 바쁜 자리여서 연구 상황을 봐주는 데 많은 시간을 할애할 수 없었다. 게다가 사회심리학은 사회 집단이 개인에게 어떤 영향을 미치는지에 관한 연구이지 신경생리학은 아니기에 제임스 올즈는 이 분야 지식이 부족했다. 그래서 도널드 헵은 그를 신경생리학자 피터 밀너와 한 팀이 되게 했다. 피터 밀너는 제임스 올즈와 그가 제안한 실험을 이렇게 회상했다.

제임스 올즈는 이론만 세워놓고 그대로 두는 사람이 아니었다. 그에게 이론은 실험 프로그램이기에 신경 이론은 당연히 신경생리학적 실험을 의미했다. 그는 짧은 시간 동안 '헵 이론(Hebbian theory)'을 열심히 공부해 그것을 토대로 한 자신의 실험 계획을 설명했고, 나는 그의 열정적인 태도에 깊은 인상을 받았다. 그렇지만 뇌 기능에 그토록 무모하고 부당한 가정을 할 수 있는 사람의 미래를 볼 수는 없었다.[4]

피터 밀너는 제임스 올즈가 자신이 수행하려는 연구에 어떻게 접근해야 할지 모른다는 사실을 뼈저리게 실감했다. 그는 제임스 올즈에게 신경생리학의 기본 개념을 가르친 뒤 헵의 학습 이론을 실험하도록 했다. '헵 이론'은 그 이름처럼 도널드 헵이 주창한 신경생리학 이론이다. '헵의 규칙(Hebb's rule)', '헵의 가설(Hebb's postulate)'이라고도 한다. 도널드 헵은 "함께 활성화한 신경 세포(뉴런) 사이에는 연결망이 강화된다"고 설명했다. 쉽게 말해 우리 뇌는 자극을 받으면 받을수록 단련된다는 얘기다. 신경 세포를 활성화하는 자극 수단은 우리의 생각, 감정, 말, 행동이다. 예를 들어 즐겁다는 생각을 많이 하면 쾌락에 감응하는 신경 세포 영역이 더 강화된다. 쾌락을 더 잘 느끼게 되는 것이다.

당시 이렇게 활성화한 뉴런들은 뇌와 척수를 연결하는 뇌줄기 '뇌간(腦幹, brain stem)' 중심부에 그물처럼 생긴 신경망인 '망상체(網狀體, reticular formation)' 구조로 연결돼 있다고 여겨졌다. 제임스 올즈는 전

기회의 심리학

극으로 쥐의 망상체를 직접 자극해 뇌가 활성화 경험을 스스로 '보상'하는지 확인하고 싶었다. 쥐가 먹이 얻기를 반복하는 것과 같은 방식으로 뇌에 직접 자극을 반복하면 동일한 효과가 나타날까?

제임스 올즈는 첫 번째 쥐를 선택한 뒤 실험을 시작했는데, 피터 밀너가 가르쳐준 것들은 죄다 창문 밖으로 집어 던진 듯 보였다. 왜 그랬는지는 제임스 올즈 본인만 알겠지만(아마도 몰랐겠지만), 그는 뇌 세포를 자극할 때 쓰는 전극을 피터 밀러가 알려준 것보다 크고 무겁게 만들었다. 이로 인해 피터 밀러가 짚어준 망상체 부위가 아닌 다른 곳을 측정하는 실수를 저지르게 됐다. 사실 약 4밀리미터 차이였지만, 일반적인 쥐 성체의 뇌가 2.5센티미터보다 작은 호두 알맹이 크기 정도임을 고려하면 엄청나게 멀리 벗어난 것이었다.

일찍이 피터 밀러는 비슷한 실험을 한 적이 있어서 망상체 자극으로는 보상이 되지 않는다는 사실을 알고 있었다. 그때 그의 전극은 정확히 망상체를 짚었다. 더욱이 쥐들은 망상체 자극을 싫어하는지 하나같이 '회피'하려고 했다. 그런데 제임스 올즈가 자신에게 이렇게 외친 것이다.

"여기 좀 보세요! 쥐가 좋아하는데요!"

훗날 피터 밀러는 이렇게 썼다.

"제임스 올즈의 실험 쥐는 자극을 바라고 있었다. 전기 자극을 받기 위해서라면 할 수 있는 모든 행동을 다 할 것처럼 보였다."[5]

제임스 올즈가 실수로 잘못 짚은 전극이 우연히 쾌락 보상 신경 회로가 모여 있는 '중뇌(中腦, mesencephalon)' 영역을 자극한 것이었다. 이 행운의 발견으로 두 사람은 학계에서 명성을 얻게 됐고 후속 연구를 통해 많은 학문적 업적을 달성했다.

제임스 올즈의 행운은 부단히 움직이고 열심히 노력하면 반드시 좋은 결과를 얻게 된다는 '케터링 원리', 즉 '제2종 행운'을 여실히 보여주는 사례다. 그냥 우연히 찾아온 '제1종 행운' 같지만 그렇지 않다. 제임스 올즈의 행운은 '눈먼 행운'이 아니었다. 그는 비록 자신의 연구에 필요한 배경 지식이 부족해 실수를 저질렀지만, 이론으로 그쳐서는 안 된다는 학문적 신념이 투철했고, 설령 말도 안 될지라도 자신의 가설을 좇으며 성실히 계속 실험을 진행해나갔다. 어찌 보면 그 같은 지식과 경험 부족이 오히려 실험에 도움이 됐다. 무엇을 어떻게 해야 할지 잘 몰랐기에 무엇이든 자유롭게 시도할 수 있었다.

피터 밀너의 경우는 '제3종 행운'이라고 할 수 있다. 평소 그는 늘 연구에 매진했고 목표를 이루기 위한 절차를 착실히 밟아나가고 있었다. 그는 언제나 준비된 사람이었으므로 제임스 올즈가 마음껏 자신의 가설을 실험해볼 수 있도록 배려했고 잘못을 채근하지 않았다. 루이 파스퇴르의 말처럼 "기회는 오직 준비된 마음만을 선호"한다. 운과 기회는 때때로 도움이 아닌 방해의 양상으로 나타나 우리가 준비하지 않은 것은 잡을 수 없도록 만든다.

이들이 발견한 뇌의 쾌락 중추는 우리가 어떻게 왜 즐거움과 보상을 느끼는지에 관한 연구에 불을 붙였다. 그 불길은 지금도 활활 타오르고 있다. 두 사람이 우연한 기회로 발견한 이 영역은 우리가 무언가를 학습하고 기억할 때 뇌에서 무슨 일이 벌어지는지, 왜 우리에게 중독 성향이 있는지, 왜 어떤 사람들은 가족과 친구들을 잃고 삶을 파괴하면서까지 마약을 끊지 못하는지 알아내려는 학자들에 의해 계속해서 탐구되고 있다. 모름지기 마약 중독 치료법은 이 신경 회로를 역이용한 방식으로 찾을 수 있을 것이다.

제임스 올즈와 피터 밀너의 실험은 초기 뇌 연구자들이 수행한 방식과는 정반대였다. 두 사람은 뇌가 작동하는 모습을 보는 대신 뇌 특정 부위의 신경 세포군이 다른 곳에 메시지를 보내도록 자극해 그 메시지가 행동에 어떤 영향을 미치는지 관찰했다. 이미 뇌가 사용하는 메시지가 전기 신호라는 사실이 밝혀졌기에 전기 자극으로 그 메시지를 모방할 수 있다는 발상은 무척 합리적이었다.

뇌가 보내는 메시지

우리 몸의 다른 부분과 마찬가지로 뇌도 세포로 이뤄져 있다. 뇌에는 '신경 아교 세포(glial cells)'와 '신경 세포(뉴런)' 두 종류의 세포가 있다. 신경 아교 세포는 뇌 대부분을 차지하며 이름에서 알 수 있듯이 접착제처럼 뉴런을 지탱하고 영양을 공급하는 보조적 역할을 한다. 뉴런은 이보다 더 놀라운 일을 하기에 훨씬 중요하다. 뉴런은 세포와 메시지를 주고받을 수 있고, 신경 체계를 켜거나 끌 수 있으며, 단백질을 합성하거나 화학 물질을 방출하는 등 많은 일을 할 수 있다. 무엇보다 뉴런의 놀라운 점은 자체 메시지를 만들어 우리 몸의 다른 곳으로 보낼 수 있다는 것이다. 뉴런은 뇌를 가진 유기체가 할 수 있는 모든 일을 가능케 하는 세포다.

뉴런은 우리 몸의 화학 물질을 받아들여 메시지를 만들고 전송하는데, 그 과정에서 '화학-전기 신호(chemical-electrical signal)'를 생성한다. 여러분이 생각한 것처럼 화학적으로 생성한 전기 신호다. 너무 작아서 당연히 우리 눈에는 보이지 않으나, 뇌에서 무슨 일이 일어나고 있는지 시각화하기 위해 뉴런이 어떤 춤을 추고 어떤 스텝을 취하는지 살펴보도록 하자.

뇌에 주변 세계에서 무슨 일이 일어났는지 알려주는 첫 번째 메시지는 우리의 다섯 가지 감각계 중 한 곳에 있는 뉴런에서 나온다. 예를 들면 빛은 여러분 눈의 '망막(網膜, retina)'을 구성하는 감각 뉴런에 의해 화학-전기 신호로 바뀌고 뇌로 전달된다. 뉴런은 '신경 전달 물질(neurotransmitter)'이라고 부르는 화학 물질을 시각계 신경 세포로부터 받는다. 뉴런은 신경 전달 물질을 보낸 신경 세포와 상호 작용해 자체적으로 메시지를 생성하거나 잠시 중단한다. 말 그대로 '온(on)'과 '오프(off)', '자극'과 '억제'가 뉴런의 두 가지 기본 메시다. 다음 뉴런이 받은 메시지가 '자극'이면 연쇄적으로 화학-전기 메시지를 생성해 계속해서 다른 뉴런으로 전달한다. 우리 몸의 신경계는 이런 뉴런으로 거대한 연결망을 형성하고 있다. 최종 목적지는 다름 아닌 '뇌'다.

개별 뉴런이 보내는 메시지, 즉 앞서 EEG를 설명할 때 언급한 '활동 전위'는 해당 부위에 부착한 전극을 통해 추적할 수 있다. 전극은 이 화학-전기 메시지의 전류 흐름이 만든 전압을 오실로스코프

(oscilloscope)로 보낸다. 오실로스코프는 입력된 전압을 그래프로 출력한다. 시간은 밀리초(ms) 단위로 가로축에 표시되고 전압은 밀리볼트(mV) 단위로 세로축에 표시된다. 메시지 신호가 전송되는 데 걸리는 시간이 밀리초에 불과하므로 오실로스코프를 주시하는 연구원은 초당 수천 번의 뉴런 반응을 확인할 수 있다.

하지만 실제 뉴런은 이보다 훨씬 빠르게 반응하기에 오실로스코프가 출력한 그래프에서는 시간 표시가 압축돼 뾰족한 가시처럼 보이는 '스파이크(spike)'가 그려지기도 한다. 통상적으로 뉴런은 메시지를 빨리 발화할 때 초당 약 1,000개를 생성할 수 있다. 뉴런이 이루는 신경 세포군은 신경 전달 물질을 공유하고 상호 작용을 통해 고유한 메시지를 생성하면서 함께 작동한다.

1,000억 개에 이르는 뉴런이 서로 주고받는 메시지가 우리 중추 신경계를 돌아다니며 다른 뉴런에 발화하거나 발화하지 말라고 전하면서 궁극적으로 우리 주변 또는 내부에 무슨 일이 벌어졌는지 뇌에 알리고 또 뇌의 명령을 받아 우리 몸 구석구석에 무엇을 해야 하는지 알려주는 것이다. 매일 매초 엄청난 양의 활동 전위가 뇌로 쏟아져 들어온다. 어떤 메시지는 여러분 주변에서 일어난 일을 전달한다.

'저쪽에서 갑자기 이상한 소리가 들렸어!'

어떤 일을 다른 일과 비교하는 뇌 신경 세포의 메시지일 수도 있다.

'나뭇잎이 움직이면서 소리가 난 거야!'

방금 일어난 일에서 20년 전을 떠올린 뇌일 수도 있다.

'커다란 동물 근처로 다가가는 건 위험하다고!'

뇌파가 그린 스파이크를 보고 앞으로 몇 분 안에 일어날 일을 알 수도 있다. 뇌파는 우리가 세상에 반응할 때 작동하는 거대한 뉴런 신경망의 솔직한 기록이다.

운과 뉴런, 그 모종의 관계

여러분이 지금까지 내 이야기에 집중했다면 운과 뉴런이 모종의 관계에 있음을 눈치챘을 것이다. 여러분은 운이 좋은 것과 주의를 기울이는 것 사이에 밀접한 관계가 있음을 안다. 주의를 기울이는 첫 번째 단계는 다름 아닌 어떤 일이 일어났다는 사실을 '알아차리는' 것이다. 우리의 오감, 즉 시각, 청각, 촉각, 후각, 미각은 세상의 모든 에너지에 반응한 뉴런이 그 메시지를 뇌에 전달한 결과다. 우리 눈은 빛을 받아들이지만 그뿐이다. 그 빛으로 모양과 색깔을 인지하는 것은 뇌다. 엄밀히 말하자면 뇌가 보는 것이다.

주의를 기울이는 두 번째 단계는 그 일에 '주목하는' 것이다. 일어난 일을 중요하지 않다고 무시하지 않는 것이다. 보고도 못 봤다고, 듣고도 못 들었다고 하지 않는 것이다. 우리는 감각을 그 대상에 온전히 주목함으로써 주의를 기울인다. 볼 의지가 있어야 보이고, 들을 의지가 있어야 들린다. 그리고 우리는 방금 들은 소리의 중요성을 인식하기 위해 과거 경험에서의 기억을 이용한다. 주의를 기울인다는 의미는 확률과 대안을 고려해 원인을 찾는 것은 물론, 그 일을 겪기 전에 그 원인이 무엇인지 예측해보는 것까지 포함한다.

그렇다면 운이 좋다는 것은 다음에 일어날 일을 얼마나 잘 예측하는지에 달려 있다고도 볼 수 있다. 여러분이 주의를 기울이지 않아 응당 뇌에 발화해야 할 활동 전위를 뉴런이 무시한다고 가정해보자. 그러면 여러분은 나뭇가지가 부러지는 소리를 절대로 듣지 못한다. 그일이 얼마나 위험한지에 관한 과거의 기억을 절대로 떠올리지 못한다. 그 일에 뛰어들었을 때 얼마나 좋았는지를 절대로 생각하지 못한다. 시간만 간다. 배가 고프고 잠이 온다.

하지만 여러분이 주변 세계에 주의를 기울이고 과거의 정보와 비교해본다면 앞으로 무슨 일이 일어날지 예측할 수 있다. 그 예측은 여러분을 살릴 수도 있고 여러분에게 엄청난 기회를 줄 수도 있다. 주의를 기울여야 여러분 앞에 나타난 우연이 행운인지 불운인지 알아차릴 수 있으며, 기회인지 위기인지도 판단할 수 있다. 그래야 언젠가 다른 사람들에게 여러분의 행운 이야기를 제대로 들려줄 수 있는 것이다.

제5장에서 EEG에 대해 알아봤는데, 여기에서 조금만 더 나아가보

자. 일반적인 EEG는 다른 식으로 표현하면 우리 뇌를 돌아다니고 있는 활동 전위를 기록한 그래프다. 알다시피 뇌파는 알파파, 베타파, 델타파, 세타파라는 네 가지 기본 파동으로 구분하며, 각각은 주파수와 진폭이 다르다. 연구자(보통은 컴퓨터)가 상세히 분류하기 전까지는 EEG 기록에 이 네 가지 유형이 동시에 존재한다. 여러분이 EEG 그래프를 볼 때 혼란스러운 이유 중 하나다.

EEG는 전체 뇌 활동에 관해서는 광범위한 측정 결과를 제공하지만, 콕 짚어 특정 정보를 처리할 때 뇌에 어떤 변화가 있는지 볼 때는 EEG 데이터가 상당히 번거로울 수 있다. 당연히 뇌 연구자들도 이 부분에 아쉬움을 느끼고 있었다. EEG 등의 기술로 인간 뇌 활동을 연구하는 캘리포니아대학교 데이비스 캠퍼스 심리학 교수이자 '마음과 뇌 센터(Center for Mind and Brain)' 선임 연구원인 스티븐 럭(Steven Luck, 너무 좋은 이름 아닌가!)은 이렇게 지적했다.

"EEG에는 원하지 않는 뇌파 정보까지 섞여 있어서 특정 작업을 수행하는 뇌 활동을 분리해내기가 어렵다."

그렇지만 다행히도 이를 해결할 기술이 존재한다. 바로 '뇌자도(腦磁圖, magnetoencephalography, MEG)'다. 뇌파에 동반되는 '자기장(磁氣場, magnetic field)' 변화를 기록한 것이다. 뇌자도를 이용하면 뇌가 방출하는 특정 신호의 근원이 무엇인지 찾아낼 수 있다. 이를 통해 '사건 관련 전위(event-related potential, 이하 ERP)'라는, 뇌의 다른 신호가 섞

기회의 심리학

이지 않은 순수한 데이터를 확보할 수 있다. ERP는 한 가지 특정 사건(자극)에 대한 뇌의 반응에 초점을 맞춘다. 일테면 컴퓨터 모니터에 잠깐 나타난 단어를 볼 때라든지, 누군가가 여러분 등을 칠 때처럼 짧은 순간에 반응하는 뇌 활동을 기록한다. 스티븐 럭은 ERP가 "신경 전달 물질을 매개하는 뉴런의 직접적이고 즉각적인 활동을 밀리초 단위로 분해해 제공한다"고 설명했다.[6]

전기처럼 자기장에도 파동이 있다. 그래서 둘을 합쳐 '전자기파(電磁氣波, electromagnetic wave)'라고 부르는 것이다. 따라서 ERP도 파동으로 이뤄져 있다. 뇌는 바다와 같아서 모든 뇌 활동은 파동이라고 봐도 무방하다. 차이점이라면 ERP 파동은 특정 자극이 유발한다는 데 있다. 다시 말해 자극이 있을 때마다 뇌가 해당 자극에 반응하므로 ERP 파동은 특정 자극과 실시간으로 연결돼 있다. 예컨대 딸각하는 소리를 반복해서 들을 때마다 거기에 반응하는 뉴런이 ERP 파동을 일으킨다. EEG 파동은 이 정도로 민감하지는 않다. 들어온 자극에 뭉뚱그려 반응한다.

ERP 파동은 뇌의 뉴런이 우리 몸의 감각 시스템을 통해 정보(자극)를 수신할 때 방출된다. 해당 자극이 있고 고작 수백 밀리초 후에 발생하는 이 파동은 우리 뇌가 그 정보를 처리할지 무시할지 판단하라는 일종의 버튼이다. 어쨌든 여러분은 그 빛, 소리, 느낌 등을 감지했다.

ERP를 기록하기 위한 과정도 EEG와 별반 다르지 않다(EEG로도 데

이터 분리 작업으로 ERP를 측정할 수 있다). 값비싸고 멋진 디자인의 뇌자도 장비도 있으나, 대개는 피험자에게 15~20개 전극을 두피에 단단히 고정하는 우스꽝스러운 헬멧을 씌운 뒤 컴퓨터 모니터를 쳐다보게 해서 그에 반응하는 피험자의 ERP 파동을 기록한다. 여기에는 잡음도 섞일 수 있는데, 컴퓨터가 최종적으로 자극에 의한 반응 외의 것들을 걸러내고 단일 자극에 대한 뇌 반응만 추출한다.

ERP도 EEG처럼 파동에 이름이 있다. 파동의 극성과 발생 시차에 따라 이름을 붙인다. 극성이 '양(+)'이면 'P(positive)'이고 '음(-)'이면 'N(negative)'이며, 자극 후 약 몇백 밀리초 뒤에 파동이 방출됐는지 숫자를 그 뒤에 붙인다. 예를 들어 'N100'은 자극 후 100밀리초 정도 뒤에 나타난 음전위 ERP를 말하며, 'P100'은 마찬가지로 자극 후 약 100밀리초 뒤에 나타난 양전위 ERP를 지칭한다. ERP를 많이 측정해본 연구자들은 자극 초기 ERP인 P100/N100, P200/N200은 피험자가 '봤다'고 느끼는 순간의 '주의 선택' 반응을 나타내고, 후기 ERP인 P300은 이를 유발한 자극의 해석 또는 분류로 넘어가는 '주의 통제' 반응을 나타낸다고 말한다.

멕시코 심리학자 하이메 마르틴 델 캄포 리오스(Jaime Martin del Campo Rios)와 동료 연구자들은 ERP를 이용해 스스로 불운하다고 믿는 사람들의 뇌가 정보를 처리하는 방식을 연구했다.[7] 이들은 ERP 측정 전 설문 조사를 진행해 실험 대상을 두 그룹으로 나눴다. 첫 번째 그룹은 자신이 운이 없다고 생각하는 사람들이었고, 두 번째 그룹은 운이 좋다고 응답한 사람들이었다. 그런 뒤 모든 실험 참가자들에게 ERP 측정 장치를 연결하고 '스트룹 테스트(Stroop Test)'를 받게 했다. 스트룹 테스트는 미국 심리학자 존 리들리 스트룹(John Ridley Stroop)이 고안한 심리 검사로, 실제 색깔과 다르게 표기된 글자를 제시해 피험자의 인지 능력을 살핀다. 스트룹 테스트에서 실험 참가자들은 일테면 '빨강(RED)' 잉크로 쓰인 '파랑(BLUE)'이라는 글자를 보고 글자가 아닌 색깔을 말해야 한다. 우리는 모두 읽을 줄 알기에 글자를 보면 무심코 그 글자를 읽는다. 하지만 스트룹 테스트에서는 다른 방식으로 글자를 인지해야 한다. 달리 말해 뇌가 글자를 읽는 경향을 억제하고 색깔에 반응해야 하는 것이다.

연구팀은 스트룹 테스트를 통해 측정한 ERP 파동, 실수 횟수, 답변에 걸린 시간을 기록했다. 쉬울 것 같지만 막상 해보면 누구라도 실수하게 된다. 색깔이 글자와 일치하지 않으면 잘못 말하게 되고 응답하는 데도 더 오래 걸린다. 스스로 불운하다고 여긴 첫 번째 그룹은 '색깔-글자' 불일치에 반응하는 데 대조군인 두 번째 그룹보다 오래 걸렸고 실수도 더 많이 했다. ERP도 마찬가지였다. 대조군보다 자극에 빨리 주의를 기울이지 않았고 '색깔-글자' 불일치에 대한 '주의 선택'과 '주의 통제' 반응도 훨씬 늦었다.

ERP를 살피면 우리 뇌가 주변 세계에서 무슨 일이 일어나고 있는지 파악하는 모습을 볼 수 있다. 스스로 운이 좋거나 나쁘다고 여기는 인식이 우리 뇌가 정보를 처리하는 방식에 영향을 미칠 수 있다. 물론 우리가 얼마나 운이 좋다고 여기는지와 상관없이 어떤 사건에 대한 해석과 이해가 늘 정확한 것은 아니다. 우리는 때때로 실수를 저지른다. 그런데 사건을 잘못 구분하거나 잘못 인지할 때도 ERP에서 그 실수를 볼 수 있다.

심리학자이자 인지신경과학자 윌리엄 게링(William Gehring) 연구팀과 마이클 팔켄슈타인(Michael Falkenstein) 연구팀은 각자 '오류 관련 음전위(error-related negativity, 이하 ERN)'로 알려진 특정 유형의 ERP 파동이 존재한다는 사실을 확인했다.[8] 자신들의 실험에서 두 연구팀은 이른바 'Go/No Go(계속/중지)' 과제를 수행하는 실험 참가자들의 ERP를 측정하던 중 우리가 '실수'했을 때 뇌가 울리는 경보인 ERN을 발견했다.

'Go/No Go' 과제를 간략히 설명하면 이렇다. 연구팀은 실험 참가자를 컴퓨터 모니터 앞에 앉힌 뒤 화면에 여러 이미지가 표시될 것이라고 설명한다. 예를 들어 이미지가 파란색 원이면 키보드의 특정 키를 최대한 빨리 눌러야 한다(Go). 빨간색 원이면 아무 키도 누르면 안된다(No Go). 그런 뒤 반대로 이번에는 이미지가 파란색 원이면 누르면 안 되고, 빨간색 원이면 빨리 눌러야 한다. 누르거나(Go) 누르지 않는(No Go) 아주 간단한 테스트다. 이 테스트는 주로 뇌의 '실행' 및 '억

기회의 심리학

제' 기능을 평가하는 데 활용되는데, ERN 파동을 살피는 데도 효과적이다. 실수, 즉 오류를 범했을 때 발생하는 뇌파를 연구하려면 당연히 오류를 저지르게 해야 한다. 내가 이 테스트의 시행자라면 여러분이 자주 실수해야 한다. 그리고 나는 여러분이 반드시 실수하리라고 단언할 수 있다.

윌리엄 게링 연구팀과 마이클 팔켄슈타인 연구팀은 모두 자신들이 관찰하고 있던 ERP에서 실험 참가자들이 실수할 때 다른 파동이 나타나는 것을 알아차렸다. 참가자가 실수해서 이미지에 잘못 응답하면 진폭이 큰 음전위 파동이 기록됐다. 아마도 그 순간 참가자의 입에서는 자신도 모르게 "젠장, 이게 아닌데!"라는 말이 나올 테지만, 멈추기에는 너무 늦었을 것이다. 실제로도 ERN 연구자들에 따르면 실험 참가자들의 실수는 그들 부모님이 사람들 있을 때 하지 말라는 말을 동반하기도 하며, 이는 방금 실수가 있었음을 보여주는 또 다른 증거다.

ERN은 대뇌의 좌뇌와 우뇌를 연결하는 '뇌량(腦梁, 뇌들보, corpus callosum)' 둘레를 띠처럼 감싸는 전두엽 안쪽(내측)의 '전대상 피질(前帶狀 皮質, anterior cingulate cortex)'에서 방출된다. 이 영역은 오류를 감지해 문제가 생겼으니 주의 체계에 조정이 필요하다는 신호를 뇌의 다른 영역에 보낸다. 전대상 피질은 우리 주변 세계에 대한 감정적 반응을 담당하는 뇌 회로의 일부이기도 하다. 일반적으로 우리는 공공장소 또는 하얀색 실험복을 입은 누군가가 지켜보고 있을 때 실수하지 않으려고 노력하므로, ERN은 실수 감지와 실수할 때의 감정적 반응을 모두 반영할 수 있다.[9] 전대상 피질의 이런 역할을 ERN으로 알수 있다는 충분한 근거가 있다. ERN은 강박증이나 만성 불안 같은 불안 장애를 겪고 있는 사람에게서 확연히 나타나며, 이는 높은 수준의 불안감이 실수로 인한 감정적 반응을 더욱 민감하게 만들 수 있음을 시사한다. 나아가 연구자들은 ERN이 다음에 일어나리라고 생각한 사건과 실제로 일어난 사건 사이의 충돌을 감지하는 우리 뇌 또한 반영할 수 있다고 설명한다. 이때 ERN은 무언가 잘못됐음을 인지함으로써 상황을 재평가하고 다시 통제하려는 뇌 기능의 지표가 될 수 있다.

윌리엄 게링 연구팀은 불안감이 줄면 ERN 파동도 줄어들 것이라고 가정했고, 다양한 실험 결과를 통해 이를 입증했다.[10] 한편 캐나다 신경과학자 마이클 인즐리히트(Michael Inzlicht) 연구팀은 종교적 믿음이 전대상 피질 활동 제한과 관련이 있음을 발견했는데, 믿음이 항불안제 효과를 가져와 오류와 불확실성에 대한 감정적 반응이 완화된다는 것이었다.[11] 신경과학적 접근 방식으로 사회심리학을 연구하는 데이비드 아모디오(David Amodio) 연구팀은 정치적으로 보수적인 성향이 불안에 관한 한 종교와 같은 효과를 발휘한다고 설명했다. 좌파 진보주의자들과 우파 보수주의자들의 ERN 파동을 비교한 결과, 진보가 보수보다 오류를 범했을 때 ERN 파동이 훨씬 컸다.[12]

연구자들은 스스로 운이 좋다고 여기거나 운을 내적 특성으로 보는

기회의 심리학

사람들에게서도 전반적으로 덜 불안해하는 경향이 있음을 발견했다. 하이메 마르틴 델 캄포 리오스 연구팀 실험에서 자신들을 불운하다고 여긴 첫 번째 그룹은 후기 ERP 파동, 특히 전대상 피질이 방출한 것으로 추정되는 파동이 대조군과 사뭇 달랐다.[13] 운이 없다는 믿음은 무작위적인 데다 변덕스러운 세상을 통제할 수 없다는 불안감과 관련이 있으며, 실수할 때는 더 큰 신경 경보를 울린다. 인간은 무작위성을 싫어하고 회피하려는 경향이 있다. 그래서 우리는 우연을 거부하려고 한다. 우리가 마주한 것이 우연일지라도 우리는 그것에 나름의 질서가 있고 추후 예측도 가능하다는 믿음을 갖게 해줄 설명을 찾는다. 운을 철저히 개인적이고 내적인 특성으로 여기는 사람은 자신에게 세상의 무작위성을 통제할 기술이 있다고 믿음으로써 실수에 덜 불안해하고 덜 반응하게 된다.

교감 천재 거울 뉴런

신경과학자들은 이 드넓은 세상에서 우리 뇌 세포가 어떤 방식으로 자극에 반응하는지, 뉴런이 더 세심한 주의를 기울이고자 어떤 방식으로 정보를 공유하는지 알기 위해 열심히 연구해왔다. 이제 우리 관심을 현대 신경과학 연구소들이 발굴한 새로운 스타 '거울 뉴런(mirror neuron)'으로 돌려보자. 거울 뉴런은 타인의 행동을 관찰할 때 발화하는 신경 세포다. 이 특별한 세포는 운에 관해 무엇을 말해줄 수 있을까?

거울 뉴런의 발견도 준비된 마음을 선호하는 '기회'의 선물이었다. 1980년대 후반 이탈리아 신경생리학자 자코모 리촐라티(Giacomo Rizzolatti)와 동료 연구자들은 마카크원숭이(macaque monkey)의 뇌 신경 체계를 연구하고자 두피에 전극을 붙이고 다양한 동작을 시켜보면서 그 동작을 할 때 전두엽 피질이 어떻게 반응하는지 관찰하고 있었다. 연구팀이 주의 깊게 본 영역은 '운동 피질'에서 앞쪽을 차지하는 '전운동 피질(premotor cortex)'이었다. 이곳의 뉴런은 척수 신경 세포에 뻗쳐 몸의 근육을 움직이라는 명령을 전달한다. 어떻게 움직일지에 관한 계획은 전두엽이 수립하며, 전운동 피질은 그 '계획 회로'의 일부다.[14]

전운동 피질은 약간 미스터리한 영역이다. 이곳 뉴런은 척수를 포함한 여러 신경 세포와 대화하며 운동 제어를 지시하는 운동 피질과 정보를 공유한다. 자코모 리촐라티 연구팀은 전운동 피질 뉴런이 움직임을 계획하고 안내한다는 증거를 발견했다. 나아가 이 부위 뉴런이 움직임과 관련해 다른 역할도 한다는 몇 가지 연구 결과도 있으나, 뚜렷한 결론에 이르기 위해 여전히 논의 중이다.

자코모 리촐라티 연구팀은 마카크원숭이가 물체를 잡는 등의 간단한 동작을 취할 때 전운동 피질 뉴런이 무엇을 하는지 보려고 했다. 물론 인간은 원숭이가 아니지만, 우리 뇌와 마카크원숭이 뇌는 놀라울 정도로 비슷하다. 마카크원숭이 뇌에서 어떤 일이 벌어지는지 알아낸다면 우리 뇌에서 일어나는 일도 꽤 알아낼 수 있을 것이다. 연구팀은 원숭이 뇌 세포에서 개별 뉴런 또는 소규모 신경 세포군의 '단일 단위 기록(single-unit recording)'도 확보했는데, 뇌에 물리적으로 직접 전극을 삽입해야 하므로 사람을 대상으로 할 수는 없었다. 그렇기에 이 부분도 원숭이 뇌 세포를 인간 뇌 세포로 치환해 분석할 수 있다는 가설에 밑바탕을 둔 것이었다. 이 이야기는 이따가 다시 하겠다.

연구팀은 원숭이가 물체를 잡았을 때 전운동 피질 일부를 이루는 신경 세포가 발화한다는 사실은 이미 확인했다. 이곳이 뇌의 '운동' 영역이므로 엄청나게 놀랍지는 않았다. 그래서 좀더 섬세한 동작을 살폈다. 어떤 뉴런은 원숭이가 블루베리 한 개를 엄지와 검지로 집을 때 가장 많이 발화했고, 어떤 뉴런은 오렌지나 야구공을 손가락 전체로 잡을 때 강하게 발화했다. 동작 실험에 사용한 물체는 주로 음식이었기에 원숭이는 적극적으로 달려들었다. 확실히 야구공보다는 오렌지를 좋아했다.

자코모 리촐라티 연구팀은 마카크원숭이가 물체를 잡을 때 발화하는 뉴런과 집을 때 반응하는 뉴런을 분리해서 살펴보고 싶었다. 그래서 반투명 거울이 달린 상자에서 원숭이가 버튼을 누르면 불이 켜져 거울 아래 음식을 볼 수 있도록 훈련했다. 원숭이가 불을 켜면 물체가 약 1초 반 동안 보였다가 자동으로 불이 꺼지면 잠시 후 문이 열리는 식이었다. 그러면 원숭이는 손을 뻗어 먹이를 잡거나 집을 수 있다. 연구팀은 음식 종류를 매번 바꿨다. 원숭이는 땅콩이나 블루베리는 집었고 오렌지나 바나나는 잡았다. 문이 열리기 전 잠깐 시간을 지연시킨 이유는 음식을 본 원숭이의 전두엽이 그 음식을 잡을지 집을지 계획하는 시간을 주기 위해서였다. 연구팀에게는 원숭이의 전운동 피질 뉴런이 그 계획 회로 일부인지 확인할 기회였다. 그리고 원숭이가 음식을 잡을 때와 집을 때의 뉴런 발화를 분리해 기록할 수 있었다.

그런데 이 과정에서 연구팀은 매우 놀라운 사실을 발견했다. 마카크 원숭이 전운동 피질의 일부 뉴런이 이상한 활동을 하고 있었기 때문이다. 이 부위 신경 세포는 당연히 원숭이가 음식을 잡거나 집을 때 발화했지만, 새로운 음식을 상자에 넣으려는 연구자의 손을 볼 때도 발화했다. 원숭이가 직접 동작을 취하지 않고 다른 사람이 음식을 잡거나 집는 모습을 보는 것만으로 뉴런이 발화한 것이었다. 자코모 리촐라티 연구팀은 이 결과를 기록한 뒤 본격적으로 이 뉴런을 연구하기 위해 관련 실험을 더 진행했다. 1988년 이들이 이 연구 결과를 처음 발표했을 때는 신경과학계에서 별다른 관심을 보이지 않았다. 1992년 연구팀은 이 신경 세포를 '거울 뉴런'이라고 이름 붙인 뒤 후속 연구 결과를 학술지에 게재해 이 신경 세포군을 "관찰한 타자의 행동을 의미화하는" 뇌의 메커니즘 가운데 일부이며, "전운동 피질의 기본 기능 중 하나로 감각 자극에 반응해 적절한 운동(행동)을 이끌어내는 것"이라고 설명했다."[15]

이때부터 갑자기 거울 뉴런은 심리학과 신경과학에서 '뜨거운 감자'가 됐다. 몇 년 전까지만 해도 무시당했던 연구에 엄청난 관심이 쏟아졌다. 신경과학의 최전선을 거울 뉴런이 차지했다. 수많은 연구팀이 앞다퉈 거울 뉴런을 이야기하기 시작했다. 어디까지나 자코모 리촐라티 연구팀은 마카크원숭이의 뇌에서 거울 뉴런을 발견한 것이었다. 인간에게도 높은 확률로 거울 뉴런이 있으리라고 유추해볼 수는 있으나 아직 발견하지는 못했다. 하지만 이미 학계는 우리의 거울 뉴런이 어떤 역할을 하는지에 관한 논의로 시끌벅적했다. 그래도 우선은 인간의 뇌에 거울 뉴런이 있음을 확실히 입증해야 했다. 앞서 언급했듯이 자코모 리촐라티 연구팀도 원숭이 뇌에서 단일 단위 기록을 확보했을 뿐 사람한테서 얻을 수는 없었다. 단일 단위 기록을 '건강한 일반인'에게서 확보하기란 현실적으로 어렵다. 시술이 매우 복잡한 데다 자칫하면 뇌에 영구적 손상을 가져올 수 있기 때문이다.

이런 한계는 첨단 기술로 극복할 수밖에 없다. 연구자들은 우리 뇌에서 거울 뉴런을 찾기 위해 다소 큰 영역의 신경 세포군을 살폈다. '기능성 자기 공명 영상(functional magnetic resonance image, 이하 fMRI)'을 이용하면 뇌가 활동하는 모습을 관찰할 수 있다. 자기장이 뇌에 공급되는 혈액 속 수소 원자를 공명시켜 뇌의 혈류를 통해 뇌 활동을 촬영하는 기술이다. fMRI 장치가 촬영한 혈류를 컴퓨터가 여러 가지 색깔의 이미지로 변환한다. 뇌의 특정 부위에 더 많은 혈류가 있다면 왕성하게 활동하고 있다는 의미이며 빨간색으로 나타난다. 이를 통해 인간 뇌에도 마카크원숭이 뇌처럼 '거울 뉴런'이 있다고 확인됐지만, 문제는 그 범위가 너무 넓다는 데 있었다. fMRI로는 개별 뉴런은 고사하고 소규모 신경 세포군이 하는 일도 정확히 파악할 수 없었다. 첨단 기술인 것은 맞지만 연못의 물 한 방울을 돋보기로 보는 셈이었다. 물론 확대해서 보면 좋긴 하나 물방울 속에 가득한 미생물을 제대로 살피려면 훨씬 더 가까이 다가가야 한다. 여전히 원숭이 뇌 세포를 인간 뇌 세포로 치환해 분석할 수 있다는 가설은 확실한 사실로 입증되지 못한 채 시간은 흐르고 있었다.

그러다가 드디어 2010년 결정적인 연구 결과가 발표됐다. 연구는 약물 치료가 더이상 통하지 않는 중증 '뇌전증(腦電症, epilepsy)' 환자들을 살필 때 이뤄졌다. 결국 수술을 진행했는데, 발작을 일으키는 뇌 신경 조직을 찾기 위해 전극을 삽입했다. 이러한 발작 발생 부위가 확인되면 발작 완화를 기대하며 해당 조직을 제거할 수 있다. 이들 뇌전증 환자는 전극이 삽입된 동안 신경과학자 연구팀이 뉴런 활동을 기록하도록 허락했다. 연구팀은 환자들에게 웃거나 찡그린 얼굴 사진과 손으로 물건을 잡는 3초짜리 영상 클립을 보여준 뒤 똑같은 행동을 해달라고 요청했다.[16]

이들이 기록한 1,000개 이상의 신경 세포 중 일부가 마카크원숭이 연구에서의 '거울 뉴런'과 동일하게 발화했다. 이 소규모 신경 세포군은 환자 자신이 웃을 때와 환자가 다른 사람이 웃는 모습을 볼 때 모두 발화했다. 이는 자코모 리촐라티 연구팀이 발견한 거울 뉴런의 특징적 반응이었다. 연구팀이 기록한 뉴런은 다양한 신경 영역에서 나왔다. 하지만 기록은 아쉽게도 의사들이 전극을 삽입한 뇌 부위로 제한됐다. 그리고 인간 뇌의 거울 뉴런은 마카크원숭이 뇌 부위와는 다른 영역에서 발견됐다. 어쨌든 인간 뇌에서 거울 뉴런의 존재가 입증되자 심리학과 신경과학계는 흥분의 도가니에 빠졌다. 거울 뉴런의 역할 범위도 비약적으로 늘어났다. 표정과 행동은 물론 말, 감정, 태도를 비롯해 사랑, 성적 지향, 흡연, 비만, 심지어 남성의 발기 정도까지 인간의 거의 모든 교감 행동에 거울 뉴런이 관여한다는 설명으로 확대됐다.[17]

거울 뉴런이 우리를 위해 무엇을 하는지에 대한 연구는 지금도 계속되고 있다. 거울 뉴런의 기능에 관한 가장 일반적이자 지배적인 설명은 우리가 다른 사람의 행동을 이해하는 데 거울 뉴런이 주효한 역할을 한다는 것이다. 자코모 리촐라티 연구팀의 다음 설명에서 '원숭이'를 '인간'으로 바꾸면 된다. 같은 기능이 인간 뇌의 거울 뉴런에도 있다고 가정하기 때문이다.

원숭이 집단 내의 풍부한 사회적 상호 작용을 고려할 때 다른 원숭이들의 행동에 대한 원숭이의 이해는 스스로 행동을 선택하는 데 매우 중요한 요소임이 틀림없다. 다른 원숭이들의 움직임에 따라 적절한 움직임을 빠르게 선택하는 행동은 자극을 빠르게 인지하는 뇌의 코딩을 따른 것이다.[18]

이 설명에 동의한다면 거울 뉴런을 통해 우리는 문자 그대로 미래를 예측한다고 할 수 있다. 상대방의 행동을 이해하고 교감함으로써 그 사람이 곧 하게 될 행동을 빠르게 넘겨짚을 수 있다. 그리고 그에 대응할 수 있다. 저녁 식사 자리의 주역이 되거나 자원 쟁탈전에서 패하지 않으려면 행위자의 행동을 신속하고 정확하게 파악하고 해석해야 한다. 현대 사회에서 우리가 사자나 호랑이에게 사냥당할 위험은 거의 없지만, 비슷한 맥락에서 우리 종 다른 구성원들의 행동을 이해하고 예측할 필요성은 여전히 유효하다.

더 최근에는 거울 뉴런에 새로운 기능이 추가됐다. 엄밀히 말하면 원래 하던 일인데 그 역할을 거울 뉴런이 맡고 있음을 이제 발견한 것이다. 거울 뉴런은 우리의 행동과 우리가 처할 상황도 예측한다. 타인의 행동을 보고 그 사람의 '행동 목표'를 예측해 우리 자신이 그에 대응해서 어떤 행동을 취할지 예측한다. 우리는 타인을 통해 우리 자신을 관찰하고 우리 행동을 이끌거나 통제함으로써 이 예측을 활용한다. 그런 뒤 우리가 왜 그리고 어떻게 그런 행동을 했는지 학습한 것들을 타인의 행동에 적용한다.

이처럼 거울 뉴런은 타인의 행동과 우리 자신의 행동 모두에 반응하므로 다음에 무슨 일이 일어날지 삽시간에 예측할 수 있게 해준다. 친구와 캐치볼을 한다고 상상해보자. 여러분의 시각 신경은 친구와 여러분 사이에서 왔다 갔다 하는 공의 비행을 추적한다. 여러분의 운동 신경은 시각 신경으로부터 정보를 수신해 그 정보를 토대로 공을 잡으려면 어떻게 행동해야 하는지 근육 세포에 지시한다. 공이 여러분에게 날아오기 전 분석을 마치고 행동 명령을 생성해야 한다. 그렇지 않으면 공에 얼굴을 맞을 수도 있다. 공이 날아들 위치를 예측해서 팔과 손을 공간의 적절한 위치로 빠르게 움직여야 한다. 그렇지만 사실 여러분 시각 신경이 받은 정보는 행동 명령이 생성된 시점에서는 오래전 뉴스다. 그렇다. 여러분의 운동 신경은 공이 수 밀리초 전에 어디에 있었는지에 대한 정보를 기반으로 '이미' 근육에 명령을 내린 것이다.

만약 우리 뇌가 행동 계획을 세우고 실행할 때 시각 신경에만 의존했다면 인류는 공을 사용하는 게임 따위는 애초부터 고안하지 않았을 것이다. 다치기만 했을 테니 말이다. 하지만 우리는 다른 움직임이 의미하는 바를 예측해 우리 자신이 그에 대응할 움직임도 예측할 수 있다. 그래서 빠르게 날아오는 공을 잡아 친구에게 다시 던질 수 있는 것이다. 친구의 거울 뉴런도 여러분과 마찬가지다.

우리가 미래를 예측하는 것도 같은 원리다. 여기에서 미래는 먼 미래가 아닌 불과 몇 초 정도지만 미래는 미래다. 더욱이 그 예측을 계속 이어나가면 더 먼 미래도 예측할 수 있다. 거울 뉴런을 연구하는 신경과학자들은 우리 뇌는 다음에 일어날 일을 예측할 때 '예측 코딩(predictive coding)'을 하고 있다고 설명한다. 인지신경과학자 그레고리 히콕(Gregory Hickok)에 따르면 "뇌는 특정 행동 프로그램과 신체 반

기회의 심리학

응 사이의 관계를 학습하며, 시간이 지남에 따라 더 잘 결과를 예측"한다.[19] 우리의 감각 신경을 통해 들어온 정보는 동작보다 수 밀리초 전의 것이지만, 우리 움직임의 오류를 감지하고 보완하는 데 활용된다. 우리가 타인의 행동과 우리 자신의 행동을 관찰할 때 모두 발화하는 거울 뉴런은 이른바 '행동 인지 학습(action recognition learning)'에 참여할 수 있게 해준다. 그럼으로써 거울 뉴런은 우리가 미래를 예측하고 다른 사람과 우리 자신의 행동을 모두 이해하도록 돕는다.[20]

자, 그럼 거울 뉴런이 운에는 어떤 역할을 할까? 앞서 설명했듯이 운이 좋거나 운이 좋다고 믿는 사람은 그렇지 않은 사람보다 뇌의 '주의 체계'를 더 잘 조정한다. 우리 삶에서 운이 좋아 보이는 사람들은 운 없는 사람들과 다른 방식으로 주변 자극에 주의를 기울이고 있다. 사실 우리는 외국어를 공부하거나 그림, 악기 연주, 전자제품 활용법 등을 배울 때처럼 운도 학습할 수 있다. 우리가 앞으로 일어날 일을 더 효율적으로 예측할 수 있도록 뇌를 단련시켜 조금씩 그 예측을 더 잘하게 되면 그것이 옳았음을 반복해서 확인할 수 있고 그에 대한 보상도 더 자주 받을 수 있다. 다음에 무엇을 해야 하는지에 대한 우리 뇌의 결정이 계속해서 옳다고 판명되면 우리는 운이 좋다고 여기게 되며 그 믿음도 강화된다.

주변 세계에 주의를 기울이면 거울 뉴런이 반응한다는 증거가 있는지 묻는다면 그렇다고 답하겠다. 뉴질랜드 심리학자 수레시 무투쿠마

라스와미(Suresh Muthukumaraswamy)와 영국 신경과학자이자 전기생리학자 크리시 싱(Krish Singh)은 몇 가지 다른 상황에서 '뇌자도' 기술을 이용해 뇌 활동을 기록했다.[21] 우선 두 사람은 그다지 주의를 필요로 하지 않는 과제를 제시한 뒤 피험자들의 뇌 활동 기준 측정치를 확보했다. 그저 별 의미 없는 영상을 수동적으로 보기만 하면 되는 것이었다. 그런 뒤 이번에는 주의 집중이 필요한 두 가지 과제에서 얻은 측정치를 기준 측정치와 비교했다. 하나는 실험 참가자들이 본 동작을 그대로 따라서 하는 과제였고, 하나는 연속해서 제시된 세 개 숫자를 덧셈하는 것이었다. 실험 참가자들은 덧셈 과제에 더 큰 주의를 기울였는데, 신기하거나 놀라운 현상을 아닐 것이다.

주의가 필요한 두 과제는 모두 '정확성'이라는 주의를 요구했고 실험 참가자들도 그 사실을 알고 있었다. 이들의 거울 뉴런은 정도의 차이는 있었지만 두 과제를 수행할 때 강하게 발화했다. 수레시 무투쿠마라스와미와 크리시 싱은 거울 뉴런 체계가 "주의를 기울일 때 열리는 문"이라고 묘사했다.[22] 즉, 거울 뉴런은 우리가 주의를 기울여야 활성화하는 것이다. 우리가 주변 세계에 주의를 기울이는 데 능숙해지면 거울 뉴런은 더 자주 발화하게 된다. 거울 뉴런은 교감 신경이므로, 그렇게 되면 사물과 사물 사이의 연결고리를 더 잘 볼 수 있다. 결과적으로 운이 더 좋아지고 기회를 잡을 가능성이 커지는 것이다. 거울 뉴런 회로를 활성화하면 타인과 자신을 더 잘 이해할 수 있으며 서로가 앞으

기회의 심리학

로 무엇을 할지 판단하는 데 큰 도움이 된다. 우리 뇌의 '예측 코딩'은 계획 수립뿐 아니라 계획의 오류를 감지하고 수정해 새로운 계획을 세우는 작업도 포함한다.

사람만이 할 수 있는 것

오류 감지 및 오류 수정은 심리학자들이 '하향식 처리'라고 표현하는 뇌의 '실행 주의' 기능이다. 우리가 기억, 믿음, 기대 등으로 우리 뇌가 지금 무슨 일이 일어났고 다음에 어떤 일이 일어날지 이해하는 일을 도울 때 우리는 하향식 처리에 참여하는 것이다. 여러분이 친구와 캐치볼을 하던 중 실수로 친구 손이 닿을 수 없는 높은 곳으로 공을 던졌다면 실행 주의의 하향식 처리를 통해 다음번에는 적절한 위치로 공을 던지게 된다. 우리 뇌는 미래를 예측하거나 우리 행동의 결과를 예측하는 방법을 계속해서 배워나간다. 반대로 우리 뇌의 실행 주의는 외부 세계의 사건과 자극에 이끌리는 '상향식 처리'로도 작동하는데, 이때 다시 하향식 처리로 우리 주의를 돌릴 수 있다. 우리 뇌의 '예측

기회의 심리학

코딩' 또한 하향식 처리의 예다.

연구자들은 우리 대뇌의 두정엽에서 하향식 주의 유도 회로 일부인 또 다른 신경 세포군을 발견했다. 이 뉴런은 두정엽 측면의 주름져 들어간 뇌고랑 부위인 '외측 두정내 피질(lateral intraparietal cortex)'에 있다. 우리가 주변 세계를 바라볼 때 시각 정보는 후두엽 맨 뒤쪽에서 처리된 다음 더 많은 처리를 위해 '앞으로' 보내진다. 외측 두정내 피질은 정보가 '앞으로' 보내지면서 거치는 영역이며, 이곳 뉴런에서 우리가 본 정보를 받는다. 외측 두정내 피질은 계획이 생성되는 전두엽 피질과 눈의 움직임을 제어하는 '전두 안구 영역(frontal eye field)' 신경 세포로부터도 정보를 수신한다. 외측 두정내 피질 뉴런은 이 정보를 통합해 우리 시선이 잠재적으로 가장 '유익한' 자극을 향하게 한다. '유익한' 자극을 어떻게 알 수 있을까? 가장 간단한 방법은 그 자극을 알아차릴 때 보상을 수반하는 것이다. 일테면 원숭이에게 눈을 왼쪽으로 돌려 자극을 향하라고 가르친 뒤 시각 자극이 나타났을 때 원숭이가 올바른 방향을 보고 있다면 맛있는 오렌지를 보상으로 주는 식이다.

뇌의 주의 체계를 전문으로 연구하는 일본계 미국 신경생물학자 후미 카츠키(Fumi Katsuki)와 그리스계 미국 신경과학자 크리스토스 콘스탄티니디스(Christos Constantinidis)는 원숭이를 대상으로 한 실험을 통해 우리 뇌가 특정 대상에 주의를 집중하는 방식을 탐구했다(우리는 정말이지 이 원숭이들에게 고마워해야 한다). 그 결과 외측 두정내 피질 신경 세포가 감각 정보와 보상 정보를 통합한다는 사실을 알아냈다. 연구자들은 외측 두정내 피질이 실행 주의의 하향식 처리와 상향식 처리 모두에 관여한다고 결론 내렸다. 이 외측 두정내 피질 뉴런이 우리 눈을 우리가 찾고 있는 자극이 나타날 수 있는 곳으로 돌리게 하는 것이다. 이 또한 우리가 미래를 예측하도록 돕는 셈이다. 이 부위 뉴런은 우리 눈에 들어온 감각 정보와 우리 시선을 특정 방향으로 향해서 얻을 수 있는 이익에 관한 정보를 결합한다.[23] 최근 연구에 따르면 거울 뉴런도 눈의 움직임과 주의를 제어하고 시각, 청각, 촉각 등 감각 정보와 결합하는 두정엽에서 찾을 수 있다. 아마도 이 부위 거울 뉴런은 우리가 타인의 행동과 행동 목표를 이해하고 사회 집단에서 그들과 함께 결속하도록 돕는 역할도 할 것이다.

경험을 통해 학습하고, 경험을 이용해 다음에 일어날 일을 예측하며, 자신과 다른 구성원들의 행동을 이해하는 메커니즘은 우리를 인간으로서 생존할 수 있게 한 핵심 요인이다. 확실히 인간은 지구상에서 가장 빠른 동물이 아니며, 가장 크거나 강한 동물도 아니다. 우리는 날카로운 발톱도, 최고의 시력도, 강력한 이빨도 갖고 있지 않다. 그렇지만 우리는 계속 살아남아 지구에서 가장 위대한 종은 아니더라도 이 태양과 세 번째로 가까운 행성의 생명체를 멸종시킬 확률이 높은 영장류로 진화했다. 인간의 마음을 연구하는 많은 수의 학자들은 동물의 왕국에서 차지하는 우리의 위치를 고민해왔다. 우리는 정말로 지

기회의 심리학

구상의 다른 동물들과 질적으로 다를까? 아니면 우리도 기본적으로 침팬지, 원숭이, 다람쥐, 벌과 똑같을까? 그것도 아니면 세상을 살아가는 데 필요한 정신적 하드웨어나 소프트웨어가 무엇이든 간에 그저 운이 좋아 '더 많이' 얻었을 뿐일까? 일찍이 찰스 다윈(Charles Darwin)은 인간과 다른 동물의 차이점은 질이 아닌 양에 있다고 말했다. 인간이 훨씬 더 많은 '인지 장비(cognitive equipment)'를 가졌기 때문이라는 것이었다.[24] 하지만 최근 몇몇 과학자들은 우리가 생각하는 방식, 우리 뇌가 작동하는 방식이 다른 동물들과는 질적으로 다르다고 주장했다.

진화생물학자이자 신경과학자 마크 하우저(Marc Hauser)는 우리 뇌가 주변 세계에 주의를 기울이는 방식과 집중할 때 실시간으로 정보를 처리하는 방식에서 인간은 다른 모든 동물과 확연히 구분된다고 설명했다. 그에 따르면 이른바 '인간 고유의 우수성(humaniqueness)'은 네 가지 인지 능력에서 나온다. 첫 번째는 '생성 계산(generative computation)'으로, 생각과 단어, 이미지, 행동 등을 끊임없이 조합해 새롭고 특이한 형태로 결합하는 능력이다. 두 번째는 '잡다한 조합(promiscuous combination)'으로, 서로 관련 없어 보이는 생각을 엉뚱하게 엮는 능력이다. 세 번째는 떠오르는 생각을 머릿속에서 상징화하는 '정신적 상징 사용(use of mental symbols)'이며, 네 번째는 눈에 보이지 않는 개념도 생각할 수 있는 '추상적 사고(think abstractly)'다. 마크 하우저는 비록 몇몇 동물은 경험을 통해 학습할 수 있고 다음에 할 일을 계획하고자 기억을 이용할 수 있지만, 지구상 그 어떤 동물도 자신들을 둘러싼 감각 세계에 마음을 묶을 수 없으며, 미지의 미래에 관한 추상적인 전망이나 다른 행성에서의 삶, 현생 이후의 삶, 존재의 의미 등을 전혀 생각할 수 없다고 주장했다.[25] 나 또한 적어도 운과 기회에 관한 한 오직 인간만이 이 광활한 우주에서 어떤 힘이 자신 편에서 있다는 믿음을 가질 수 있으며, 특정 사건을 마주해 자신에게 유리하고 이익을 가져다주리라 상상할 수 있다고 생각한다.

제임스 올즈와 피터 밀너가 쥐의 뇌에서 학습 능력의 증거를 찾기 전까지는 모름지기 그들도 쥐에게 호기심이 있다고는 예상하지 못했을 것이다. 그러나 쥐에게도 호기심이 있을까 상상했을 것이다. 그 상상력이 두 사람의 관심을 쥐의 뇌로 이끈 것이며, 행운의 기회가 그들에게 쥐의 쾌락 중추를 찾게 해줬을 때 쥐에게도 있으니 인간에게도 있으리라는 합리적 사고로 연결한 것이다. 다른 동물이나 다른 사람의 마음(정신)을 헤아려 그 결과를 자신의 마음에 대입해보는 능력도 '인간 고유의 우수성'일 것이다.

7

어떻게
기회를 잡는가

어떤 이는 행운의 문 앞에 서서
문이 열릴 때까지 그저 기다린다.
그러나 지혜로운 이는
영특한 용기로 문을 밀고 나아가
포르투나 여신의 호의를 산다.
지혜가 없으면 행운이 없고,
어리석음이 없으면 불운이 없다.

발타자르 그라시안

영리한 한스 효과

이 책에서 우리는 마치 호주머니에 행운을 넣어뒀다가 필요할 때 꺼내쓴 듯한 여러 유형의 운 좋은 사람들을 만났다. 그리고 그들의 사례를 들여다보면서 운에 대해 따져볼 수 있는 갖가지 요소를 살폈다. 그렇게 여기까지 왔다. 이제 행운을 끌어당기고 어쩌면 그 행운이 멀리 도망가지 못하도록 만들 수 있는 두 가지 도구를 소개하고자 한다. 이 두 가지 도구는 다름 아닌 '기대'와 '주의'다. '기대'는 바라던 일이 미래에 이뤄지리라는 믿음과 희망 또는 예측이며, '주의'는 우리 주변 세계에 인식을 집중하고 수집한 정보를 처리하는 방식이다. 모두 우리 뇌의 기능이라는 부연 설명은 더이상 하지 않겠다. 우선 '기대'가 행운을 끌어당기는 데 어떤 역할을 하는지부터 시작해보자. 다음 이야기가 이 개

기회의 심리학

넘을 밝히는 데 도움이 될 것이다.

1859년 찰스 다윈의 혁명적 저서 《종의 기원(On the Origin of Species)》이 출간된 이후 생명의 자연 질서에서 인간이 차지하는 위치가 바뀌게 됐다.[1] 다윈 이전에는 자연의 본성에 관해서 두 가지 생각이 있었다. 첫 번째는 '본질주의(本質主義, essentialism)'로, 생명 종의 본질적 특성은 시간이 아무리 흘러도 변함없다는 생각이었다. 각각의 종은 그 종만이 가진 고유한 속성이 있고 그 속성은 영원히 달라지지 않는다는 것이었다. 두 번째는 '자연주의(自然主義, naturalism)'였다. 모든 생명 종은 자연의 법칙과 질서에 따라 시간이 지나면서 형태와 기능이 변화할 수 있다는 생각이었다. 사실 찰스 다윈이 태어나기 훨씬 이전부터 농부들은 교배와 번식을 통제하는 방식으로 가축의 외모와 쓰임을 조정할 수 있다는 사실을 알고 있었다. 과학자들도 화석을 통해 과거에는 지구상에 살았으나 지금은 사라지고 없는 일부 종을 발견했다. 이는 멸종한 종이 있다는 증거였고, 자연 역시 오랜 세월을 거치면서 변화해왔음을 암시했다. 이 관점에서 보면 자연은 놀랍도록 변화무쌍한 세계였다.

찰스 다윈이 모든 생명 종은 유구한 세월을 거치면서 진화해왔으며, 오늘날 지구상에 살아있는 모든 생명체의 공통 조상이 있음을 뒷받침하는 이론을 발표하자 세상은 발칵 뒤집혔다. 더욱이 이 개념은 현생 인류인 '호모 사피엔스(Homo sapiens)'를 포함한 모든 형태의 생명체에 적용되는 것이었다. 이때부터 뇌 연구에 획기적인 변화가 일어나게 된다. 지구상의 모든 유기체가 진화론적으로 공통의 조상에 소급해 올라갈 수 있다면, 인간의 뇌 또한 다른 동물의 뇌를 통해 그 비밀을 파헤쳐나갈 수 있을 것이다. 이에 과학자들은 실험실에서 동물의 뇌를 연구하기 시작했고, 동물 지능에 관한 질문이 가장 인기 있는 논쟁거리로 급부상했다.

1900년경 독일의 은퇴한 초등학교 수학 교사이자 아마추어 심리학자 빌헬름 폰 오스텐(Wilhelm von Osten)도 동물의 인지 능력을 연구하면서 이 논쟁에 참여했다. 그에게는 오를로프 트로터(Orlov Trotter) 품종의 '한스(Hans)'라는 말이 있었는데, 한스의 명민함을 눈여겨본 그는 이 말에게 숫자 세는 법을 가르쳤다.[2]

처음에 빌헬름 폰 오스텐은 한스에게 볼링핀처럼 생긴 커다란 핀을 보여주면서 말굽을 한 번 들었다가 내려달라고 '요청'했다. 당연히 한스에게 말로써 '요청'한 게 아니라 핀을 보여준 뒤 한스에게 다가가 발굽을 잡고 올렸다 내리는 행동을 반복했다. 이와 같은 훈련을 수도 없이 한 다음 그는 한스에게 숫자를 알려줬다. 핀 하나를 보여주고 "말굽을 굴러, 하나!" 하는 식으로 훈련을 계속했다. 한스가 해내면 당근을 주고 그렇지 않으면 주지 않았다. 신기하게도 어느 순간 한스 스스로 말굽을 들었다가 내리는 데 성공했다. 이제 핀만 보여주면 한스는 말굽을 들었다가 '탁'하고 내렸다.

기회의 심리학

그림 7.1 | 덧셈을 배우는 '영리한 한스'의 모습을 촬영한 사진.

빌헬름 폰 오스텐은 다음 단계에 들어갔다. 이번에는 핀을 두 개 보여주고 "말굽을 굴려, 둘!" 하면서 한스가 말굽을 두 번 구를 때까지 훈련했다. 당근이 더 많이 필요했다. 이런 과정을 거듭한 뒤에는 핀을 사용하지 않고 8이나 4 같은 실제 숫자를 표시해 똑같이 훈련했다. 그렇게 마침내 이 한스는 1에서 9까지 숫자를 알게 됐고 덧셈까지 할 줄 아는 말이 됐다. 〈그림 7.1〉은 한스가 훈련을 받는 모습이다.

빌헬름 폰 오스텐은 여기에서 멈추지 않고 한스에게 사칙연산은 물론 비슷한 방식으로 알파벳도 가르쳤다. 그는 예를 들어 한스가 말굽을 한 번 구르면 'A', 두 번 구르면 'B'임을 알았기에 사람과 간단한 의

사소통도 할 수 있다고 주장했다. 이 말은 한스의 생각을 우리가 알 수 있다는 뜻이었다. 알파벳을 알았으니 이제 한스는 색깔에도 이름을 붙일 수 있었다. 그렇지만 참고로 설명하자면 말은 색깔에 약하다. 말의 망막 세포에는 빨간색을 구분할 수용체가 없으며 파란색과 녹색 등의 기본 색깔은 구별할 수 있다. 어쨌든 빌헬름 폰 오스텐은 그렇게 호언장담했고, 심지어 한스는 음악의 음계와 박자뿐 아니라 화음도 구별했다. 게다가 취향도 확고해서 고전주의 음악을 선호했다.

빌헬름 폰 오스텐은 독일 전역을 돌며 한스의 능력을 선보였다. 이를 본 구경꾼들은 너나 할 것 없이 감탄을 금치 못했다. 한스는 '영리한 한스'로 명성이 자자해졌다. 자연스럽게 학계 이목도 집중됐다. 몇몇 과학자들이 의심의 눈길을 보냈지만, 막상 한스의 능력을 두 눈으로 확인한 뒤에는 아무런 이의도 제기하지 못했다. 그도 그럴 것이 한스는 빌헬름 폰 오스텐이 아닌 다른 사람의 질문에도 말굽 구르기로 정확한 답을 내놓았다. 아무리 자세히 관찰해도 속임수는 없었다.

급기야 한스의 능력이 정말로 진짜인지 아니면 교묘한 사기극인지 판가름하기 위해 철학자이자 심리학자 카를 슈톰프(Carl Stumpf)가 수의사, 서커스 조련사, 기병대 장교, 교사 등 열세 명을 모아 이른바 '한스 위원회'를 조직하기에 이르렀다. 한스 위원회는 동물(말)인 한스가 실제로 인간처럼 생각하는지 확인했다. 하지만 이들 역시 속임수를 발견하지는 못했다. 카를 슈톰프는 관찰 자료를 조교인 오스카 풍스트

(Oskar Pfungst)에게 넘겨주면서 위원회가 놓친 부분이 없는지 검토해 달라고 요청했다. 이에 그는 지금까지 볼 수 없었던 신호가 사용된 것은 아닌지 확인하고자 몇 가지 조건을 설정해 꼼꼼히 분석했다.

이윽고 그는 '영리한 한스'의 비밀을 간파했다. 우선 말의 눈이 머리 측면에 있다는 사실을 고려할 때 한스의 시야각이 상당히 넓다는 사실을 간과하고 있었다. 문제를 내는 사람이 뒷다리 쪽에 있어도 한스는 그를 볼 수 있었다. 사람의 눈은 얼굴 정면에 있어서 시야각이 좁다. 뒤에 있는 사물을 보려면 고개를 돌려야 한다. 그런데 말인 한스는 고개를 돌리지 않아도 시야각을 벗어나지 않는 한 뒤쪽에 있는 사람을 볼 수 있다.

여기에서 출발해 오스카 풍스트는 한스가 질문자를 볼 수 없는 위치에 있을 때도 정답을 제시할 수 있는지 확인했다. 몇 가지 다른 상황에서 각각 테스트했는데, 질문자가 커튼 뒤에 있거나 한스가 눈가리개를 착용하거나 질문을 바꿔 질문자가 답을 모르는 문제를 던졌을 때 한스는 정답을 내놓지 못했다. 이는 한스가 실제로 답을 알아서 맞히는 게 아니라 정답을 맞힐 수 있는 다른 무언가가 있다는 뜻이었다.

이미 짐작했겠지만, 한스는 자신에게 문제를 내는 사람이 보이지 않을 때는 정답률이 '찍기' 수준으로 떨어졌다. 한스는 발을 구르면 당근을 먹을 수 있음을 알았기에 질문을 듣고 계속 말굽을 굴렸지만, 문제 내는 사람이 보이지 않자 그냥 아무렇게나 두드렸다. 갑자기 문제를 바꿔 질문자가 사전에 몰랐던 문제를 낼 때도 마찬가지였다. 물론 한스는 엄청나게 똑똑한 말이었다. 다만 보상을 받으려고 어떤 신호를 읽는 법을 배웠을 뿐 사칙연산이나 단어 맞히기를 학습한 것은 아니었다. 빌헬름 폰 오스텐은 분노했다. 자신은 속임수는커녕 신호조차 보내지 않았다고 강변했다. 한스의 공연을 봤던 사람들도 절대로 그럴리 없다면서 그를 두둔했다. 사실 카를 슈툼프와 오스카 풍스트도 난감하긴 매한가지였다. 두 사람도 빌헬름 폰 오스텐이 속임수를 쓰지 않았다는 데는 동의했다. 문제는 한스가 도대체 어떤 신호에 그토록 정확히 반응하느냐였다. 그 점이 명확하지 않았다.

오스카 풍스트는 그 신호가 무엇인지 찾아내기 위해 빌헬름 폰 오스텐을 다독여 다시 한번 공연하게 했다. 그리고 이번에는 한스를 향해 질문을 던질 때 그의 표정과 행동을 유심히 관찰했다. 그렇게 마침내 오스카 풍스트는 이후 심리학에서 '영리한 한스 효과(Clever Hans Effect)'라고 불리게 될 현상을 설명할 수 있었다. 한스는 문제를 내는 사람의 미세한 표정, 눈썹 움직임, 시선, 몸짓 등에 반응했다. 예를 들어 말굽을 여섯 번 굴리면 정답일 때 한스는 그 순간 사람이 무의식적으로 한 행동, 즉 눈을 크게 뜨거나 눈썹을 움찔거리는 식의 행동 변화를 감지한 것이었다. 그 움직임이 워낙 작고 빨라서 한스에게 문제를 낸 사람조차 자기가 뭘 했는지 깨닫지 못했다. 확실히 속임수도 아니었고 의도한 신호도 아니었다. 기대한 능력은 아니었지만, 한스가 정

기회의 심리학

말로 영리한 것도 사실이었다. 일종의 '독심술(讀心術, mindreading)' 아닌가!

이 '영리한 한스'에게 엄청난 관심이 생겨버린 오스카 풍스트는 급기야 자신이 직접 한스의 질문자가 되기로 했다. 당연하게도 자신은 결코 한스에게 신호를 보내지 않겠다고 했다. 하지만 그럴 수 없었다. 한스가 말굽 굴리는 횟수가 정답에 가까워지자 그는 자신도 모르게 무의식적으로 미묘한 움직임을 보였다. 머리로는 그러지 않겠다고 했으나 어쩔 수 없었다. 한스가 발을 두드려야 할 횟수(정답)를 그가 이미 알고 있는 한 그것이 기대로 작용해 매번 행동에 영향을 미쳤고 어떤 힘으로도 막지 못했다. 그가 한스에게 보낸 신호를 무의식적이고 비자발적이었다. 한스는 그 신호를 순식간에 이해할 만큼 똑똑했다. '영리한 한스 효과'는 동물은 물론 사람과도 실험을 진행할 때 실험자와 피실험자를 격리하는 중요한 요인으로 자리매김했다. 혹시 여러분이 실험에 참여한 적이 있는데, 실험자가 설명만 하고 실험실에서 나가는 이유가 궁금했다면 바로 '영리한 한스 효과' 때문이다. 실험자의 무의식적인 기대가 여러분의 행동에 영향을 미치기에 이를 방지한 것이다. 그리고 이 '영리한 한스 효과'는 곧이어 언급할 '자기충족적 예언(self-fulfilling prophecy)'과 연결된다.

기대의 힘

행동심리학에서는 '학습'을 경험한 결과로서의 행동 변화라고 정의한다. '사건 A'와 '결과 B'를 연결하는 방법을 학습한다는 것은 달리 말하면 '기대'를 배운다는 의미다. 한스도 이런 방식으로 기대를 학습했다. 알다시피 한스가 발을 두드리는 행동은 한스가 좋아하는 당근과 관련이 있다. 당근을 제공하지 않으면 학습된 행동이 다시 바뀐다. 그러면 여러분과 한스는 말굽 굴리는 행동이 더이상 당근과 관련이 없다는 새로운 기대(실망)를 학습하게 된다. 이를 행동심리학자들은 "행동(당근 주기) 강화를 제거함으로써 행동(말굽 굴리기)을 끝냈다"고 표현한다. 이와 관련한 더 간단한 설명은 "행동은 경험으로 발전시킨 기대의 결과로 변화한다"는 것이다. 한스 같은 똑똑한 동물만 발을 두드리면 당

기회의 심리학

근이 나온다고 기대하는 게 아니다. 인간으로서 훨씬 똑똑한 우리도 우리 행동이 특정 결과로 돌아오기를 기대한다.

나아가 심리학자들은 일어나야 할 일을 향한 우리 기대가 우리 자신 및 다른 사람들의 행동에 규칙적으로 영향을 미친다는 사실을 알고 있다. 심리학의 오래된 논쟁 가운데 하나인 '본성 대 양육(nature vs. nurture)'을 살펴보자. 우리의 특정 능력이나 행동은 생물학적으로 타고난 '본성'일까, 아니면 후천적인 학습에 의한 '양육'의 결과일까? 행동심리학자 로버트 트라이언(Robert Tryon)은 이 질문에 답하고자 쥐가 먹이 보상에 반응해 미로를 학습하도록 훈련했다. 그런 뒤 미로 찾기에서 가장 뛰어난 역량을 보인 쥐끼리 교배해 "미로에 밝은 쥐(maze bright rats)" 그룹을 분리했다. 동시에 미로를 가장 못 찾는 쥐끼리 교배해서 "미로에 둔한 쥐(maze dull rats)" 그룹도 분리했다. 여러 세대에 걸쳐 교배를 거듭한 뒤 그는 "유전적으로 바뀐 본성이 각 그룹 쥐의 행동을 결정한다"고 결론 지었다.[3] "미로에 밝은 쥐"가 "미로에 둔한 쥐"보다 훨씬 미로를 잘 찾았다. 유전학으로 쥐 뇌의 사고 능력을 향상했기 때문이다.

그러나 그의 논문을 읽은 하버드대학교의 한 연구자가 로버트 트라이언이 실험 설계에서부터 오류를 범했다는 사실을 알아차렸고, 그 오류가 "본성이 쥐의 행동을 결정한다"는 잘못된 결론으로 이어졌다고 지적했다. 오류는 다름 아닌 실험자의 기대가 미로에 밝은 쥐와 둔한 쥐에 영향을 미쳤다는 것이었다. '영리한 한스 효과'가 발동해 실험자의 기대로 인한 무의식적이고 비자발적인 행동이 일부 쥐로 하여금 미로 찾기를 더 잘 수행하도록 유도했을 가능성이 컸다. 결국 인간이 미로 찾기 잘하는 쥐와 못하는 쥐를 결정한 셈이었다.

훗날 '로젠탈 효과(Rosenthal effect)' 또는 '피그말리온 효과(Pygmalion effect)'의 주창자로 유명해질 로버트 로젠탈(Robert Rosenthal)의 연구팀이 실험자의 기대가 쥐의 미로 찾기 능력 차이에 영향을 미치는지 확인하는 실험을 진행했다.[4] 이들 연구팀의 실험 방식은 놀랄 만큼 간단했다. 학생들을 대상으로 실험 참가자를 모집한 뒤 두 그룹으로 나눴다. 그러고는 미로에서 쥐를 테스트해달라고 요청했다. 이때 한 그룹에는 실험할 쥐들이 "미로에 밝은 쥐"라고 말해주면서 로버트 트라이언의 방식대로 선택 번식한 결과라고 설명했다. 아울러 이 쥐들이 미로 찾기를 빨리 배우리라 기대하면서 테스트해달라고 요구했다. 다른 그룹에는 반대로 "미로에 둔한 쥐"이며 열등한 쥐들로만 선택 번식했다고 설명했으며, 잘하기를 기대하는 것 자체가 소용없으리라고 이야기했다. 물론 실제로 두 그룹 쥐들 모두 선택 번식한 개체가 아니었다. 그냥 일반적인 실험 쥐를 무작위로 할당한 것이었다. 그런데 두 그룹 학생들이 며칠 동안 부지런히 쥐들을 테스트한 뒤 나온 결과는 실험자가 설명한 그대로였다. 정말로 "미로에 밝은 쥐"라고 기대한 쥐들이 압도적으로 미로를 잘 찾아냈다.

로버트 로젠탈은 어떤 결론을 냈을까? 그는 이를 '자기충족적 예언'의 대표적 사례라고 설명했다. 자기충족적 예언은 말 그대로 자신이 예언하고 기대하는 일이 현실에서 충족되는 현상을 말한다. 쥐들이 잘하리라고 기대한 그룹 학생들은 쥐가 미로에서 막다른 골목에 이르려고 할 때 자신들도 모르게 '영리한 한스 효과'를 발현했을 것이다. 그쪽으로 가면 안 된다는 신호를 무의식적으로 보냈고 이를 감지한 쥐가 방향을 바꿔 이동했을 것이다. 한편 어차피 아무런 기대도 하지 않은 그룹 학생들은 쥐가 잘못된 방향으로 가더라도 오류 횟수만 기록했을 뿐 유의미한 신호는 보내지 않았을 것이다. 설문 조사 결과도 그랬다. 믿기 어려울지도 모르나 때때로 여러분이 기대하는 것이 정확히 여러분이 보게 되는 것이다.

운 좋은 사람들의 네 가지 원칙

'기대'는 매일매일 우리가 하는 행동에 영향을 미치며, 의도치 않게 주변 사람들의 행동에도 영향을 미친다. 그런데 우리는 종종 기대한다는 사실 자체를 인식하지 못해서 정작 기대의 효과가 나타날 때 무슨 일이 일어나고 있는지 정확히 알 수 없을 때가 있다.

여러분이 특정 상황에서 운이 좋으리라고 기대하면 실제로도 운이 좋아지는지 묻는다면, 그리고 운이 좋아지는 방법을 배울 수 있는지 묻는다면 "예"라고 답변하겠다. 나만 이렇게 확신하는 게 아니라 앞서 언급한 심리학자 리처드 와이즈먼도 이 질문에 "예"라고 대답할 것이다.[5] 그도 운을 연구해왔고, 특히 왜 어떤 사람들은 운이 좋다고 여기는데 어떤 사람들은 운이 없다고 생각하는지를 파고들었다. 이 두 부

기회의 심리학

류 사람들은 서로 무엇이 다른 걸까? 유전적인 본성일까? 세상을 바라보는 세계관 차이일까? 아니면 자신들을 둘러싼 환경이 달라서일까?

리처드 와이즈먼은 운이 좋아지는 네 가지 원칙을 제시했다. 이 장의 첫머리에서 설명했듯이 여러분 스스로 자신의 성공 가능성에 대해 '기대'를 키우고 '주의'를 집중하면 실제로 운이 좋아진다. 리처드 와이즈먼은 이 네 가지 원칙을 바탕으로 '행운 학교(Luck School)'를 운영하면서 학생들에게 운을 바꾸는 방법을 가르쳤고, 수업에 참여한 대다수 학생이 이후 놀라운 성공을 거뒀다. 그에 따르면 인생에서 행운이 따르는 사람들은 다음과 같은 네 가지 원칙을 반드시 지키며 산다.

원칙 1: 우연한 기회를 놓치지 않는다

운이 좋은 사람들은 늘 주의를 기울이기에 우연히 찾아온 기회를 알아차리고 그에 따라 행동한다. 이들은 운이 없는 사람들보다 새로운 경험에 개방적이며, 인간관계가 형성되는 모임에 훨씬 더 적극적으로 참여한다. 이에 능숙한 사람들은 오히려 스스로 기회를 만들어내기도 한다.

원칙 2: 행운의 예감에 귀 기울인다

운이 좋은 사람들은 자신의 본능적인 직감을 믿고 귀를 기울인다. 이들은 직감에 저항하지 않는다. 행운의 예감이 틀려도 손해 볼 게 없기 때문이다. 이들은 자신의 지식과 경험을 활용해 앞날을 직관적으로 예측한다. 마음이 산란해질 때는 혼자만의 시간을 가지면서 직감의 날이 무뎌지지 않도록 관리한다.

원칙 3: 행운이 오기를 기대한다

운이 좋은 사람들은 설령 아무런 논리적 근거가 없더라도 자신의 앞날은 행운으로 가득하리라고 기대한다. 그리고 행운을 맞이한 자신의 모습을 상상한다. 이 긍정의 기운이 타인에게도 전해지므로 긍정적 상호 작용이 계속되며, 이는 자기충족적 예언으로 작용해 현실이 된다.

원칙 4: 불운도 행운의 징조로 여긴다

운이 좋은 사람들은 바라지 않던 일이나 끔찍한 불운을 겪어도 굴하지 않는다. 불가항력적 불운이라면 자신을 탓하지 않고, 자신의 실수 때문에 벌어진 일이라면 다시는 실수하지 않겠다고 다짐한다. 그리고 이 모든 경험을 앞날에 대한 기대로 통합한다. 이들은 연속된 불운에도 더 나빴을 수도 있었던 상황을 떠올리면서 '이만큼 운이 나빴으니 앞으로는 운이 좋을 것'이라고 기대한다.

'기대'와 '주의'는 우리 주변에서 무슨 일이 일어나고 있는지 이해하는 과정에서 매우 밀접하게 얽혀 있기에 심리학자와 신경과학자들은

기회의 심리학

이 두 가지 요소를 하나로 간주하곤 한다. 그렇다면 기대와 주의가 어떻게 얽혀 있는지, 우리 뇌가 이 두 가지를 어떤 방식으로 취합해 우리의 행동을 이끄는지 알아보기로 하자.

상향식 처리와 하향식 처리

리처드 와이즈먼은 무작위 사건이 늘 일어난다는 단순한 사실에서 출발했다. 그는 운 좋은 사람들과 운 나쁜 사람들이 서로 다르게 무작위 사건에 반응한다는 사실을 알아냈다. 운이 좋은 사람들은 우연히 일어난 일에 주의를 기울여 기회를 찾고 그 흐름에 자신을 맡겼다. 반면 운이 나쁜 사람들은 우연한 사건에 별다른 관심이 없었고, 조금 관심을 보이다가도 이내 무시했다. 우리 주변에서 벌어지는 일의 상당수는 무작위로 발생한다. 이는 이 우연한 사건에 주의를 기울이지 않으면 그만큼 기회를 잡을 일도 줄어든다는 의미다. 우연적인 일은 배제하고 필연적인 일에만 집중하면 우리의 활동 범위는 최소로 제한된다. 위험은 줄일 수 있겠지만 운이 좋을 기회 또한 줄어들게 된다. 제임스 오스

기회의 심리학

틴의 '제2종 행운'을 떠올려보자. 부단히 움직여야 주변 세계와 교감할 수 있고 새로운 생각을 떠올리게 하는 자극도 받을 수 있다. 아무 일도 하지 않으면 아무 일도 일어나지 않는다. 행운과 맞닥뜨릴 일도 없다. 여러분이 잡을 기회를 알아차리려면 여러분 주변에서 벌어지는 일에 관심과 주의를 기울이고 그 일을 헤아려봐야 한다.

'주의'는 우리가 '다음에 해야 할 일'을 결정하는 데 매우 중요한 요소이기에 심리학에서 큰 관심을 두고 연구하는 주제다. 심리학자들은 우리 뇌의 '실행 주의' 체계를 '주의 편향(attentional bias)'과 '주의 통제(attentional control)'로 나눈다.[6] '주의 선택'이라고도 부르는 '주의 편향'은 '상향식'으로 작동한다. 우리 주변 자극에 이끌린 주의의 '상향식 처리'는 우리가 무언가를 보거나, 듣거나, 냄새를 맡거나, 맛을 보거나, 피부로 느낄 때 일어나는 과정이며, 감각 뉴런이 받아들인 정보는 해석을 위해 대뇌 피질로 '상향' 전송된다. 상향식 처리는 '자극이 유도한다. 우리 감각 기관이 반응하는 외부 사건으로 시작되기 때문이다. 해당 사건은 우리의 주의를 그쪽으로 편향시켜 끌어들인다. 주의 편향 체계는 어떤 일이 일어났음을 우리 뇌가 인지하고 해당 자극에 관한 정보를 붙드는 역할을 한다.

'주의 통제'는 '하향식'으로 작동한다. 감각 정보를 대뇌 피질이 수신하면 해석해서 다음 행동을 결정하고 우리 신체 나머지 부분에 적절한 명령을 '하향' 전송한다. 주의 통제 체계는 행동 목표를 달성할 수 있도록 뇌가 명령을 준비하고 신체에 전달하는 역할을 한다. 이때 우리의 '기대'가 대뇌 피질이 수신하는 정보에 통합되므로 우리가 외부 사건에 반응해 무엇을 해야 하는지 결정할 때 주효하게 작용한다. 주의 편향과 주의 통제 체계 모두 상시 작동 중이며, 두 체계가 작동하는 방식은 아마도 우리가 인간일 수 있는 방식만큼이나 많을 것이다. 그러니 상향식 처리와 하향식 처리를 좀더 자세히 살펴보자.

우리는 마주하는 모든 상황에 전부 주의를 기울이지는 못한다. 가장 가까운 예로 이 책을 읽으면서 눈으로 지금 이 대목을 보고 있는 여러분은 여기에만 집중할 수 있다. 시선을 돌려 주변을 살펴보면 여러분이 마주한 상황이 매우 많다는 사실을 새삼 느낄 수 있을 것이다. 여러분 앞에 놓여 있는 책 주변으로도 무언가가 있을 것이며, 이쪽에도 무언가가 저쪽에도 무언가가 있을 것이다. 음악이 흘러나오고 있을지도 모르며, 시계 소리나 비행기 지나가는 소리라든지, 여러분이 밖에 있다면 사람들이 대화하는 소리가 들릴 수도 있겠다. 앉아 있다면 엉덩이 밑 의자의 감촉, 서 있다면 체중을 받치고 있는 다리와 발의 무게감이 느껴질 것이다. 차를 마시고 있었다면 이 책을 읽느라 차가 다 식었는지도 모르겠다. 혹시 스마트폰 화면에 부재중 전화나 문자메시지 알림이 떴는지도 모르겠다.

앞서 멀티태스킹은 허구라는 이야기도 했지만, 분명히 우리는 모든 것에 관심을 쏟지 못하며 그렇게까지 주의를 기울일 필요도 없다. 주

기회의 심리학

의를 해당 상황에서 가장 중요한 부분으로 제한하는 것도 우리 뇌의 놀라운 능력이다. 그렇지 않으면 과부하로 진즉에 터져버렸을 것이다. 사실 '주의'라는 개념도 우리를 둘러싸고 윙윙거리는 일련의 자극 중에서 가장 적절하고 중요한 정보를 선택하는 과정을 일컫는다.

상향식 처리에서 우리의 주의는 일반적으로 주변 세계의 밝거나, 반짝이거나, 움직이는 것들에 이끌린다. 연구자들은 이를 외부 세계의 '돌출된 특징(salient feature)'이라고 부른다. 상향식 처리는 이 '돌출된 특징'이 우리 눈에 띄기 쉽게 말 그대로 '두드러지기' 때문에 자동으로 이뤄진다.[7] 우리 뇌는 이 정보를 수신해 우리를 둘러싼 세계의 돌출된 특징을 표시한 '돌출 지도(saliency map)'를 만든다. 우리의 주의는 이 지도가 신경 활동을 유도하는 위치에 집중돼 있다. 그 위치가 가장 중요해서일 것이다. 연구자들은 '돌출 지도'를 생성하는 뇌 부위가 우리의 오랜 친구 전두엽의 '전두 안구 영역'임을 확인했다.[8] 앞에서 언급한 것처럼 '전두 안구 영역' 뉴런이 눈의 움직임을 제어해 주변 공간의 특정 위치로 시선을 향하게 하므로 '돌출 지도'가 이곳에서 만들어진다는 것도 충분히 수긍할 만하다.

'외측 두정내 피질'도 '돌출 지도'와 관련이 있는 부위다. 기억하겠지만 '외측 두정내 피질'과 '전두 안구 영역'의 신경 세포는 서로 긴밀히 교신한다. 한 연구에 따르면 이 주의 회로는 '오드볼 과제(Oddball Task)'를 통해 활성화할 수 있다. 오드볼 과제를 설명하려면 제6장에서 언급한 'ERP(사건 관련 전위)'를 떠올려야 한다(잠깐 다시 읽고 와도 된다). ERP 파동에도 이름이 있다고 했는데, 오드볼 과제에서는 'P300'이 핵심이다. P300은 자극 후 약 300밀리초 뒤에 나타난 양전위 ERP 파동을 지칭한다. 이 말은 P300을 방출케 하는 자극이 있다는 뜻이기도 하다. 그런 자극이 '오드볼(이상한 공)'이라고 이해하면 된다. 통상적으로 오드볼도 시각적 자극과 청각적 자극이 있다. 이 연구에서는 시각적 자극으로 실험했다. 일종의 '틀린 그림 찾기'였다. 연구팀은 실험 참가자들에게 모니터에 한꺼번에 나열된 이미지 중에서 '다른 것들과 같지 않은' 이미지를 찾아달라고 요청했다. 그 이미지가 P300를 방출케 하는 '표적 자극(오드볼)'이었다. 이를 확인한 뒤 연구팀은 실험 참가자들에게 오드볼이 나타나지 않을 특정 위치에 시선을 집중하라고 한 뒤 그곳에서 멀리 떨어진 곳에 오드볼이 위치한 다음 이미지 모음을 제시했다. 그 결과 이때도 '외측 두정내 피질'과 '전두 안구 영역'의 뉴런이 오드볼에 즉각적으로 반응하면서 P300이 방출됐다. 이는 해당 부위 신경 세포군이 하향식 처리에 응하지 않고 상향식 처리에 자동으로 반응한다는 증거였다. 말하자면 오드볼은 안 보려야 안 볼 수 없는 외부 세계의 '돌출된 특징'인 것이다.[9]

우리가 주변 세계를 바라볼 때 상향식 주의 체계는 받아들인 정보를 전두엽 피질의 중앙 처리 장치로 전송해 얼마나 많은지, 얼마나 큰지, 어떤 색깔인지, 어떤 냄새인지, 어떤 촉감인지, 어떤 소리인지 분석

기회의 심리학

하게 한다. 맛있는 간식에 주의를 기울이는 동안 여러분 귀는 방금 오
븐에서 쿠키가 완성됐다는 타이머 알람 소리가 들렸다고 전하고, 눈
은 모양과 색깔 정보를 보내고, 코는 초콜릿과 설탕이 들어 있다고 알
려주고, 손가락 피부는 적당히 뜨겁고 부드럽다고 보고한다. 그러면 전
두엽 피질은 쿠키를 먹으라는 명령을 하달한다. 여러분의 입과 혀는
부드럽고 달콤하다는 정보를 올려보내고, 위장은 출출함이 사라져 포
만감을 느낀다고 전달한다. 이처럼 '상향식 처리'는 '자극'이 유도하지
만, 전두엽 피질이 명령을 하달하는 '하향식 처리'를 유도하는 것은 '기
대'다. '기대'는 쿠키가 얼마나 맛있고 든든한지에 관한 여러분의 '기억
(경험)' 수준에 달려 있으며, 여러분의 행동 목표인 쿠키 먹기에 성공했
을 때 전두엽 피질로 보고되는 '만족감' 정도에 비례해 강렬해진다.

　상향식 처리가 우리의 감각 기관이 주변 세계를 '포착'하는 것으로
시작한다면, 하향식 처리는 '목표'에서 출발한다. 후미 카츠키와 크리
스토스 콘스탄티니디스는 하향식 처리를 "현재 목표와 관련한 특정
위치나 특징 또는 개체를 집중적으로 선택해 검토하는 자발적 과정"
이라고 설명했다.[10] 우리가 주변 세계의 특정 지점에 주의를 집중할 때
하향식 주의 체계는 해당 지점에 관한 정보를 받는 뉴런 활동을 촉진
한다. 동시에 관련 없는 자극에 대한 신경 반응은 억제한다.

　'외측 두정내 피질'과 '전두 안구 영역'을 포함하는 전두엽의 복잡한
피질 영역이 우리가 다음에 해야 할 행동을 안내하는 하향식 처리에

관여한다. 사실상 상향식 처리를 수행하는 영역과 동일한 신경 세포 영역이 우리 행동을 지시하는 목표 지향적 하향식 처리 신호를 생성한다. 일테면 '전두 안구 영역'의 뉴런은 보상 위치를 예측하는 주의 체계의 일부로 추정된다.[11] 이 부위 신경 세포군은 보상에 대한 '기대'를 코딩하고 있다. 이곳 뉴런은 우리가 시선을 잘못 향할 때도 반응하는데, 이는 이 부위가 우리 행동의 성공과 실패를 모니터링하는 신경 회로의 일부임을 시사한다. 운 좋은 사람들은 이 주의 체계를 운 나쁜 사람들과 다르게 또는 더 잘 활용해 목표 달성 성공률을 높이고 있다.

엄밀히 말하자면 주의 체계의 상향식 처리와 하향식 처리 사이의 물리적 구분은 어렵다. 이 두 가지 체계는 "정보 출처와 상관없이 매우 복잡하게 얽혀 있으며, 현재 가장 능동적인 활동을 불러일으키는 위치나 개체에 주의를 집중한다"고 생각하는 편이 이해하기 쉬울 것이다.[12] 하지만 물리적 구분이 어려울 뿐이지 두 체계로 이뤄진다는 데는 이견이 없다. 우리 뇌가 상향식 및 하향식 처리를 수행하는 방식의 차이가 우리 각각을 독특하고 개성 있게 만드는 요소 중 일부다. 물론 메커니즘은 똑같다. 우리 뇌가 행동 계획을 수립하는 과정에서 한 가지 특징은 그 계획을 수립할 때 이미 알고 있던 정보를 활용한다는 점이다. 어찌 보면 당연한 이야기지만 우리 뇌는 과거에 이용했던 정보가 기억 은행에 보관돼 있으면 문제를 해결하거나 행동을 결정하고자 해당 정보를 인출한다. 이때 우리가 전혀 기억나지 않는 정보에 의존하기도 하는데 그것이 '직감'이다. 직감은 사실 우리가 기억하고 있다는 사실조차 모르는 과거의 지식(정보)이다. 리처드 와이즈먼이 직감에 주목한 이유가 여기에 있다. 운이 좋은 사람들은 "행운의 예감에 귀 기울인다"는 '원칙 2'는 엄연히 사실이다. 운이 따르는 사람들은 과거에 경험한 행운의 단서, 즉 '직감'을 무시하지 않는다. 자신의 직감을 믿고 과감하게 움직이는 것이다.

직감은 틀리지 않는다

'본능적인 직감'인 '직관(直觀, intuition)'은 우리 뇌에 범람하는 감각의 지속적인 흐름에서 패턴을 인식하는 능력이다. 누구나 직관력을 갖고 있다. 우리는 이성보다 직관을 이용해 결정하는 때가 훨씬 많다. 독일 신경과학자 키르스튼 폴츠(Kirsten Volz)와 D. 이브 폰 크라몬(D. Yves von Cramon)은 우리가 두 가지 방식으로 결정을 내린다고 설명했다. 하나는 '이성'이다. 어떤 결정은 신중하게 생각해야 하며, 그러려면 우리 기억 속 지식과 협의가 필요하다. 이런 결정은 의도를 갖고 수행해야 하는 매우 골치 아픈 작업이고 상대적으로 시간도 오래 걸린다. 다른 하나는 '직관'이다. 직관적인 결정은 빠르고 의도적인 주의를 요구하지 않지만, 이성적인 결정만큼이나 유용하다. 부인할 수 없이 직관

기회의 심리학

은 우리가 다음에 무엇을 해야 할지 결정하는 중요한 방법이다. 살면서 우리는 어떻게 왜 아는지 모르는데도 무언가를 알고 있는 경험을 하고 있다. 두 사람은 직관을 이렇게 묘사했다.

인간은 의식적인 주의 없이도 자신에게 영향을 미치는 일련의 감각 패턴을 지속해서 인식함으로써 직관을 형성한다. 그 결과 인지한 일관성에 따라 생각과 행동이 편향되는데, 이 직관은 이전 경험의 전체 흐름을 반영하는 정신적 표상에 의존한다.[13]

직관을 좀더 쉽게 표현하면 의미 있는 무언가를 모호하고 흐릿하게, 그러나 재빠르게 느끼는 것이다. 운이 좋은 사람들은 운이 나쁜 사람들보다 이런 흐릿한 느낌에 더 주의를 기울인다. 자신들의 직관에 따라 주변에서 일어나는 일에 적극적으로 뛰어들거나 서둘러 벗어난다.

직관을 신경생물학적으로 연구한 어떤 실험에서 연구팀은 실험 참가자들에게 일관적이거나 비일관적인 시각 자극을 제시한 뒤 최대한 빨리 응답하도록 요청했다. 실험 참가자들은 일관적인 이미지에는 신속히 응답했고 비일관적인 이미지에는 다소 늦게 반응했다.[14] 실제로 우리가 일관적인 자극을 빠르게 인식하는 것은 놀라운 일이 아니다. 이미 머릿속에 패턴으로 각인된 직관이 순식간에 이미지를 인지하고 그것이 무엇인지 결정하기 때문이다. 일관성에 대한 느낌은 우리의 감각 체계 전체에서 찾을 수 있다. 일테면 키르스튼 폴츠 연구팀은 청각 자극을 활용한 다른 실험에서 피험자들에게 어떤 소리인지 설명하지 않고 "교회 종소리, 하수구로 물 지나가는 소리, 식사용 날붙이가 딸 가닥하는 소리 등"을 제시한 뒤 일관성을 느끼면 재빨리 응답하도록 요청했는데, 중간중간 잡음이나 거꾸로 재생한 소리처럼 아무런 맥락 없는 '비일관적인' 소리도 끼워 넣었다. 이 실험에서는 fMRI를 이용해 실험 참가자들의 뇌 활동을 지도화했다.[15]

실험 참가자들은 소리가 규칙적이고 왜곡 없이 재생될 때 빠르고 정확하게 응답했다. 청각 자극으로 활성화한 뇌 영역 또한 시각 자극에서 나타난 영역과 유사하게 반응했다. 달리 말해 청각 정보를 처리하는 측두엽 부위도 시각 정보를 처리하는 후두엽 부위처럼 활성화했다. 그런데 다소 특이하게도 '안와 전전두 피질' 영역이 먼저 반응했다. 키르스튼 폴츠 연구팀은 감정 조정과 억제를 담당하는 안와 전전두 피질도 대부분 감각 정보에 반응해 "신속한 감지기 및 예측기" 역할을 한다고 새롭게 결론 지었다.[16] 안와 전전두 피질이 그동안 사물 인식에 관여한다고 알려진 뇌 영역보다 '빠르게' 활성화한다는 것은 이곳이 해당 감각 정보가 '진짜'인지 판단하기 위해 가장 '핵심'이 되는 정보를 먼저 받아들인다는 사실을 암시한다.

한편 스페인 신경과학자 호아킨 푸스테르(Joaquin Fuster)는 사물의 정체를 직관적으로 인식하는 과정에 안와 전전두 피질이 관여한다고 표현했다.[17] 요컨대 우리 오랜 친구 전두엽의 이 영역은 감각 체계로부터 받은 정보를 가장 먼저 검토해 그것이 진짜인지 그리고 무엇인지 판단하는 중요한 부위다. "직감을 따르라"는 오래된 격언을 읽을 때면 언제나 '안와 전전두 피질'을 떠올려야 할 것 같다.

호아킨 푸스테르에 따르면 안와 전전두 피질은 우리가 빨리 되풀이해서 내리는 몇 가지 다른 결정과도 관련이 있다. 예를 들면 다른 대상과 비교해 상대적 가치를 판단하고, 우리 행동의 결과를 추적하고, 상황을 지배한 규칙을 기억하고, 더는 유효하지 않은 규칙에서 새롭고 더 나은 규칙으로 전환하고, 나아가 우리의 감각 체계에서 생성한 정보에 대한 기억을 만들어내는 것까지 수행한다.[18] 이와 같은 모든 작업을 통틀어 앞서 언급한 '실행 기능'이라고 부른다. 우리 주변 세계와의 일상적 상호 작용을 안내하거나 지시하고, 목표 달성을 할 수 있도록 우리 행동을 융통성 있게 조정하는 모든 결정이 '실행 기능' 범주에 속한다.

피니어스 게이지처럼 전두엽의 전전두 피질, 특히 안와 전전두 피질에 영구적 손상을 입은 사람은 '실행 장애 증후군(dysexecutive syndrome)'이라는 실행 기능 장애를 겪게 된다. 적게는 한두 가지에서 많게는 수십 가지에 이른다. 호아킨 푸스테르는 이를 다음과 같이 설명했다.

주의력, 작업 기억력, 계획력, 통제력, 억제력 등에 문제가 발생하며, 이 가운데 몇 가지 문제라도 의사결정 및 조직화 행동을 무력화한다. 실행 장애 증후군 환자는 물리적 활동은 물론 심리적 활동 전반에 걸쳐 제약을 받기에 삶이 고통스럽다.[19]

실행 장애 증후군 환자는 크고 작은 목표 달성을 위한 결정을 내리는 데 엄청난 어려움을 겪을뿐더러 목표 달성과 무관한 일들도 무시하지 못한다. 아주 단순한 목표도 설정할 수 없다. 어떤 물건을 집을 때도 목표가 있어서가 아니라 그저 거기에 있으니까 집는다. 무엇이든지 눈에 보이면 만지고 집어야 한다는 강박감을 느끼는 듯하다. 가능성으로 가득한 세상에서 실행 장애 증후군 환자는 아무 물건이나 만지작거리고 싶은 충동을 억제하지 못하고 갈 길을 잃는다. 주변 사람들이 무엇을 하든 상관없이 무조건 따라 하고 싶다는 충동도 억누르지 못한다.

주변 사물이 무엇인지, 그것이 우리에게 어떻게 도움이 되는지 신속히 판단하는 능력을 상실하면 간단한 목표 달성도 힘들어진다. 실행 장애 증후군 환자는 주의를 집중할 수 없고 중요하지 않은 것들을 걸러낼 수 없어서 결과적으로 잘못된 결정을 내린다. 반면 전두엽이 멀쩡한 우리 같은 사람들은 어떨까? 우리의 중추 신경계가 제공하는 모든 능력에는 다양한 힘이 있다. 각자 정도의 차이만 있을 뿐이다. 그리

기회의 심리학

고 우리가 가진 그 능력을 얼마나 잘 사용하는지에 따라서도 달라진다. 이와 관련해 또 다른 연구팀은 남들보다 운 좋은 사람들은 목표 달성을 위한 최선의 방식으로 실행 기능을 사용한다고 주장했다.

운 없는 사람들의 뇌

존 몰트비를 중심으로 구성된 다른 연구팀은 스스로 자꾸만 운이 없다고 믿는 사람들의 뇌에서 실행 기능에 문제가 있음을 발견했다.[20] 연구팀은 인지 능력을 적용하는 데 어려움을 겪거나 실행 기능을 효과적으로 사용하지 못하는 사람들은 문제 해결에 실패하는 경우가 많다고 지적했다. 목표 달성에 실패한 경험은 스스로 운 없는 사람이라고 믿게 만들 수 있다. 운이 나빠서 실패한 게 아니라, 실패해서 운이 나쁘다고 여기는 것이다. 목표 달성 실패는 뇌의 인지 능력 또는 실행 기능과 관련이 있다. 그래서 존 몰트비 연구팀은 '운 없음'에 우선하는 '실행 기능' 결함을 살피고자 했다. 운이 없다고 믿는 사람들의 실행 기능에 결함이 있다면 운과 인지 능력 사이의 우선순위가 확실히 정해질 것

기회의 심리학

이다.[21]

실행 기능이 정상적으로 작동하는지 확인할 방법은 여러 가지가 있으며, 우리 뇌가 이와 같은 인지 능력을 어떤 방식으로 사용하는지는 전세계 수많은 연구실에서 지금도 활발한 실험이 이뤄지고 있다. 존 몰트비 연구팀은 실험 참가자들을 대상으로 학계에서 두루 인정하는 세 가지 실행 기능을 테스트했다. 첫 번째는 '전환(shifting)'으로, 수행하던 과제의 요구 사항이 변경됐을 때 즉각적으로 생각을 바꿀 수 있는 능력이다. 연구팀은 '문자/숫자 테스트(Letter/Number Test)'를 활용해 실험 참가자들의 사고 '전환' 능력을 평가했다. 실험 참가자들은 〈그림 7.2〉처럼 컴퓨터 모니터에서 가로 두 칸 세로 두 칸짜리 '2×2' 사각형 패턴을 보게 된다. 실험자는 피실험자에게 앞으로 나타날 시각 자극에서 문자가 자음인지 모음인지만 인지하고 숫자는 무시하라고 설명한다. 처음 실험 참가자가 처음 수행할 과제는 '문자'가 자음이면 컴퓨터 키보드의 특정 키(b)를 누르고 모음이면 다른 키(n)를 누르는 것이다. 일테면 〈그림 7.2〉에서와 같이 먼저 좌측 상단 사각형에 'M3'라는 '문자/숫자' 조합이 나타난다. 피실험자가 '3'은 숫자이니 무시하고 'M'은 자음이므로 'n' 키를 누르면, 'M3'은 사라지고 우측 상단 사각형에 'D4'가 나타난다.

피실험자가 'D'도 자음이니 'n' 키를 누르는 순간 우측 하단 사각형에 'B5'가 나타나는데, 이때 실험자는 피실험자에게 문자는 무시하고

그림 7.2 | 문자/숫자 테스트의 예.

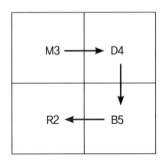

'숫자'가 홀수이면 'b', 짝수이면 'n'을 누르라고 요구한다. 과제가 바뀌는 것이다. 피실험자가 'B'를 무시하고 '5'가 홀수이므로 'b' 키를 누르면 'B5'는 사라지고 좌측 하단 사각형 'R2'가 나타난다. '2'는 짝수이니 'n'을 누르면 'R2'는 사라지고 좌측 상단에 '문자/숫자' 조합이 나타나면서 과제가 다시 '문자' 인지로 바뀐다. 이렇게 연습 게임을 하고 난 뒤 본격적인 테스트가 진행된다.

설명은 끝났다. 이제 실험 참가자들은 '2 × 2' 사각형 좌측 상단에서부터 시계 방향으로 상단 좌측과 우측은 '문자'를 인지해 적절한 키를 누르고, 하단 우측과 좌측은 '숫자'를 인지해 적절한 키를 눌러야 한다. 키를 잘못 누르면 다음 '문자/숫자' 조합이 나타나지 않고 시간만 흐른다. 쉬워 보인다고 생각했다면 절대로 그렇지 않다고 말해주고 싶다. 보기보다 상당히 어렵다. 두 칸마다 사고 전환을 빠르게 해야 하기에 뇌의 '전환' 기능 평가 테스트 중 어려운 축에 든다. 존 몰트비 연구팀은 실험 참가자가 키를 제대로 눌러 응답하기까지의 시간과 오류 횟수를 측정했다. 전환 기능이 떨어지는 사람들은 그렇지 않은 사람보다 키를 누르는 속도가 느렸고 오류도 많았다. 그리고 이들 대부분은 운이 없다고 응답한 사람들이었다.

존 몰트비 연구팀의 두 번째 실행 기능 테스트는 '억제(inhibiting)', 즉 어떤 행동을 '하지 않는' 능력으로, 심리학자들이 종종 충동에 대한 '우세 반응(prepotent response)'이라고 부르는 자동적 반응이다. 억제 능력을 평가할 가장 좋은 방법은 앞서 살펴본 '스트룹 테스트'이며 존 몰트비 연구팀도 이를 이용했다. 이미 설명했으나 테스트 방식을 간략히 짚고 넘어가면, '파랑(BLUE)' 잉크로 쓰인 '빨강(RED)'을 보고 글자가 아닌 색깔을 말해야 하는 과제다. 즉, '색깔-글자' 불일치를 극복해야 한다. 이 과제를 성공적으로 수행하려면 글자를 먼저 읽는 경향을 억제할 수밖에 없다. 이 테스트에서도 마찬가지로 응답하기까지의 시간과 오류 횟수를 측정했다. 예상했다시피 억제 능력이 부족한 사람들은 스스로 운 없다고 여기는 경향이 강했다.

마지막 세 번째 실행 기능 테스트는 문제 해결 과정에서 미리 정해지지 않은 다양한 대안적 해결책을 모색하는 '확산적 사고(divergent thinking)'였다. 그 반대인 '수렴적 사고(convergent thinking)'는 활용

가능한 선택지를 폭넓게 고려하기보다 알고 있던 정보로만 안전하고 확실하게 대안을 찾으려는 생각을 말한다. 일반적으로 우리는 문제를 해결할 때 두 가지 사고 태도를 모두 취하지만, 직면한 문제 유형에 따라 조금씩 달라진다. 예를 들어 객관식 시험 문제를 풀 때 나열된 항목 말고 다른 선택지를 생각하는 것은 이치에 맞지 않는다. 이런 상황에서는 수렴적 사고가 필요하다. 반면 여러분이 완전히 새로운 상황에 부닥쳤을 때는 가능한 모든 선택지를 고려하는 확산적 사고로 난관을 타개해나가야 한다.

확산적 사고 능력을 평가하고자 존 몰트비 연구팀이 채택한 테스트는 심리학자 조이 폴 길포드(Joy Paul Guilford)가 고안한 '대체 사용 과제(Alternate Uses Task)'였다. 연구팀은 실험 참가자들에게 탁구공 같은 평범한 물건을 나눠준 뒤 2분 동안 최대한 많은 용도를 제시해달라고 요청했다. 이 테스트는 기발한 아이디어를 유도하므로 확산적 사고를 측정하는 데 제격이다. 네 가지 범주로 나눠 각각 점수를 매기는데, 아이디어의 '독창성(originality)'과 아이디어 개수에 따른 '유창성(fluency)', 용도 범위가 얼마나 넓은지를 보여주는 '유연성(flexibility)', 아이디어의 정밀함을 따지는 '정교성(elaboration)'이다. 점수가 높을수록 확산적 사고 능력이 높다고 볼 수 있다. 역시나 스스로 운 없다고 믿는 사람들은 이 테스트에서 낮은 점수를 받았다.

존 몰트비 연구팀은 여기에 더해 직접 손으로 작성하는 지필 검사와 설문 조사도 진행했다. 여기에서는 캐나다 경영학자이자 마케팅 전문가 피터 다크(Peter Darke)와 심리학자 조너선 프리드먼(Jonathan Freedman)이 고안한 '운에 대한 믿음 척도(Beliefs Around Luck Scale)'를 토대로 실험 참가자들에게 받은 '실행 장애 설문(Dysexecutive Questionnaire, 이하 DEX)'을 분석했다. DEX는 실행 기능 평가 지표로 널리 활용되는 설문 양식이다. DEX 점수가 높으면 '실행 기능 장애' 수준도 그만큼 높다. 설문 조사에서 자신이 운 없다고 응답한 사람들은 DEX에서도 더 높은 점수를 받았다. 다시 말해 '운에 대한 믿음 척도'에서 불운 항목이 높은 사람들은 DEX 분석 결과 '실행 기능 장애'로 판정됐다. 실험 참가자들 가운데 자신이 불운하다고 응답한 이들은 낮은 '자기효능감'과 '자아강도'를 보였다. 스스로 운 좋다고 응답한 사람들보다 성격의 방향이 내향적이고 새로운 경험에도 폐쇄적이었다. 정리하자면 자신이 운 없다고 스스로 규정한 사람들은 존 몰트비 연구팀의 '실행 기능' 테스트, 즉 '전환', '억제', '확산적 사고' 능력 평가에서 좋은 결과를 보여주지 못했고, '실행 장애' 정도를 알아보는 DEX에서 높은 점수가 나왔다. 이는 운이 없어 기회를 못 잡았던 게 아니라 뇌의 실행 기능에 문제가 있어서 운도 따라주지 못하고 기회도 못 잡았다는 명확한 증거다.

그렇다면 스스로 운이 좋다고 여기는 사람들은 어떨까? 그 믿음이 목표를 계획하고 달성하는 뇌의 실행 능력에 좋은 영향을 미칠까? 라이자 데이와 존 몰트비의 이전 실험으로 돌아가보자. 두 사람은 스스로 운 좋다고 믿는 실험 참가자 그룹의 인지 능력을 검사했다.[22] 그 결과 운 좋다고 여기는 사람들이 운 없다고 생각하는 사람들보다 자신의 앞날을 더 낙관적이고 희망차게 보는 경향이 있음을 확인했다. 행운이 따라주리라는 믿음이 강할수록 목표 달성을 향한 의지가 강했고 그 의지도 쉽게 꺾이지 않았다. 행운을 믿는 사람들은 목표에 도달하려면 약간의 운이 필요하다고 여기면서도 결국 목표는 이뤄지리라고 확신했다. 근거가 없어 보이기까지 한 그들의 자신감은 운을 자신이 통제할 수 있는 내적 특성으로 보는 관점과 연결돼 있었다. 운을 통제 불가능한 외적 특성으로 보는 사람들은 목표 달성에 대한 실행 기능이 떨어졌고 자신감도 낮았다. 라이자 데이와 존 몰트비는 '희망', '낙관주의', '자신감'이 합쳐져서 운 좋다고 믿는 사람들이 운 없다고 여기거나 아예 운 따위는 믿지 않는 사람들보다 난관에 봉착할 때 더 끈질기게 목표를 붙잡고 나아갈 수 있다고 강조했다.

스트룹 테스트로 실험 참가자들의 'ERP(사건 관련 전위)'를 측정한 하이메 마르틴 델 캄포 리오스와 동료 연구자들의 연구도 기억해보자. 이 실험에 존 몰트비도 참여했는데, 이때 그는 스스로 운 없다고 여기는 사람들은 실행 기능에 문제가 있다는 그의 주장을 뒷받침할 신경생리학적 증거를 발견했다.[23] 자신이 운 없다고 믿는 사람들은 대조군보다 '주의 선택'과 '주의 통제' 모두에서 반응이 늦었지만, 특히 '주의

기회의 심리학

통제'를 나타내는 후기 ERP 파동이 늦게 방출됐다. ERP 파동 중에서 우리가 '실수'할 때 나오는 'ERN(오류 관련 음전위)'도 후기 ERP 파동이며 앞서 설명한 대로 '전대상 피질'에서 방출한다. 테스트를 받던 중 실수를 저질렀을 때, 즉 ERN을 방출할 때 유난히 크게 화를 내거나 부모님이 하지 말라는 말을 자주 내뱉은 실험 참가자 대부분은 운 나쁘다고 여기는 사람들이었으며, 이 역시 실행 기능 문제에서 기인했다고 할 수 있다.

심리학자이자 신경과학자 마리 배니치(Marie Banich)는 전두엽의 실행 기능을 '케스케이드 제어 모델(cascade of control model)'로 설명했는데, '케스케이드 제어'란 쉽게 설명하면 서로 연결된 수많은 제어 단위가 연동해 통제하는 방식을 말한다. 우리 뇌가 1,000억 개의 뉴런으로 이뤄져 있다는 사실을 떠올려보면 이해가 빠를 것이다. 케스케이드 제어 모델은 전두엽의 '배외측 전전두 피질'과 '전대상 피질'을 포함한다.[24] 이 두 영역이 함께 작동하면서 스투룹 테스트와 같은 문제에 실행 기능을 적용하게 된다. 우선 배외측 전전두 피질에서 우리가 세상에 주의를 기울이도록 하는 '주의 편향' 또는 '주의 선택' 회로를 발동한다. 스트룹 테스트는 글자 색깔에 반응해야 하므로 배외측 전전두 피질은 색깔에만 우리 주의를 편향시키고 글자를 읽으려는 반응은 억제하고자 '주의 통제' 회로를 가동한다. 동시에 배외측 전전두 피질은 이를 학습해 기억 은행에 보관한다. 이처럼 주의를 편향시키고 통제하면서 학습한 데이터는 우리 뇌의 역사이자 판례가 되어 앞으로 스트룹 테스트 식의 문제에 직면했을 때 편향(선택)과 통제를 더 능숙히 할 수 있게 해준다.

이후 배외측 전전두 피질은 전대상 피질에 신호를 보낸다. 전대상 피질은 두 가지 작업을 수행해야 한다. 작업 요구에 응답하는 신호를 생성하고 응답의 정확성을 평가해야 한다. 만약 실수하게 되면 배외측 전전두 피질에 다시 신호를 보내 주의의 하향식 처리를 약간 강화하라고 요청한다. 그런데 이때 잘못된 선행 학습이나 운 없다는 부정적 세뇌로 인해 역량이 부족해진 배외측 전전두 피질은 전대상 피질의 하향식 처리 강화 요구에 제대로 응하지 못한다. 그러면 오류가 발생한다. 반대로 선행 학습이 착실하게 이뤄졌거나 운 좋다는 긍정적 세뇌로 단련됐다면, 배외측 전전두 피질은 전대상 피질의 신호에 즉각적으로 대응해 응답 시간과 성공률 모두에서 향상된 결과를 보여준다.

엄청나게 복잡한 메커니즘을 너무 쉽게 설명한 것 같지만 핵심은 같다. 우리 뇌의 실행 기능 역량은 이전에 축적된 학습 경험에 의존하며, 그 경험이 더 많이 쌓일수록 실행 기능이 더 향상되고 미래의 학습에도 좋은 영향을 미친다. 인간의 가장 놀라운 능력은 '더 잘하는 방법'을 배울 수 있다는 것이다. 운 없다는 자괴감 따위 당장 집어치우고 생각을 좀더 유연하게 해보자. 나쁜 기대가 아니라 좋은 기대를 많이 하자. "생각하는 대로 살지 않으면 살아가는 대로 생각하게 된다"는 명언을 남긴 프랑스 소설가 폴 부르제(Paul Bourget)는 직업만 아니었을 뿐 심리학자였다. 저 말은 우리 뇌의 메커니즘에 그대로 적용된다. 주변 세계에 더 많은 주의와 관심을 기울이면서, 사물을 너무 논리적으로만 바라보지 말고 여러분의 직감에 힘을 실어주자. 이것이 운이 좋아지는 방법이다. 진실이고 과학이다.

행운의 값비싼 미소

행운은 모든 곳에 손을 뻗치나니.
낚싯바늘을 항상 드리우라.
그대가 기대하지 않던 개울에
물고기가 있으리니.

오비디우스

운과 기회는 뇌의 산물

연구자들이 늘 어려워하는 고민이 새로운 연구 주제를 찾는 일과 새로운 연구 방향을 결정하는 일이다. 어떤 연구자들은 구할 수 있는 모든 자료를 읽는 것을 선호하고, 어떤 연구자들은 동료 학자들과 상의하는 것을 좋아하며, 또 어떤 연구자들은 목록을 만들기 위해 브레인스토밍을 반복하기도 한다. 이런 것 말고도 다음 연구 주제나 방법론을 찾는 방법은 여러 가지가 있을 것이다. 나는 골고루 해보는 편이다. 평소 책이나 논문을 읽으면서 메모해두고 동료들과 의견을 나누거나 혼자서 이런저런 그림을 그려보기도 한다. 그냥 흐름에 몸을 맡긴 채 무작위적인 기회를 따르는 방식도 즐긴다.

나는 머릿속에서 어떤 아이디어가 떠올랐는데 그것이 꼬리에 꼬리

기회의 심리학

를 물면서 계속 연결될 때가 가장 재미있다. 이 책도 그러다가 쓰기 시작했다. 너무 재미있을 것 같았다. 여러분은 지금까지 어떻게 읽었는지 모르지만 나는 정말이지 이 책을 쓰는 게 재미있었고, 이제 마지막 장을 마무리하고 있는 지금도 아이디어가 계속 떠오른다.

내가 처음 아이디어를 떠올리게 된 계기는 학생들 덕분이다. 심리학 전공 수업을 시작하기 전 시간이 잠깐 남아서 학생들에게 그야말로 아무 질문이나 무작위로 던졌더랬다. 여러분도 수업 시작 전이나 쉬는 시간에 친구들과 '아무 말 대잔치'를 펼쳐본 적이 꽤 있을 것이다. 어제 있었던 일, TV 속 한 장면, 읽고 있는 책, 유행하는 옷, 대세로 떠오른 연예인… 오고 가는 대화가 아닌 말과 말이 섞여 무슨 이야기인지 모르겠고, 저쪽에서 의자 끄는 소리, 누구는 기침하고 누구는 깔깔 웃고, 이 즐거운 혼돈을 경험해본 적 여러분도 당연히 있을 것이다.

나도 그날 그렇게 강의실에 먼저 온 학생들과 한참 수다를 떨다가 빈 자리가 제법 채워질 무렵에는 곧 강의할 내용과 어젯밤 우연히 읽은 글에 대해 떠올리고 있었다. 인터넷을 검색하던 중 발견한 소논문이었는데 글쓴이가 내 친구였다. 친구도 나와 같은 심리학자이자 신경과학자였기에 반사적으로 눈이 갔다. 평소 같았으면 눈에 잘 띄지 않는 주제였다. 그런데 신기하게도 우연한 기회에 친구 이름을 발견하고 궁금해져서 그 소논문을 끝까지 읽을 수 있었다.

그 친구는 도미니칸대학교 심리학 교수이자 신경과학 프로그램 책임자 로버트 컬린-제이지먼(Robert Calin-Jageman)으로, 논문은 우리가 제4장에서 살펴본 독일 심리학자 리산 다미시와 동료 연구자들의 실험을 복제해 미국 학생들에게 재현한 과정을 서술하고 있었다.[1] 내가 제4장의 '주 45'에서 밝혔듯이 그는 그 실험을 미국에서 그대로 재현했으나 동일한 결과는 얻지 못했다.[2] 주술적 사고, 미신, 행운에 대한 믿음이 독일 학생들의 성과는 향상했지만, 공교롭게도 미국 학생들은 그렇지 못했다. 나는 친구에게 이메일을 보내 왜 결과가 다르게 나온 것 같냐고 물었다. 이후 우리는 몇 차례 더 이메일을 주고받으며 문화, 기대, 무작위성의 과학적 역할 등에 관한 의견을 나눴다. 그러고 나서 우리 두 사람은 저마다 일상으로 돌아갔다. 하지만 마음 한구석에서 계속 석연치 않은 물음이 떠나지 않았다.

그러던 어느 날, 여느 때처럼 나는 강의실에 일찍 와서 맨 앞줄에 앉아 있던 학생들과 수다를 떨다가 불쑥 운에 대해 어떻게 생각하는지 물어봤다. 놀랍게도 이들의 대답은 다른 모든 학생의 생각이 궁금해질 정도로 내 예상을 빗나갔다. 그래서 그날의 강의 주제인 통계 의존 경향을 논의하기 전 아예 본격적인 설문 조사를 해보기로 했다. 나는 학생들에게 자신이 운 좋다고 생각하는 사람 손 들어보라고 했다. 그랬더니 서너 명만 손을 들었다. 흠…. 그래서 이번에는 자신이 운 없다고 생각하는 사람 손 들어보라고 했다. 그러자 강의실에 있는 나머지 학생들이 전부 손을 들어 올렸다. 정말로? 설마 모두가 스스로 불운하다

기회의 심리학

고 여기는 거야? 어쩜 그럴 수 있지? 너희들은 모두 젊고 똑똑하고 앞
길이 창창하잖아. 더구나 수많은 훌륭한 지도자와 학자를 배출해온,
평판 좋고 다들 부러워하는 학교에 다니고 있잖아. 아직 몸도 마음도
건강하고 무엇이든 도전해볼 수 있는 나이잖아. 너희들은 이제 시작이
라고. 앞으로 넘친 게 기회라고. 그런데도 어떻게 불운하다고 생각할
수 있는 거니!

　당시 나는 정말로 충격받았다. 선생으로서 자괴감이 들 지경이었다.
이대로는 견딜 수 없어 도대체 무슨 일이 일어나고 있는지 확실히 알
아보고자 정식으로 실험을 진행했다. 내 친구 대학 실험실은 미국 중
서부에 있고 나와 학생들은 남동부에 있으니 지역적 차이로 다른 결
과가 나올 수 있었을까? 유감스럽게도 그렇지 않았다. 우리 실험에서
도 독일 리산 다미시 연구팀의 결과를 재현하지 못했다. 이때부터 학
문적 관심이 제대로 생겼다. 나는 행운과 불운이 신경과학적으로 무
엇을 수반하는지 궁금했다. 운과 기회에 관해 설명한 모든 자료를 뒤
졌다. 문화, 신화, 역사, 미신, 주술 관련 자료를 모두 섭렵하고 내 전문
분야인 신경과학과 어떤 연결고리가 있는지 분석했다. 여러분도 이해
하다시피 우리의 모든 생각과 행동은 뇌에서 나온다. 아무리 다른 것
에서 찾으려 해도 그 근원은 우리 뇌다. 여러분의 뇌가 여러분이다. 내
가 배우고 가르치는 학문이 신경과학인 데다 나는 세상에서 가장 멋
진 것이 우리 뇌라고 확신하기에, 운과 기회의 메커니즘 또한 뇌를 파

헤치면 알아낼 수 있다고 생각했다. 과연 우리 뇌는 우리 삶에서 마주하는 무작위 사건을 어떻게 수용하고 처리할까? 이것이 내 핵심 질문이었다. 왜냐하면 그 결과가 '행운(불운)'이자 '기회(위기)'이기 때문이다. 그렇게 여러분과 함께 여기까지 온 것이다.

운과 두려움
그리고 우리가 모르는 것

제목이 무색하게도 나는 이 책에서 '기회'라는 용어보다 '운'이라는 용어를 훨씬 많이 썼다. 그렇지만 '운(행운)'은 사실상 '기회'와 같은 말이다. 여기에서 '기회'란 '우연한 기회'다. '무작위성'이 낳은 '기회'다. 무작위성은 매일 매 순간 우리를 둘러싸고 있다. 무작위성은 알 수도 없고 예측할 수도 없기 때문에 어찌 보면 무섭다.

다른 동물도 그렇지만, 인간은 이해하지 못하는 대상을 싫어하는 경향이 있다. 불안 장애를 주로 연구하는 캐나다 임상심리학자 니콜라스 칼튼(Nicolas Carleton)은 '미지의 것'에 대한 두려움이야말로 다른 모든 두려움의 밑바탕을 이루는 근본적인 두려움이라고 말한다. 그는 미지의 것에 대한 두려움을 "지금 일어나고 있는 일과 다음에 일어날 일을 이해하기 위한 정보가 없을 때 생기는 두려움"이라고 정의한다. 이 두려움은 사건을 이해할 "중요하고 핵심적인 정보가 충분치 않을 때 촉발"한다.[3] 그래서 우리 뇌는 이 두려움을 극복하고자 우리가 모르는 세상에 호기심을 갖고 사물의 이치를 탐구하도록 이끈다.

우리가 모르는 것에 호기심을 갖게 되면 심리적 이점이 따라온다. 연구자들은 호기심이 충족될 때 불확실성이 줄어들고 보상과 강화에 반응하는 뇌 회로가 활성화한다는 사실을 발견했다. 배고프면 음식을 섭취하듯이, 모르는 것을 알거나 안다고 여기면 불확실성에 따른 불안감이 줄어들어 삶을 더 잘 통제할 수 있다.[4]

그리고 미지의 것, 이해하지 못하는 것, 우리를 두렵게 하는 대상에 이름을 붙이는 것도 인간인 우리에게는 매우 자연스러운 일이다. 이름을 지어주면 불확실성이 크게 줄어든다. 무언가 잘 아는 듯한 느낌을 받기 때문이다. 그러면 이렇게 생각할 수 있게 된다.

'야, 이 뭔지 모를 무서운 녀석아. 그래, 그게 낫겠다. 네가 네 이름을 말하지 않으니 내가 붙여주지. 네가 누군지 아직 잘 모르겠지만, 다음번에 마주치게 되면 내 반드시 이름을 불러주마.'

이렇게 무작위성에 무엇이 됐건 이름만 붙여도 마치 제대로 처리한 것 같다는 기분이 든다. 실제로 미지의 대상에 이름을 지으면 우리 뇌의 감정 반응 회로인 측두엽 안쪽의 '변연계(邊緣系, limbic system)'를 길들여서 두려움에 특화한 '편도체(扁桃體, amygdala)' 활동이 억제된

다.[5]

인류 역사를 통틀어 우리 인간은 초자연적 존재를 설정해 무작위성을 관리하는 역할을 부여했고, 우주의 기운을 우리에게 유리한 쪽으로 이끌고자 정교한 의식과 주술적 상징을 고안했다. 이 역시 우리 뇌가 한 일이었다. 뇌는 이토록 감당하기 어려운 과제를 수행해왔다. 어떻게든 무작위성이 의미하는 바를 이해해서 다음에 무엇을 해야 하는지 결정하려고 힘써왔다. 우리는 우리가 지닌 모든 인지 능력을 총동원해 무슨 일이 일어났고, 왜 일어났으며, 다음에는 어떻게 해야 하는지를 반복해서 학습함으로써 무작위성에 패턴이 있다고 여기는 데 이르렀다. 그리하여 세상과 삶의 무작위성에 대응해 우리가 내린 결정 및 그에 따른 실행 또는 억제는 이제 '운', '운명', '기회'라는 이름으로 통용됐다.

우리 뇌는 세상에 질서와 이유가 있기를 바란다. 인간의 뇌는 다음에 무슨 일이 일어날지에 대한 완벽한 지식을 추구하면서 패턴을 찾아내 모든 주의와 생각을 그 패턴으로 향하도록 설계됐고 진화해왔다. 동시에 우리 뇌는 그동안 우리가 알고 있던 것이 불완전하고 심지어 진짜가 아닐 수 있음을 완강히 거부한다. 우리는 모든 상황을 통제할 수 있는 것처럼 믿고 행동한다. 이는 잘못이 아니다. 우리 뇌는 죄가 없다. 본래 그런 것이다. '월스트리트의 현자'라 불리는 금융공학자 나심 니콜라스 탈레브(Nassim Nicolas Taleb)는 "어떤 상황이 닥쳐도 지혜롭게 사는 모습"을 보이고 "자신의 운명에 대해 남을 비난하지 말라"면서 "훌륭한 지혜, 올바른 행동, 용기"를 추구한 스토아(Stoa) 철학자들의 '품위'를 강조했고, "행운의 여신도 어쩌지 못하는 유일한 대상은 바로 당신의 행동"이라고 역설했다.[6] 나도 그의 생각에 동의한다. 아울러 나는 신경과학자로서 리처드 와이즈먼과 제임스 오스틴의 접근 방식도 옹호한다. 우리는 무작위성이 제공하는 기회를 더 잘 잡아내고, 무작위성의 흐름에 더 잘 올라타고, 무작위성이 내재한 위험을 더 잘 받아들이는 방법을 배울 수 있다.

여러분 인생에서 우연과 마주했던 모든 시간을 떠올려보자. 그 기회가 여러분을 그냥 지나쳤든 무릎 위에 떨어졌든 간에 나는 여러분이 할 수 있는 최선을 다했다고 확신한다. 우리는 저마다 최선을 다하고 있다. 우리가 한 일이 '올바른' 것인지는 그 일을 한 뒤에야 알 수 있다. 무작위성을 다룰 때 누구에게나 똑같이 적용되는 '최선의' 방법은 없다. 우연과 마주해 그 우연을 대하는 방식은 사람마다 다르다. 우리는 모두 같은 인간이면서 각자 다른 인간이다. 우리는 서로 사는 환경이 다르고 개인의 경험을 공유하지 않으므로 기대하는 것과 추구하는 것, 두려워하는 것과 피하고 싶은 것들이 저마다 다르다. 그렇지만 뇌의 메커니즘은 우리 모두 같다. 무작위적이고 일관성 없는 세상에서 패턴과 규칙을 찾도록 설계된 뇌는 여러분이나 나나 똑같다.

물론 우리가 세상을 바라볼 때 진정한 본질을 본다고는 생각하지

기회의 심리학

않는다. 우리는 보고 싶은 것, 기대하는 것, 때로는 보기 두려운 것을 본다. 누구나 그렇다. 본성이기 때문이다. 그래도 우리가 패턴을 찾고 우리 삶을 이루는 우연한 사건에서 그 패턴을 볼 수 있다면 우리는 행복하다. 의학에서 말하는 '플라시보 효과(placebo effect)'와 같다. 'placebo'는 '마음에 흡족하게 하다'라는 뜻의 라틴어 자동사 'plácĕo(플라케오)'에서 파생한 용어다. 나을 수 있다고 믿고 작은 '알약'을 먹었는데 진짜 나았다면, 그 약이 '가짜'라는 사실은 전혀 중요하지 않다. 병을 이길 수 있다는 강한 의지와 믿음이 환자의 면역 체계를 강화해 치료에 도움을 준 것이다. 과학이며, 이 또한 우리 뇌의 능력이다. 내가 '행운의 신발'을 신을 때 좋은 일이 생긴다는 믿음으로 그 신발을 신고 하루를 보냈더니 정말로 좋은 일이 생긴다면, 미신이니 비합리적이니 하는 논리가 중요할까? 과학도 미신처럼 보일 때가 있다. 내가 "빛을 믿는 사람은 마음이 빛으로 가득 차고, 두려움을 믿는 사람은 두려움으로 가득 찬다"고 말하면 과학자답지 않게 보일 것이다. 하지만 그렇지 않다. 우리의 생각은 그 자체로 에너지이므로 '끌어당김의 힘', 즉 '유인력(誘引力, attraction)'을 가졌다.

행운을 믿는 것은 잘못이 아니다. 어려운 상황에서 추가적 힘을 얻기 위해 행운을 기대하면 실제로 도움이 된다. 운이 좋다고 믿으면 통제 가능하다는 느낌을 받게 된다. 통제할 수 있다는 느낌은 자신감으로 바뀌어 여러분을 더 나은 성과, 더 많은 성공, 더 유익한 결과로 이끈다. 더욱이 그 '좋은 경험'은 다음번 곤란한 상황에 직면할 때 낙담하거나 굴복하지 않고 타개해나갈 수 있는 동력으로 작용한다.

"성공만큼 성공을 보장하는 것은 없다"는 말이 있다. 한 번 성공한 사람은 두 번 세 번 계속 성공할 수 있다. '행운의 부적'을 몸에 지니고 '좋은 경험'을 했다면 얼마든지 또 그렇게 해도 된다. 다시 말하지만 좋은 일이 생긴다는 데 미신이니 비합리적이니 하는 것들이 무슨 소용이 있을까? 그리고 엄밀히 말하자면 과학이다. 지금까지 여러분이 이 책에서 계속 확인했지 않은가?

플라스틱 뇌

여러분 스스로 갖는 기대감, 특히 목표를 달성해 성공할 수 있다는 기대는 여러분이 올바른 결정을 내리는 방식에 영향을 미친다. 여러분은 이 책에서 기대가 뇌에서 어떤 메커니즘으로 작동하는지 조금 어렵게 배웠다. 최대한 쉽게 설명하려고 노력했지만 인정한다. 그러나 한편으로 무언가를 어렵게 배우고 나면 그 지식은 엄청나게 견고해진다고 말해주고 싶다. 쉽게 잊히지 않기 때문이다.

다시 '기대'로 돌아오자. 여러분도 살면서 무언가를 힘겹게 성취한 적이 있을 것이다. 그 경험은 고스란히 여러분 뇌에 각인된다. 어렵게 경험해서 얻는 기대는 그 수준이 높다. 어떤 사람은 똑같은 기회를 접하고도 기대치를 낮게 잡고 어떤 사람은 높게 잡는다. 각자 경험의 정도가 달라서다. 우리는 어떤 문제에 봉착해 해결책을 시도한 뒤 그 해결책이 기대하던 결과를 가져올지 아닐지 기다린다. 이때 기대치를 높게 잡은 사람은 상대적으로 운에 덜 의지한다. 반면 경험이 부족해 기대치를 낮게 잡은 사람은 상대적으로 운에 더 많이 의지한다. 이것이 행운의 미소를 바라는 대가가 비싸지는 이유다. 포르투나 여신이 미소를 짓는 시점은 언제나 사후다. 즉, 우리가 결정을 내리고 행동한 이후, 시간과 노력을 투자한 이후다. 대가를 선불로 내야 한다는 얘기다.

실망할까 봐 빨리 이야기하자면 값은 우리가 정할 수 있다. 달리 말해 기대치를 높게 잡아서 행운의 미소에 대한 대가가 낮아지게 할 수 있다. 좀더 세심하게 주의를 기울이고, 관련 없는 것은 무시해버리고, 부적절한 반응은 억제함으로써 우리 뇌의 의사결정 체계에 더 양질의 정보를 제공할 수 있다. 우리 뇌는 일테면 플라스틱 같아서 얼마든지 수정할 수 있다. 그렇지 않다면 우리는 절대로 바뀌지 않고 아무것도 배울 수 없을 것이다.

이 뇌의 '가소성(可塑性, plasticity)'이 우리를 발전하는 인간으로 만들어준 것이다. 동물은 우리가 무엇을 하는지 알지 못하지만 우리는 동물의 행동 원인을 안다. '영리한 한스'는 아무리 영리해도 사람이 제시한 실제 문제가 무엇인지 깨닫지 못했으나, 사람은 가설을 수정하고 오류를 제거해나가면서 결국 한스의 비밀을 밝혀냈다.

운이 좋다는 믿음은 우리가 겪게 되는 무작위성의 물결을 기꺼이 타겠다는 의미이기도 하다. 운이 좋다는 것은 기회를 잡을 수 있는 적절한 시간과 장소에 있다는 뜻이므로, 우리의 역량을 최대한 활용할 수 있도록 생각하는 능력을 향상해야 한다. 그저 수동적으로 가만히 있어도 얻는 제로(0)에 가까운 확률의 무작위 기회만 바라서는 운이 좋아질 수 없다. 목표를 달성하겠다는 강한 의지로 정신을 바짝 차리고 있어야 하며, 우연한 기회를 포착했을 때 곧바로 받아들이고, 실행하고, 심지어 위험조차 포용할 준비를 하고 있어야 한다. 노력 없이 단순히 주사위만 바라보고 있어서는 행운의 미소를 결코 볼 수 없다. 그 미소는 값이 너무 비싸서 모든 것을 다 줘도 사기 어렵다.

행운의 미소를 비싼 값으로 사겠다는 발상은 '운 없는 사람이 되겠다'는 생각과 다르지 않다. 행운의 미소는 최대한 저렴하게 구할 때 가치가 높아진다. 무작위성의 물결에 올라타려면 먼저 여러분 자신을 밖으로 내놓아야 한다. 그러려면 스스로 두렵지 않다고 세뇌해 편도체를 무력하게 만들어야 한다. 기회는 위기라는 위험을 동반할 수 있기에 두려움부터 제거해야 한다. 어쨌든 결과는 둘 중 하나가 될 것이다. 실패로 불운을 맛보거나 성공으로 행운을 만끽하거나. 경기가 끝날 때까지는 끝난 게 아니다. 지레 겁먹을 필요도 없고 설레발이 요란스러울 까닭도 없다. 모든 것이 잘되고 원하는 것을 얻었다면 만세를 외치면 된다. 그렇지 않았다면 값진 학습 결과인 실패를 기억 은행에 보내고 다음번 시도에 활용하면 된다. 실망하거나 자책할 이유도 없다. 오늘만 사는 게 아니다.

경험은 우리의 '정신 기능(생각하는 방식)'과 '신경 기능(뇌가 경험에 반응하는 방식)' 모두를 변화시킨다. 쓸모없는 경험이란 존재하지 않는다. 경험이 있어야 가질 수 있다. 살면서 마주하는 모든 일은 여러분이 생각하는 방식과 뉴런이 작동하는 방식을 계속해서 수정할 수 있게 해준다. 그렇게 좋은 경험을 축적하면 그 '기억'이 신경 세포를 영구적으로 바꾼다. 많은 심리학자와 신경과학자들이 우리가 운 좋다고 느끼는 이유와 운 좋을 확률을 높이는 방법에 관해 연구했다. 제1장에서 살펴본 제임스 오스틴의 네 가지 행운 유형을 떠올려보자. 행운은 무작위적인 기회와 부단한 노력의 조합이다. 우연이 노력과 어우러지면 행운으로 이어질 확률이 높아질 수밖에 없다.

우리가 맨 처음 만난 새라 케선스와 에밀리 콜은 네 가지 유형의 행운을 모두 경험한 운 좋은 사람들이었다. 두 사람 모두 우드베일 대서양 횡단 조정 경주 대회를 기꺼이 위험을 감수할 '기회'로 여겼다. 이들은 앞으로 마주할 일, 즉 조정 경주 대회를 '현실'로 만들었다. 두 사람의 성향도 한몫했다. 보는 시각에 따라 위험천만하다고 여길 수 있는 일을 두 사람은 '모험'으로 받아들였다. 무섭고 치명적인 일이 아니라 '가치 있고 흥미로운 일'로 해석했다. 이 생각은 경주 참가 가능성을 빠르게 키워나갔다. 이들은 바다의 '무작위성'을 인지했으며, 그에 따른 '위험'도 이해하고 포용했다. 결정을 내린 뒤에는 그야말로 미친 듯이

기회의 심리학

'준비'했다. 이 과정의 중심에 '기대'가 있었음은 말할 것도 없다. 괴물 파도에 보트가 뒤집히고 표류하게 된 일은 불운이었다. 무사히 구조된 일은 행운이었다. 둘 다 엄연한 사실이다. 하지만 그뿐이었다. 이들은 불운과 행운을 있는 그대로 받아들였다. 실패에서 배웠고 죽을 수도 있다는 두려움에 마음을 잠식당하지 않았다. 그렇게 다시 시도했다. 그리고 성공했다.

여러분에게도 소중히 여기는 '행운의 부적'이 있는지 모르겠다. 나는 이미 고백했다. 마음이 안정되고 무엇이든 잘되리라는 자신감이 생긴다면 좋은 것이다. 비논리적이든 비이성적이든 괘념치 말자. 아니, 충분히 설명했으니 이제는 그런 생각조차 하지 말자. 마음에 불안감이 없으면 더 많은 정신적 에너지를 여러분 삶에 쏟을 수 있다.

'피드백(feed-back)'도 필요하지만 '피드포워드(feed-forward)'가 더 중요하다. 실행하지 않으면 피드백은 없다. 피드포워드를 거쳐야 실행할 수 있다. 피드포워드는 스스로 무엇을 할지 묻고 다음 할 일을 계획하는 일이다. 미리 생각하고, 준비하고, 계획하지 않으면 우리는 방향을 잃는다. 피드포워드가 성공을 향한 첫걸음이며, 운이 좋아지는 시작이다.

조앤 긴더는 어떤가? 그녀는 복권에 들이는 돈과 시간을 낭비가 아닌 기회로 봤기에 운이 좋았다. 확률과 통계 지식을 바탕으로 얼마든지 오랫동안 기다릴 수 있다고 생각하면서 행운의 미소를 맞이할 준비를 한 것이다. 당첨 확률을 높이려면 많은 복권을 긁어야 했고 그녀는 그렇게 했다. 지금 당장 복권을 잔뜩 사라는 이야기가 아니다. 운을 대하는 태도를 말하는 것이다.

일곱 번이나 죽음의 문턱에서 살아 돌아온 프라노 셀락은 또 어떤가? 죽지 않고 살아남았으니 행운이었을까, 아니면 지긋지긋하게 따라다닌 불운이었을까? 프라노 셀락 자신은 불운이라고 해석했지만, 그를 취재한 기자들은 하나같이 엄청난 행운이라고 표현했다. 헬무트와 에리카 지몬 부부는? 이들도 그곳에 갔으니 얼음 인간 '외치'를 발견한 것이다.

한스 베르거와 제임스 올즈 그리고 피터 밀너에게는 자신들이 던진 질문에 대한 답이 올바른 것이 아닌 잘못된 것에 있을 수 있음을 알아채는 통찰력이 있었다. 그들은 계속해서 움직였고 주의를 기울이고 있었다. 오스카 풍스트는 '영리한 한스'를 조사하면서 우리의 '기대'가 주변 세계에 얼마나 커다란 영향을 미칠 수 있는지, 무작위성을 이해하는 방식에 어떻게 관여할 수 있는지 더 깊게 이해함으로써 관련 연구에 물꼬를 텄다.

행운은 여러분 삶에서 무작위로 널려 있다. 《오즈의 마법사(Wizard of Oz)》에 나오는 도로시(Dorothy)처럼 여러분도 기회를 잡을 힘을 항상 지니고 있다. 여러분이 마음을 활짝 열어 우연을 있는 그대로 받아들이고, 불안해하거나 두려워하지 않으며, 실수와 실패에서 배우고, 지고

기회의 심리학

있는 듯 보이는 게임의 판도를 능동적으로 바꾸려 한다면, 수많은 우연에서 이익을 얻을 수 있다. 우리는 이 세상을 완전히 통제하지는 못하더라도 우리 삶의 무작위 측면은 어느 정도 통제할 수 있다. 우연은 우리가 무엇을 하든 우연이다. 혼돈이 우주를 지배하지만, 인간은 그 혼돈마저 규칙화해 '혼돈 이론(Chaos Theory)'을 만들었다. 혼돈을 다루려는 시도 그 자체도 행운이다.

행운일지 불운일지 누가 알겠소?

이 책을 마무리하기 전에 마지막으로 한 가지 이야기만 더 소개하고 싶다. 이 이야기는 고대 중국의 '도가(道家, Taoism)' 사상과 관련이 있다. 도가의 창시자로 알려진 노자(老子)는 단순하고 자연스러운 삶을 살면서 "우주 자연의 계획 없는 흐름과 하나가 될 때" 진정한 행복에 이를 수 있다고 말했다.[7]

나는 이 말이 세상의 무작위성과 우연에 순응하라는 이야기로 들린다. 노자는 이 "계획 없는 흐름"을 일컬어 '도(道)'라고 불렀다. '도'는 '길(way)'을 의미한다. '도'는 매우 어려운 개념이고 이를 탐구하는 것만으로 하나의 '학문'을 이루지만, 서양의 '로고스(logos)'를 떠올리면 이해가 어렵지 않을 것이다. 우주 만물의 존재 법칙이자, 가치도 없고 질서

기회의 심리학

도 없고 경계도 없는 세상의 진리다.

이 '도'에 따르는 삶을 비교적 알기 쉽게 보여주는 이야기가 있다. 중국 한(漢)나라 때 회남(淮南) 지역 왕이던 유안(劉安)이 편찬한 《회남자(淮南子, Huainanzi)》라는 책이 있다. 여기에 다음과 같은 이야기가 나온다.

오랜 옛날 중국의 한 마을에 '새옹(塞翁)'이라 불리는 나이 많은 농부가 아들과 함께 살고 있었다. 그들에게는 말 한 필이 있었는데, 이 말로 밭도 갈고 씨도 뿌리고 농작물도 키웠고, 수확한 작물도 실어서 시장에 내다 팔았다. 이 말은 그들이 살아가는 데 꼭 필요했다. 그러던 어느 날 말이 울타리를 넘어 멀리 사라져버렸다. 이 소식을 들은 이웃들이 노인을 찾아와 동정하면서 말했다.

"그 좋은 말이 달아나버렸으니 어떡합니까? 밭은 어떻게 갈고 씨는 어떻게 부린답니까? 불운이 아닐 수 없구려."

하지만 노인은 이렇게 대꾸했다.

"행운일지 불운일지 누가 알겠소?"

그런데 며칠 뒤 사라졌던 노인의 말이 야생마 두 마리와 함께 돌아왔다. 소식을 듣자 다시 이웃들이 몰려와 축하하면서 말했다.

"말이 세 필이나 생겼으니 얼마나 좋습니까? 밭도 더 많이 갈고 씨도 더 많이 뿌릴 수 있으니 돈도 더 많이 벌겠구려. 아니면 두 마리는 팔아도 되니 어찌하든 이제 노인장은 부자요. 행운도 이런 행운이 어디 있답디까!"

하지만 노인은 이렇게 대꾸했다.

"행운일지 불운일지 누가 알겠소?"

그리고 며칠 뒤 생각지도 못했던 말이 두 마리나 더 생기자 신이 난 아들이 우선 한 마리를 길들이려고 올라탔는데, 얼마 못 가 그만 말에서 떨어져 다리가 부러지고 말았다. 이 소식에 또 이웃들이 노인을 에워싸고 안타까워하면서 말했다.

"파종 시기라 일손도 모자랄 판에 아드님이 변을 당했으니 어떡합니까? 어쩌면 이리도 불운하답니까?"

하지만 노인은 이렇게 대꾸했다.

"행운일지 불운일지 누가 알겠소?"

그런데 며칠 뒤 마을에 군사들이 들이닥쳐 신체 건강한 장정들을 징집했다. 전쟁이 터진 것이었다. 노인의 아들은 싸움은커녕 걷지도 못하기에 징집에서 빠질 수 있었다. 자식들을 전쟁에 빼앗긴 이웃들이 노인을 찾아와 울면서 말했다.

"아드님만 남고 우리 자식들은 다 끌려갔습니다. 너무나 부럽습니다. 이때 다리가 부러졌으니 어찌 행운이 아닙니까!"

하지만 노인은 이렇게 대꾸했다.

"행운일지 불운일지 누가 알겠소?"[8]

기회의 심리학

이 이야기에서 '새옹지마(塞翁之馬)'라는 말이 유래했다. 우리는 살면서 수없이 많은 우연한 일을 겪지만, 언제나 그 결과는 알 수 없다. 괴롭고 힘든 일을 당하면 왜 하필 내게 이런 일이 벌어지는지 세상을 원망하기도 하고, 반대로 즐겁고 좋은 일이 생기면 언제 그랬냐는 듯 흐뭇해한다. 이것이 우리의 삶이다. 살다 보면 그 순간에는 운 나쁘다고 여긴 일이 나중에는 운 좋은 일로 돌아오기도 하고, 행운이라고 믿었는데 결과적으로는 불운인 경우도 경험하게 된다.

그러니 의연해질 필요가 있다. 고대 로마의 시인 오비디우스 (Ovidius)의 노래처럼 늘 낚싯바늘을 드리운 채 살아가보자. 기대하지 않던 개울에서 물고기가 잡힐 수 있다. 잡히지 않으면 또 어떤가? 어차피 결국에는 잡는다. 행운에 목숨 걸고 행운을 잡고자 소중한 시간을 허비하기보다, 기회가 왔을 때 담담하게 그리고 당연하게 그 행운을 잡을 수 있는 사람, '운이 좋아도 될 만한' 사람이 되자. 여러분은 충분히 그럴 수 있다.

제1장

1. 2014년 5월 21일, 새라 케선스가 회신한 이메일에서 인용.

2. 2005년 대회 당시 대서양 횡단 여자 2인조 세계 기록은 스테파니 브라운 (Stephanie Brown)과 주드 엘리스(Jude Ellis)가 보유한 '50일 7시간 0분'이었다.

3. 미국항공우주국(NASA)에 따르면 2005년 11월 29일 발생해 12월 8일 소멸한 엡실론은 2005년 대서양 허리케인 시즌 연장선에 있으면서 기상 역사상 가장 오랫동안 지속한 12월 허리케인이었다.

4. 새라 케선스의 이메일에서 인용.

5. 다음 인터뷰 기사를 참조할 것. Loma Grisby, Champ Clark, and Ellen Tumposky, "Very Lucky and Very Alive. Hit by a Huge Wave, Rescued by a Tall Ship", *People* 65, No. 10(March 2006), p. 101.

6. 새라 케선스의 이메일에서 인용.

7. 다음 설명을 참조할 것. U.S. National Oceanic and Atmospheric Administration, "What Is a Rogue Wave?", April 9, 2020, http://oceanservice.noaa.gov/facts/roguewaves.html.

8. 새라 케선스의 이메일에서 인용.

9. 《옥스퍼드 영어사전》(1971)의 'luck' 항목을 참조할 것.

10. 다음 설명을 참조할 것. Margaret Rouse, "Random Numbers", WhatIs.

com, last updated September 2005, http://whatis.techtarget.com/
definition/random-numbers.

11. 다음 논문을 참조할 것. Wilhelm A. Wagenaar, "Generation of Random
Sequences by Human Subjects: A Critical Review", *Psychological
Bulletin* 77(1972), pp. 65-72, doi.org/10.1037/h0032060.

12. 다음 책을 참조할 것. Leonard Mlodinow, The Drunkard's Walk: How
Randomness Rules Our Lives(New York: Pantheon, 2009), pp. 170-171.

13. 다음 책을 참조할 것. Stephen Jay Gould, "Glow, Big Glowworm", *Bully
for Brontosaurus: Reflections in Natural History*, 제17장(New York:
Norton, 2010), 킨들(Kindle)판.

14. 위 책을 참조할 것.

15. 위 책을 참조할 것.

16. 다음 논문을 참조할 것. Jerzy Neyman and Egon S. Pearson, "On the Use
and Interpretation of Certain Test Criteria for Purposes of Statistical
Inference", *Biometrika* 20A(1928), pp. 175-240, pp. 263-294, DOI:
10.2307/2331945.

17. 다음 책을 참조할 것. Carl Gustav Jung, *Synchronicity: An Acausal
Connecting Principle*(New York: Routledge, 2006), 킨들판.

18. 다음 책을 참조할 것. Peter Brugger, "From Haunted Brain to
Haunted Science: A Cognitive Neuroscience View of Paranormal
and Pseudoscientific Thought", in *Hauntings and Poltergeists:
Multidisciplinary Perspectives*, 편집 James Houran and Rense

Lange(Jefferson, NC: McFarland, 2001), p. 204.

19. 다음 칼럼을 참조할 것. Michael Shermer, "Patternicity: Finding Meaningful Patterns in Meaningless Noise", *Scientific American*, December 2008, DOI: 10.2307/26000924, http://www. scientificamerican.com/article/patternicity-finding-meaningful-patterns/.

20. 다음 논문을 참조할 것. Nouchine Hadjikhani, Kestutis Kveraga, Paulami Naik, and Seppo Ahlfors, "Early(M170) Activation of Face-Specific Cortex by Face-Like Objects", *NeuroReport* 20(2009), pp. 403-407, DOI: 10.1097/WNR.0b013e328325a8e1.

21. 다음 칼럼을 참조할 것. Michael Shermer, "Agenticity", *Scientific American* 300, No. 6(June 2009): 36, DOI: 10.2307/26001376.

22. 다음 책을 참조할 것. Nicolas Rescher, *Luck: The Brilliant Randomness of Everyday Life*(Pittsburgh, PA: University of Pittsburgh Press, 1995).

23. 다음 보도자료를 참조할 것. "Puget Sound Citizens Believe in Luck O' the Irish: Residents Gear Up for Saint Patrick's Day and Hope for a Little Green"(2013). 설문 조사 결과는 다음 웹사이트 링크에서 다운로드 할 수 있다. Ipsos MarketQuest Survey, March 12, 2013, https://www. ipsos.com/sites/default/files/news_and_polls/2013-03/6030rev.pdf.

24. 다음 기사를 참조할 것. David W. Moore, "One in Four Americans Superstitious: Younger People More Superstitious Than Older People", *Gallup*, October 13, 2000, http://www.gallup.com/

기회의 심리학

poll/2440/One-Four-Americans-Super-stitious.aspx.

25. 다음 책을 참조할 것. James Austin, *Chase, Chance and Creativity: The Lucky Art of Novelty*(Cambridge, MA: MIT Press, 2003).

26. 포커 게임에 사용되는 트럼프는 조커(Joker)를 제외한 52장의 카드로 구성된다. 스페이드(Spade), 클로버(Clover), 하트(Heart), 다이아몬드(Diamond) 4개 문양에 각각 킹(King, K), 퀸(Queen, Q), 잭(Jack, J), 10, 9, 8, 7, 6, 5, 4, 3, 2, 에이스(Ace) 13장이 있으므로 '4×13=52'다. 52장의 카드에서 무작위로 5장을 뽑았을 때 나올 수 있는 경우의 수는 무려 2,598,960이다. 로열 스트레이트 플러시는 5장의 카드가 '같은 문양의 10, J, Q, K, A'인 패를 말한다. 문양이 4개이니 이 패가 나올 확률은 '2,598,960분의 4', 즉 '649,740분의 1'이며 백분율로 환산하면 '0.00015%'다.

27. 다음 책에서 인용. Stuart W. Leslie, *Boss Kettering*(New York: Columbia University Press, 1985), p. 45.

28. 다음 웹사이트를 참조할 것. "Louis Pasteur", todayinsci.com, January 15, 2021, https://todayinsci.com/P/Pasteur_Louis/PasteurLouis-Quotations.htm. 지면을 빌려 프랑스어 인용문을 영어로 번역해준 언어학자이자 내 남편 크리스토퍼 로빈슨 맥래(Christopher Robinson McRae)에게 특별히 감사를 표하고 싶다. 그는 이 대목 말고도 내가 다양한 참고문헌을 검토할 수 있도록 도움을 줬다.

29. 다음 책을 참조할 것. James Austin, *Chase, Chance and Creativity*, p. 75.

30. 새라 케선스의 이메일에서 인용.

제2장

1. 다음 기사를 참조할 것. Paul Weber, "Mystery Surrounds 4-Time Texas Lotto Winner", *NBC News*, July 13, 2010, https://www.nbcnews.com/id/wbna38229644.

2. 다음 기사를 참조할 것. John Wetenhall, "Who Is the Lucky Four-Time Lottery Winner: Mysterious Texas Woman has Won Over $20 Million in Lotteries", *ABC News*, June 7, 2010, https://www.abcnews.com/id/11097894.

3. 다음 설명 및 기사를 참조할 것. University of Hawaii, "Grains of Sand on All the Beaches of the Earth", June 22, 2014, http://web.archive.org/web/20080120012722/http://www.hawaii.edu. "US National Debt", May 25, 2014, http://www.brillig.com/debt_clock. "Current World Population", December, 28, 2020, https://www.worldmeters.info/world-population. Vincent Trivett, "'Lucky' Woman Who Won Lottery Four Times Outed as Stanford University Statistics Ph.D.", *Business Insider*, August 11, 2011, https://www.businessinsider.com/4-time-lottery-winner-not-exactly-lucky-2011-8

4. 다음 칼럼을 참조할 것. Nathanial Rich, "The Luckiest Woman on Earth: Three Ways to Win the Lottery", *Harper's Magazine*, August 2011, p. 64. 칼럼 전문을 다음 웹사이트 링크에서 다운로드할 수 있다. http://courses.washington.edu/psy315/pdf/HarpersMagazine_Luckiest_Woman_on_Earth.pdf.

5. 다음 기사를 참조할 것. Tom Leonard, "She's the Maths Professor Who's Hit a Multi-Million Scratchcard Jackpot an Astonishing FOUR Times... Has This Woman Worked Out How to Win the Lottery?", *Daily Mail*, August 12, 2011, http://www.dailymail.co.uk/femail/article-2025069/Joan-Ginther-Maths-professor-hits-multi-million-scratchcard-lottery-jackpot-4-times.html. Rachel Quigley, "'Lucky' Woman Who Won Lottery Four Times Outed as Stanford University Statistics PhD", *Daily Mail*, August 9, 2011, http://www.dailymail.co.uk/news/article-2023514/Joan-R-Ginther-won-lottery-4-times-Stanford-University-statistics-PhD.html. Tom Leonard, *Daily Mail*, August 12, 2011.

6. 다음 기사를 참조할 것. Richard Connelly, "Joan Ginther, Serial Lottery Winner: Lucky or a Genius Who Gamed the System?", *Houston Press*, August 9, 2011, http://blogs.houstonpress.com/hairballs/2011/08/texas_lottery_winner_genius.php.

7. 다음 책을 참조할 것. Justin L. Barrett, *Why Would Anyone Believe in God?*(New York: Altamira Press, 2010), p. 31.

8. 다음 책을 참조할 것. Ambrose Bierce, *The Devil's Dictionary*(London: Neale, 1911). 다음 웹사이트에서 다양한 포맷의 전자책을 다운로드할 수 있다. http://www.gutenberg.org/ebooks/972. 앰브로즈 비어스가 1911년 출간한《악마의 사전(The Devil's Dictionary)》은 약 2,000개의 풍자적 경구를 모은 책으로, 그가《웹스터의 무삭제 사전(Webster's Unabridged Dictionary)》에서 영

감을 받아 수년 동안 잡지에 게재한 글을 엮어 1906년 펴낸 《냉소가의 단어장 (The Cynic's Word Book)》의 개정증보판이다. 제목에서처럼 '악마가 사전을 쓰면 이런 식이겠구나' 싶을 정도로 용어마다 뒤틀린 정의를 내리고 있다. 일테면 '행복'은 "타인의 불행을 생각하면 느끼는 기분 좋은 감각", '성공'은 "동료에게 용서받을 수 없는 죄", '월요일'은 "기독교 국가에서 야구 시합 다음 날"이라고 정의한다. '신랄한 비어스(Bitter Bierce)'라는 별명으로 불리며 인간의 어리석음을 날카롭게 비판했지만, 그 자신의 삶도 순탄치 않았다. 1904년 가정불화로 아내와 이혼한 뒤 혼자 살다가 1913년 지친 몸을 이끌고 멕시코로 건너간 뒤 영영 소식이 끊겼다.

9. 다음 책을 참조할 것. Rollo May, *Freedom and Destiny* (New York: Norton, 1999).

10. 다음 논문을 참조할 것. Richard W. Bargdill, "Fate and Destiny : Some Historical Distinctions Between the Concepts", *Journal of Theoretical and Philosophical Psychology* 26(2006), p. 205, DOI : 10.1037/h0091275.

11. 다음 칼럼을 참조할 것. Jean Clottes, "Paleolithic Cave Art in France", *Bradshaw Foundation*, May 26, 2014, www.bradshawfoundation.com/clottes.

12. 다음 논문을 참조할 것. David J. Lewis-Williams and Jean Clottes, "The Mind in the Cave—the Cave in the Mind : Altered Consciousness in the Upper Paleolithic", *Anthropology of Consciousness* 9(1998), pp. 13-21.

기회의 심리학

13. 다음 논문을 참조할 것. David J. Lewis-Williams and T. A. Dowson, "On Vision and Power in the Neolithic: Evidence from the Decorated Monuments", *Current Anthropology* 34(1993), pp. 55-65.

14. 다음 서평을 참조할 것. Edward Merrin, "The Olmec World of Michael Coe", November 10, 2011, http://www.edwardmerrin.com/2011/11/Olmec-world-of-michael-coe.html.

15. 다음 책을 참조할 것. Michael D. Coe and Rex Koontz, *Mexico: From the Olmecs to the Aztecs*(New York: Thames and Hudson, 2002).

16. 위 책을 참조할 것.

17. 다음 설명을 참조할 것. B. A. Robinson, "Religions of the World. Vodun(a.k.a. Voodoo) and Related Religions", February 7, 2010, http://www.religious-tolerance.org/voodoo.htm.

18. 다음 논문을 참조할 것. Douglas J. Falen, "Vodun, Spiritual Insecurity, and Religious Importation in Benin", *Journal of African Religion* 46(2016), pp. 453-483, p. 456.

19. 다음 논문을 참조할 것. Jaco Beyers, "What Is Religion? An African Understanding", *Theological Studies* 66, No. 1(2010), pp. 1-8, DOI: 10.4102/hts.v66i1.341. Falen, "Vodun, Spiritual Insecurity, and Religious Importation in Benin."

20. 다음 설명을 참조할 것. Per Ankh Group, "Egyptian Art", 2005, http://www.perankhgroup.com/egyptian_art.htm.

21. 다음 책을 참조할 것. Geraldine Pinch, *Handbook of Egyptian*

Mythology(Santa Barbara: ABC-CLIO, 2002).

22. 다음 설명을 참조할 것. Egyptian-Scarabs, "Weighing of the Heart Ceremony", 2008, http://www.egyptian-scarabs.co.uk/weighing_of_the_heart.htm.

23. 다음 책을 참조할 것. Geraldine Pinch, *Handbook of Egyptian Mythology*.

24. 다음 설명을 참조할 것. Greek Gods and Goddesses, "Tyche", September 13, 2018, https://greekgodsandgoddesses.net.

25. 다음 설명을 참조할 것. Jona Lendering, "Mural Crown", Livius.org, September 24, 2020, https://www.livius.org/articles/concept/mural-crown/.

26. 다음 설명을 참조할 것. Greek Gods and Goddesses, "Morai", October 23, 2019, https://Greekgodsandgoddesses.net.

27. 다음 책을 참조할 것. R. A. L. Fell, *Etruria and Rome*(New York: Cambridge University Press, 1924).

28. 다음 설명을 참조할 것. Encyclopaedia Britannica, "Fate: Greek and Roman Mythology", April 26, 2019, https://www.britannica.com/topic/Fate-Greek-and-Roman-mythology.

29. 다음 책을 참조할 것. William Smith(편저)., *Dictionary of Greek and Roman Antiquities*, 제2판(Boston: Little Brown, 1859), pp. 1051-1052.

30. 《성서》(구약) '요나' 1장을 참조할 것.

31. N. S. Gill, "Who Was the Roman Goddess Fortuna?", ThoughtCo, last

기회의 심리학

updated November 5, 2019, https://www.thoughtco.com//roman-goddess-fortuna-118378.

32. 다음 설명을 참조할 것. Temple Purohit, "Why is Lakshmi and Ganesha Worshipped Together?", October 13, 2016, https://www.templepurohit.com/lakshmi-ganesha-worshipped-together/. 다음 책도 참조할 것. Upinder Singh, *A History of Ancient and Early Medieval India: From the Stone Age to the 12th Century*(Uttar Pradesh, India: Pearson Education in South Asia, 2009).

33. 다음 논문을 참조할 것. Lizhu Fan and Chen Na, "Resurgence of Indigenous Religion in China", University of California, San Diego, 2011, pp. 1-9, http://fudan-uc.ucsd.edu/_files/201306_China_Watch_Fan_Chen.

34. 위 논문, p. 25.

35. 다음 설명을 참조할 것. Encyclopaedia Britannica, "Caishen: Chinese Deity", September 16, 2019, https://www.britannica.com/topic/Caishen. "Tsai Shen—od of Wealth and Prosperity", 2016, https://www.nationsonline.org/oneworld/Chinese_Customs/Tsai_Shen.htm

36. 다음 설명을 참조할 것. Ulrich Theobald, "Religions in China Fu Lu Shou Sanxing: The Three Stars of Wealth, Status and Longevity", China Knowledge, December 22, 2012, http://www.chinaknowledge.de/Literature/Religion/personssanxing.html.

37. 다음 설명을 참조할 것. "Norns", Mythology.net, October 26, 2016,

https://norse-mythology.net/norns-the-goddesses-of-fate-in-norse-mythology/.

38. 다음 논문을 참조할 것. Aaron C. Kay, Danielle Gaucher, Ian McGregor, and Kyle Nash, "Religious Belief as Compensatory Control", *Personality and Social Psychology Review* 14(2010), pp. 37–48, DOI: 10.1177/1088868309353750.

39. 다음 논문을 참조할 것. Scott Atran and Ara Norenzayan, "Religious Evolutionary Landscape: Counterintuition, Commitment, Compassion, Communion", *Behavioral and Brain Sciences* 27(2004), p. 713.

40. 다음 논문을 참조할 것. Aaron C. Kay, Danielle Gaucher, Ian McGregor, and Kyle Nash, "Religious Belief as Compensatory Control", p. 216.

제3장

1. 다음 설명을 참조할 것. Chris Littlechild, "Luckiest or Unluckiest Man in the World?", *Ripley's*, August 20, 2018, https://www.ripleys.com/weird-news/unluckiest-man/.

2. 다음 기사를 참조할 것. Hauke Von Goos, "Stirb langsam: Wie ein kroatischer Musiklehrer sieben Unglucke uberlebte"[Die hard: How a Croatian music teacher outlived unlucky seven], *Der Spiegel*, June 15, 2003, https://www.spiegel.de/panorama/stirb-langsam-a-f8cfd 7e5-0002-0001-0000-000027390339. 다음 기사도 참조할 것. "Frano

Selak—ruly the World's(Un)Luckiest Man", *Before It's News*, January 2, 2013, http://beforeitsnews.com/watercooler-topics/2013/01/frano-selak-truly-the-worlds-unluckiest-man-2431330.html.

3. 다음 기사를 참조할 것. Andrew Hough, "Frano Selak: 'World's Luckiest Man' Gives Away His Lottery Fortune", *Telegraph*, May 14, 2010, http://www.telegraph.co.uk/news/newstopics/howaboutthat/7721985/Frano-Selak-worlds-luckiest-man-gives-away-his-lottery-fortune.html.

4. 위 기사에서 인용.

5. 다음 책에서 인용. Laura A. King, "Social Psychology", *The Science of Psychology: An Appreciative View*, 제13장(New York: McGraw-Hill Higher Education, 2008), p. 432.

6. 다음 희곡에서 인용. Jean-Paul Sartre, "No Exit", in *No Exit and Three Other Plays*, 번역 Stuart Gilbert(New York: Vintage Books, 1989), p. 45.

7. 다음 논문을 참조할 것. Michael Tomasello, "The Ultra Social Animal", *European Journal of Social Psychology* 44(2014), pp. 187-194.

8. 다음 책을 참조할 것. Laura A. King, "Social Psychology", *The Science of Psychology: An Appreciative View*, 제13장.

9. 다음 논문에서 인용. Harold H. Kelley, "The Process of Causal Attribution", *American Psychologist* 28(1973), p. 107.

10. 다음 책을 참조할 것. Fritz Heider, *The Psychology of Interpersonal Relations*(New York: Wiley, 1958).

11. 위 책, p. 79.

12. 다음 논문을 참조할 것. Bernard Weiner, "An Attributional Theory of Achievement Motivation and Emotion", *Psychological Review* 92(1985), pp. 548–573.

13. 다음 논문을 참조할 것. Bernard Weiner, "The Development of an Attribution-Based Theory of Motivation: A History of Ideas", *Educational Psychologist* 45(2010), p. 32.

14. 다음 책을 참조할 것. Fritz Heider, *The Psychology of Interpersonal Relations*, 제6장, pp. 164–173.

15. 다음 논문을 참조할 것. Michael S. Steinberg and Kenneth A. Dodge, "Attributional Bias in Aggressive Adolescent Boys and Girls", *Journal of Social and Clinical Psychology* 1, No. 4(1983), pp. 312–321.

16. 다음 설명을 참조할 것. American Psychological Association, "Hindsight Bias—Not Just a Convenient Memory Enhancer but an Important Part of an Efficient Memory System", 2000, http://www.apa.org/news/press/releases/2000/05/hindsight.aspx.

17. 위 웹사이트 첫 번째 문단에서 인용.

18. 다음 논문을 참조할 것. Edward E. Jones and Victor A. Harris, "The Attribution of Attitudes", *Journal of Experimental Social Psychology* 3(1967), pp. 1–24.

19. 다음 논문에서 인용. Gideon B. Keren and Willem A. Wagenaar, "On the Psychology of Playing Blackjack: Normative and Descriptive

기회의 심리학

Considerations with Implications for Decision Theory", *Journal of Experimental Psychology: General* 114(1985), p. 66.

20. 다음 책에서 인용. Fritz Heider, *The Psychology of Interpersonal Relations,* p. 91.

21. 다음 논문을 참조할 것. Karl Halvor Teigen, "How Good Is Good Luck? The Role of Counterfactual Thinking in the Perception of Lucky and Unlucky Events", *European Journal of Social Psychology* 25(1995), pp. 281-302.

22. 다음 책에서 인용. Nicholas Rescher, *Luck, the Brilliant Randomness of Everyday Life*(Pittsburgh, PA: University of Pittsburgh Press, 1995) p. 32.

23. 다음 논문을 참조할 것. Karl Halvor Teigen, "Luck: The Art of the Near Miss", *Scandinavian Journal of Psychology* 37(1996), pp. 156-171.

24. 다음 논문에서 인용. Gideon B. Keren and Willem A. Wagenaar, "On the Psychology of Playing Blackjack", p. 66.

25. 위 논문, p. 152.

26. 다음 논문을 참조할 것. Karl Halvor Teigen, "Luck: The Art of the Near Miss".

27. 다음 논문을 참조할 것. Matthew S. Isaac and Aaron R. Brough, "Judging a Part by the Size of the Whole: The Category Size Bias in Probability Judgments", *Journal of Consumer Research* 41(2014), pp. 310-325.

28. 다음 책을 참조할 것. Karl Halvor Teigen, "When a Small Difference Makes a Big Difference: Counterfactual Thinking and Luck", in *The*

Psychology of Counterfactual Thinking, 편집 David R. Mandel, Denis J. Hilton, and Patrizia Castellani(London: Routledge, 2005), 킨들판.

29. 다음 논문을 참조할 것. Karl Halvor Teigen, "How Good Is Good Luck? The Role of Counterfactual Thinking in the Perception of Lucky and Unlucky Events", p. 288.

30. 다음 논문을 참조할 것. Daniel Kahneman and Dale Miller, "Norm Theory: Comparing Reality to Its Alternatives", *Psychological Review* 93(1986), p. 136.

31. 다음 논문을 참조할 것. Neal J. Roese, "Counterfactual Thinking", *Psychological Bulletin* 12(1997), pp. 133–148.

32. 다음 논문을 참조할 것. Karl Halvor Teigen, Pia C. Evensen, Dimitrij K. Samoilow, and Karin B. Vatne, "Good Luck and Bad Luck: How to Tell the Difference", *European Journal of Social Psychology* 29(1999), p. 981.

33. 다음 기사를 참조할 것. Joanne McCabe, "At 27 Foot Is This the World's Biggest Icicle?", Metro, March 5, 2010, http://metro.co.uk/2010/03/05/is-27-foot-icicle-in-scotland-the-worlds-biggest-146526/.

34. 다음 논문을 참조할 것. Dale T. Miller and Saku Gunasegaram, "Temporal Order and the Perceived Mutability of Events: Implications for Blame Assignment", *Journal of Personality and Social Psychology* 59(1990), pp. 1111–1118.

35. 다음 논문을 참조할 것. Karl Halvor Teigen, "Luck: The Art of the Near

기회의 심리학

Miss"

36. 위 논문을 참조할 것.

제4장

1. 다음 책을 참조할 것. Brenda Fowler, *Iceman: Uncovering the Life and Times of a Prehistoric Man Found in an Alpine Glacier*(Chicago: University of Chicago Press, 2000).

2. 다음 논문을 참조할 것. W. Ambach, E. Ambach, W. Tributsch, R. Henn, and H. Unterdorfer, "Corpses Released from Glacier Ice: Glaciological and Forensic", *Journal of Wilderness Medicine* 3(1992), pp. 372–376.

3. 다음 책에서 인용. Brenda Fowler, *Iceman*, p. 7.

4. Bob Cullen, "Testimony from the Iceman", *Smithsonian* 33(2003), p. 42–50.

5. 다음 설명을 참조할 것. David Leveille, "Researchers May Have Cracked the Case of How Ötzi the Iceman Died", *The World*, April 6, 2017, https://www.pri.org/stories/2017-04-06/researchers-may-have-cracked-case-how-tzi-iceman-died.

6. 알프스 외치 지역의 삭마(削磨) 현상 또는 빙하가 높은 기온으로 융해한 현상은 1958년, 1964년, 1982년에도 두드러졌다. 다음 논문을 참조할 것. W. Ambach, E. Ambach, W. Tributsch, R. Henn, and H. Unterdorfer, "Corpses Released from Glacier Ice".

7. 다음 책에서 인용. Brenda Fowler, *Iceman*, p. 36.

8. 다음 책을 참조할 것. H. V. F. Winston, *Howard Carter and the Discovery of the Tomb of Tutankhamun*, 개정판(London: Barzan, 2007).

9. 다음 기사를 참조할 것. "Times Man Views Splendors of Tomb of Tutankhamen", *New York Times*, December 22, 1922.

10. 다음 책을 참조할 것. H. V. F. Winston, *Howard Carter and the Discovery of the Tomb of Tutankhamun*.

11. 다음 설명을 참조할 것. Tour Egypt, "Egypt: The Curse of the Mummy", accessed September 27, 2014, http://www.touregypt.net/myths/curseof.htm. 다음 자료도 참조할 것. Wikipedia, "Curse of the Pharaohs", December 2, 2020, http://en.wikipedia.org/wiki/Curse_of_the_pharaohs.

12. 다음 자료를 참조할 것. "Is There a Curse of Ötzi?", magonia.com, December 10, 2020.

13. 다음 기사를 참조할 것. "Two Famous Diamonds", *Hawke's Bay Herald*, April 25, 1888.

14. 다음 자료를 참조할 것. Wikipedia, "Hope Diamond", last modified November 28, 2020, http://en.wikipedia.org/wiki/Hope_Diamond.

15. 다음 웹사이트에서 인용. "Great Omar", accessed September 12, 2014, http://cool.conservation-us.org/don/dt/dt1633.html.

16. 다음 자료를 참조할 것. Wikipedia, "Curse of the Bambino", last modified November 18, 2020, http://en.wikipedia.org/wiki/Curse_of_the_Bambino.

17. 다음 자료를 참조할 것. Wikipedia, "Curse of the Billy Goat", last modified November 26, 2020, http://en.wikipedia.org/wiki/Curse_of_the_Billy_Goat.

18. 다음 기사를 참조할 것. "Bunkered Champions", *The Economist*, June 11, 1994. 다음 자료도 참조할 것. Wikipedia, "Sports Related Curses", December 7, 2020, http://en.wikipedia.org/wiki/Sports-related_curses.

19. 다음 설문 조사 결과를 참조할 것. Richard Wiseman, "UK Superstition Survey", 2003, http://www.richardwiseman.com/resources/superstition_report.pdf.

20. 다음 칼럼을 참조할 것. David W. Moore, "One in Four Americans Superstitious: Younger People More Superstitious Than Older People", Gallup, October 13, 2000, http://www.gallup.com/poll/2440/One-Four-Americans-Super-stitious.aspx.

21. 다음 칼럼을 참조할 것. Karlyn Bowman, "Are Americans Superstitious?", Forbes, May 8, 2009, http://www.forbes.com/2009/03/06/superstitious-ufo-alien-conspiracy-opinions-columnists-superstition.html.

22. 다음 칼럼을 참조할 것. Peter Aldhous, "Ten Sports Stars and Their Bizarre Pre-Game Rituals", *New Scientist*, May 19, 2009, https://www.newscientist.com/article/dn17158-ten-sports-stars-and-their-bizarre-pre-game-rituals/.

23. 다음 기사를 참조할 것. Joseph Lin, "Top Ten Sports Superstitions", *Time*, June 9, 2010, http://keepingscore.blogs.time.com/2011/10/19/top-10-sports-superstitions/slide/the-ritual/.

24. 다음 논문에서 인용. B. F. Skinner, "'Superstition' in the Pigeon", *Journal of Experimental Psychology* 38(1948), pp. 168~172

25. 다음 책에서 인용. James George Frazer, *The Golden Bough*(New York: Collier Books, 1963), p.12.

26. 다음 설명에서 인용. *Psychological Dictionary*(April 7, 2013), "What Is Magical Thinking?", http://psychologydictionary.org/magical-thinking/.

27. 다음 책을 참조할 것. Matthew Hutson, *The Seven Laws of Magical Thinking: How Irrational Beliefs Keep Us Happy, Healthy, and Sane*(New York: Penguin Books, 2012).

28. 다음 논문을 참조할 것. Paul Rozin, Linda Millman, and Carol Nemeroff, "Operation of the Laws of Sympathetic Magic in Disgust and Other Domains", *Journal of Personality and Social Psychology* 50(1986), pp. 703-712.

29. 다음 논문을 참조할 것. Emily Pronin, Daniel Wegner, Kimberly McCarthy, and Sylvia Rodriguez, "Everyday Magical Powers: The Role of Apparent Mental Causation in the Overestimation of Personal Influence", *Journal of Personality and Social Psychology* 91(2006), pp. 218-231.

기회의 심리학

30. 위 논문, p. 229.

31. 다음 논문을 참조할 것. Jennifer A. Whitson and Adam D. Galinsky, "Lacking Control Increases Illusory Pattern Perception", *Science* 322(2008), pp. 115-117.

32. 다음 논문에서 인용. George Gmelch, "Baseball Magic", *Elysian Fields Quarterly* 11, No. 3(2002), p. 36.

33. 다음 논문을 참조할 것. Jeffrey M. Rudski and Ashleigh Edwards, "Malinowski Goes to College: Factors Influencing Students' Use of Ritual and Superstition", *Journal of General Psychology* 134(2007), pp. 389-403.

34. 다음 논문을 참조할 것. Timothy J. Gallagher and Jerry M. Lewis, "Rationalists, Fatalists, and the Modern Superstition: Test Taking in Introductory Sociology", *Sociological Inquiry* 71(2001), pp. 1-12.

35. 다음 논문을 참조할 것. Ellen J. Langer, "The Illusion of Control", *Journal of Personality and Social Psychology* 32(1975), pp. 311-328.

36. 다음 책을 참조할 것. Stuart Vyse, *Believing in Magic: The Psychology of Superstition*(New York: Oxford University Press, 2014).

37. 다음 논문을 참조할 것. Aaron C. Kay, Jennifer A. Whitson, Danielle Gaucher, and Adam D. Galinsky, "Compensatory Control: Achieving Order Through the Mind, Our Institutions, and the Heavens", *Current Directions in Psychological Science* 18, No. 5(2009), pp. 264-268.

38. 위 논문, p. 267.

39. 다음 논문을 참조할 것. Michaela C. Schippers and Paul A. M. Van Lange, "The Psychological Benefits of Superstitious Rituals in Top Sport: A Study Among Top Sportspersons", *Journal of Applied Social Psychology* 36(2006), pp. 2532-2553.

40. 다음 논문을 참조할 것. Keith D. Markman, Matthew N. McMullen, and Ronald A. Elizaga, "Counterfactual Thinking, Persistence and Performance: A Test of the Reflection and Evaluation Model", *Journal of Experimental Social Psychology* 44(2008), pp. 421-428.

41. 다음 논문을 참조할 것. Liza Day and John Maltby, "Belief in Good Luck and Psychological Well-Being: The Mediating Role of Optimism and Irrational Beliefs", *Journal of Psychology* 137(2003), pp. 99-110.

42. 다음 논문을 참조할 것. John Maltby, Liza Day, Diana G. Pinto, Rebecca A. Hogan, and Alex M. Wood, "Beliefs in Being Unlucky and Deficits in Executive Functioning", *Consciousness and Cognition* 22(2013), pp. 137-147.

43. 다음 논문을 참조할 것. Lysann Damisch, Barbara Stoberock, and Thomas Mussweiler, "Keep Your Fingers Crossed! How Superstition Improves Performance", *Psychological Science* 21(2010), pp. 1014-1020.

44. 위 논문, p. 1019.

45. 확실한 결론을 내리기에는 이르다는 의견도 있다. 심리학자이자 신경과학자 로버트 컬린-제이지먼(Robert Calin-Jageman) 연구팀은 미국 학생들을 대상으로 리산 다미시 연구팀의 실험을 재현했으나, 골프 퍼팅 실험에서 결과는 일치

하지 않았다. 다른 세 가지 동일한 실험에서도 유의미한 결과는 나오지 않았다. 하지만 언어적 차이로 인해 독일에서의 실험을 그대로 복제하지는 못했다고 인정했다.

46. 다음 논문을 참조할 것. Laura J. Kray, Linda G. George, Katie A. Liljenquist, Adam D. Galinsky, Philip E. Tetlock, and Neal J. Roese, "From What Might Have Been to What Must Have Been: Counterfactual Thinking Creates Meaning", *Journal of Personality and Social Psychology* 98(2010), pp. 106-118.

47. 위 논문, p. 109.

제5장

1. 다음 논문을 참조할 것. Clifford F. Rose, "Cerebral Localization in Antiquity", *Journal of the History of the Neurosciences* 18(2009), pp. 239-247.

2. 다음 설명을 참조할 것. faqs.org, "Hans Berger Biography(1873-941)", October 1, 2014, http://www.faqs.org/health/bios/26/Hans-Berger. html.

3. 다음 설명을 참조할 것. *Complete Dictionary of Scientific Biography*, "Berger, Hans", 2018, https://www.encyclopedia.com/people/history/ historians-miscellaneous-biographies/hans-berger. 한스 베르거의 어머니 안나 뤼케르트(Anna Rückert)는 다양한 동양 문학과 철학 문헌을 독일어로 옮긴 시인이자 언어학자 프리드리히 뤼케르트(Friedrich Rückert)의 딸이다. 프

리드리히 뤼케르트는 필명인 프라이문트 라이마르(Freimund Raimar)로 더 유명하다.

4. 다음 설명을 참조할 것. nitum.wordpress.com, "Biography of Hans Berger", September 29, 2012, http://nitum.wordpress.com/2012/09/29/biography-of-hans-berger/.

5. 다음 책을 참조할 것. W. Grey Walter, *The Living Brain*(New York: Norton, 1963).

6. 다음 논문을 참조할 것. Florin Amzica and Fernando H. Lopes da Silva, "Cellular Substrates of Brain Rhythms", *Niedermeyer's Electroecephalography*, 제2장, 제7판, 편집 Donald L. Schomer and Fernando H. Lopes da Silva(New York: Oxford University Press, 2018), pp. 20-62.

7. 위 논문, pp. 24-24.

8. 다음 책을 참조할 것. Susan Savage-Rumbaugh and Roger Lewin, *Kanzi: The Ape at the Brink of the Human Mind*(New York: Wiley, 1996).

9. 다음 칼럼을 참조할 것. Malcom MacMillan, "Phineas Gage—Unravelling the Myth", *The Psychologist* 21(2008), pp. 823-831.

10. 다음 책에서 인용. Malcom MacMillan, *An Odd Kind of Fame: Stories of Phineas Gage*(Cambridge, MA: MIT Press, 2002), p. 93.

11. 다음 칼럼에서 인용. Malcom MacMillan, "Phineas Gage—Unravelling the Myth", p. 829.

12. 다음 논문을 참조할 것. Peter Ratiu and Ion-Florin Talos, "The Tale

기회의 심리학

of Phineas Gage, Digitally Remastered", *New England Journal of Medicine* 351(2004), e21, DOI: 10.1056/NEJMicm031024.

13. 다음 책을 참조할 것. "Cognitive Functions and Organization of the Cerebral Cortex", *Neuroscience*, 제6판, 편집 Dale Purves, George J. Augustine, David Fitzpatrick, William C. Hall, Anthony-Samuel LaMantia, Richard D. Mooney, Michael L. Platt, and Leonard E. White(New York: Oxford University Press, 2018), pp. 627-642.

14. 다음 책을 참조할 것. Joaquin M. Fuster, *The Prefrontal Cortex*, 제4판 (Amsterdam: Academic Press, 2008).

15. 다음 논문을 참조할 것. Martijn C. Arms, Keith Conners, and Helena C. Kraemer, "A Decade of EEG Theta/Beta Ratio Research in ADHD: A Meta-Analysis", *Journal of Attention Disorders* 17(2013), pp. 374-383, DOI: 10.1177/1087054712460087.

16. 다음 논문을 참조할 것. Geir Ogrim, Juri Kropotov, and Knut Hestad, "The Quantitative EEG Theta/Beta Ratio in Attention Deficit/ Hyperactivity Disorder and Normal Controls: Sensitivity, Specificity and Behavioral Correlates", *Psychiatry Research* 198(2012), pp. 482-488.

17. 다음 설명을 참조할 것. "ADHD Brain Waves are Different", January 5, 2021, http://simplywellbeing.com/being-adhd/adhd-brain-waves-are-different.

18. 다음 칼럼을 참조할 것. Bob Walsh, "Why Are Some People More

Hypnotizable?", January 30, 2009, http://ezinearticles.com/?Why-Are-Some-People-More-Hypnotizable?&id=1938666.

19. 다음 논문을 참조할 것. Graham A. Jamieson and Adrian P. Burgess, "Hypnotic Induction Is Followed by State-Like Changes in the Organization of EEG Functional Connectivity in the Theta and Beta Frequency Bands in High-Hypnotically Susceptible Individuals", *Frontiers in Human Neuroscience* 8(2014), DOI: 10.3389/fnhum.2014.00528.

20. 다음 논문을 참조할 것. Antoine Bechara, Antonio R. Damasio, Hanna Damasio, and Steven W. Anderson, "Insensitivity to Future Consequences Following Damage to Human Prefrontal Cortex", Cognition 50(2014), pp. 7-15.

21. 다음 논문을 참조할 것. Stijn A. A. Massar, J. Leon Kenemans, and Dennis J. L. G. Schutter, "Resting-State EEG Theta Activity and Risk Learning: Sensitivity to Reward or Punishment?", International Journal of Psychophysiology 91(2014), pp. 172-177.

22. 위 논문, p. 175.

23. 다음 논문을 참조할 것. Gideon B. Keren and Willem A. Wagenaar, "On the Psychology of Playing Blackjack: Normative and Descriptive Considerations with Implications for Decision Theory", *Journal of Experimental Psychology: General* 114(1985), pp. 133-158.

24. 다음 설명을 참조할 것. Kendra Cherry, "What Is Personality?", Verywell

기회의 심리학

Mind, August 12, 2020, https://www.verywellmind.com/what-is-personality-2795416.

25. 다음 논문을 참조할 것. Steven B. Most, Marvin M. Chun, and David M. Widders, "Attentional Rubbernecking: Cognitive Control and Personality in Emotion-Induced Blindness", *Psychonomic Bulletin and Review* 12(2005), pp. 654-661.

26. 다음 논문을 참조할 것. Peter Putnam, Bart Verkuil, Elsa Arias-Garcia, Ioanna Pantazi, and Charlotte van Schie, "EEG Theta/Beta Ratio as a Potential Biomarker for Attentional Control and Resilience Against Deleterious Effects of Stress on Attention", *Cognitive, Affective and Behavioral Neuroscience* 14(2014), pp. 782-791.

27. 다음 논문을 참조할 것. Sonia J. Bishop, "Trait Anxiety and Impoverished Prefrontal Control of Attention", *Nature Neuroscience* 12(2009), pp. 92-98.

28. 다음 논문에서 인용. Aron K. Barbey, Frank Krueger, and Jordan Grafman, "Structured Event Complexes in the Medial Prefrontal Cortex Support Counterfactual Representations for Future Planning", *Philosophical Transactions of the Royal Society*, B 364(2009), pp. 1291-1300.

29. 다음 논문을 참조할 것. Liza Day and John Maltby, "With Good Luck: Belief in Good Luck and Cognitive Planning", *Personality and Individual Differences* 39(2005), pp. 1217-1226.

주　　　　　　　　　　　　　　　　　　　　　　　　　　　351

30. 다음 논문을 참조할 것. Lyn Y. Abramson, Gerald I. Metalsky, and Lauren B. Alloy, "Hopelessness Depression: A Theory-Based Subtype of Depression", *Psychological Review* 96(1989), pp. 358–372.

31. 다음 논문을 참조할 것. Robin Nusslock, Alexander J. Shackman, Eddie Harmon-Jones, Lauren B. Alloy, James A. Coan, and Lyn Y. Abramson, "Cognitive Vulnerability and Frontal Brain Asymmetry: Common Predictors of First Prospective Depressive Episode", *Journal of Abnormal Psychology* 120(2011), pp. 497–503.

제6장

1. 다음 책에서 인용. Richard F. Thompson, "James Olds", *Biographical Memoirs*, 제16장(Washington, DC: National Academy Press, 1999), p. 247, https://www.nap.edu/read/9681/chapter/16#262.

2. 다음 설명을 참조할 것. Tim O'Keefe, "Epicurus(341–271 B.C.E)", *Internet Encyclopedia of Philosophy*, March 16, 2016, https://www.iep.utm.edu/epicur/.

3. 다음 설명을 참조할 것. William Sweet, "Jeremy Bentham(1748–1832)", *Internet Encyclopedia of Philosophy*, accessed March 16, 2016, https://www.iep.utm.edu/bentham/.

4. 다음 논문을 참조할 것. Peter M. Milner, "The Discovery of Self-Stimulation and Other Stories", *Neuroscience & Biobehavioral Reviews* 13, No. 2–3(1989), p. 61, DOI:10.1016/S0149-7634(89)80013-2.

5. 위 논문, p. 62.

6. 다음 책을 참조할 것. Steven J. Luck, *An Introduction to the Event-Related Potential Technique*, 제2판(Cambridge, MA: MIT Press, 2014). p. 4, p. 12.

7. 다음 논문을 참조할 것. Jaime Martin del Campo Rios, Giorgio Fuggetta, and John Maltby, "Beliefs in Being Unlucky and Deficits in Executive Functioning: An ERP Study", *PeerJ* 3(June 2015), e1007, DOI: 10.7717/peerj.1007.

8. 다음 논문을 참조할 것. William J. Gehring, Brian Goss, Michael G. H. Coles, David E. Meyer, and Emanuel Donchin, "The Error Related Negativity", *Perspectives in Psychological Science* 13, No. 2(2017), pp. 200-204.

9. 다음 논문을 참조할 것. George Bush, Phan Luu, and Michael I. Posner, "Cognitive and Emotional Influences in Anterior Cingulate Cortex", *Trends in Cognitive Science*s 4, No. 6(2000), pp. 215-222.

10. 다음 책을 참조할 것. William J. Gehring, Yanni Liu, Joseph M. Orr, and Joshua Carp, "The Error-Related Negativity(ERN/Ne)", *The Oxford Handbook of Event-Related Potential Components*, 편집 Steven J. Luck and Emily S. Kappenman(New York: Oxford University Press, 2012), pp. 231-291. 다음 논문도 참조할 것. Michael Falkenstein, Jorg Hoorman, and Joachim Hohnsbein, "Inhibition-related ERP Components: Variation with Modality, Age and Time-on-task", *Journal of Psychophysiology* 16(2002), pp. 167-175.

11. 다음 논문을 참조할 것. Michael Inzlicht, Ian McGregor, Jacob B. Hirsh, and Kyle Nash, "Neural Markers of Religious Conviction", *Psychological Science* 20(March 2009), pp. 385–392.

12. 다음 논문을 참조할 것. David M. Amodio, John T. Jost, Sarah L. Masters, and Cindy M. Yee, "Neurocognitive Correlates of Liberalism and Conservatism", *Nature Neuroscience* 10(2007), pp. 1246–1247, DOI: 10.1038/nn1979.

13. 다음 논문을 참조할 것. Nathalie Andre, "Good Fortune, Opportunity and Their Lack: How Do Agents Perceive Them?", *Personality and Individual Differences* 40(2006), pp. 1461–1472. 다음 논문도 참조할 것. Jaime Martin del Campo Rios 외, "Beliefs in Being Unlucky and Deficits in Executive Functioning."

14. 다음 논문을 참조할 것. G. Rizzolatti, R. Camarda, L. Fogassi, M. Gentilucci, G. Luppino, and M. Matelli, "Functional Organization of Inferior Area 6 in the Macaque Monkey. II. Area F5 and the Control of Distal Movements", *Experimental Brain Research* 71(1988), pp. 491–507.

15. 다음 논문에서 인용. G. di Pelligrino, L. Fadiga, L. Fogassi, V. Gallese, and G. Rizzolatti, "Understanding Motor Events: A Neurophysiological Study", *Experimental Brain Research* 91(1992), pp. 176–180.

16. 다음 논문을 참조할 것. Roy Mukamel, Arne D. Ekstrom, Jonas Kaplan, Marco Iacoboni, and Itzhak Fried, "Single-Neuron Responses in

기회의 심리학

Humans During Execution and Observation of Actions", *Current Biology* 20(2010), pp. 750–756.

17. 다음 책을 참조할 것. Gregory Hickok, *The Myth of Motor Neurons: The Real Neuroscience of Communication and Cognition*(New York: Norton, 2014).

18. 다음 논문에서 인용. G. di Pelligrino, L. Fadiga, L. Fogassi, V. Gallese, and G. Rizzolatti, "Understanding Motor Events", p. 179.

19. 다음 책에서 인용. Gregory Hickok, *The Myth of Motor Neurons*, p. 231.

20. 다음 논문을 참조할 것. Erhan Oztop and Michael A. Arbib, "Schema Design and Implementation of the Grasp–Related Mirror Neuron System", *Biological Cybernetics* 96(2007), pp. 9–38.

21. 다음 논문을 참조할 것. Suresh D. Muthukumaraswamy and Krish D. Singh, "Modulation of the Human Mirror Neuron System During Cognitive Activity", *Psychophysiology* 45(2008), pp. 896–905.

22. 위 논문, p. 901.

23. 다음 논문을 참조할 것. Fumi Katsuki and Christos Constantinidis, "Bottom–Up and Top–Down Attention: Different Processes and Overlapping Neural System", *The Neuroscientist* 20, No. 5(2014), pp. 509–521.

24. 다음 책을 참조할 것. Charles Darwin, *The Descent of Man*(Digireads. com, June 2019).

25. 다음 책을 참조할 것. Marc Hauser, "Humaniqueness and the Illusion

of Cultural Variation", *The Seeds of Humanity*, Tanner Lectures on Human Values, Princeton University, November 12, 2008. 책 전문을 다음 웹사이트 링크에서 다운로드할 수 있다. https://tannerlectures.utah. edu/_resources/documents/a-to-z/h/Hauser_08.pdf

제7장

1. 다음 책을 참조할 것. Charles Darwin, *On the Origin of Species*, 전자문서 접속일: May 1, 2019. 책 전문을 다음 웹사이트 링크에서 열람할 수 있다. http://darwin-online.org.uk/content/frameset?itemID=F373&viewtype=side&pageseq=1.

2. 다음 책을 참조할 것. Oskar Pfungst, *Clever Hans: The Horse of Mr. Von Osten*, 번역 Carl L. Rahn(New York: Henry Holt, 1911), 킨들판. 다음 논문도 참조할 것. Laasya Samhita and Hans J. Gross, "'The Clever Hans Phenomenon' Revisited", *Communicative and Integrative Biology* 6, No. 6(2013), e27122-1-3.

3. 다음 논문에서 인용. Robert C. Tryon, "Genetic Differences in Maze-Learning Ability in Rats", *39th Yearbook, National Society for Studies in Education* 1(1940), pp. 111-119.

4. 다음 논문을 참조할 것. Robert Rosenthal and Kermit L. Fode, "The Effect of Experimenter Bias on the Performance of the Albino Rat", *Behavioral Science* 8(1963), pp. 183-189.

5. 다음 책을 참조할 것. Richard Wiseman, *The Luck Factor*(London: Arrow

Books, 2004).

6. 다음 논문을 참조할 것. Michael W. Eysenck, Nazanin Derakshan, Rita Santos, and Manuel G. Calvo, "Anxiety and Cognitive Performance: Attentional Control Theory", *Emotion* 7(2007), pp. 336-353.

7. 다음 논문을 참조할 것. Laurent Itti, "Visual Salience", *Scholarpedia* 2, No. 9(2007), p. 3327. 논문 전문을 다음 웹사이트 링크에서 열람할 수 있다. http://www.scholarpedia.org/article/Visual_salience.

8. 다음 논문을 참조할 것. Fumi Katsuki and Christos Constantinidis, "Bottom-Up and Top-Down Attention: Different Processes and Overlapping Neural Systems", *The Neuroscientist* 20, No. 5(2004), pp. 509-521.

9. 다음 논문을 참조할 것. Earl K. Miller and Timothy J. Buschman, "Cortical Circuits for the Control of Attention", *Current Opinion in Neurobiology* 23, No. 2(2013), pp. 216-222.

10. 다음 논문에서 인용. Fumi Katsuki and Christos Constantinidis, "Bottom-Up and Top-Down Attention", p. 514

11. 다음 논문을 참조할 것. Tobias Teichert, Dian Yu, and Vincent P. Ferrera, "Performance Monitoring in Monkey Frontal Eye Field", *Journal of Neuroscience* 34, No. 5(2014), pp. 1657-1671.

12. 다음 논문에서 인용. Fumi Katsuki and Christos Constantinidis, "Bottom-Up and Top-Down Attention", p. 518

13. 다음 논문에서 인용. Kirsten G. Volz and D. Yves von Cramon, "What

주

Neuroscience Can Tell About Intuitive Processes in the Context of Perceptual Discovery", *Journal of Cognitive Neuroscience* 18, No. 12(2006), p. 2077.

14. 다음 논문을 참조할 것. Phan Luu, Alexandra Geyer, Cali Fidopiastis, Gwendolyn Campbell, Tracey Wheelers, Joseph Cohn, and Don M. Tucker, "Reentrant Processing in Intuitive Perception", *PloS ONE* 5, No. 3(2010), e9523.

15. 다음 논문에서 인용. Kirsten G. Volz, Rudolf Rubsamen, and D. Yves von Cramon, "Cortical Regions Activated by the Subjective Sense of Perceptual Coherence of Environmental Sounds: A Proposal for a Neuroscience of Intuition", *Cognitive, Affective and Behavioral Neuroscience* 8, No. 3(2008), p. 320.

16. 위 논문, p. 319.

17. 다음 책을 참조할 것. Joaquin M. Fuster, *The Prefrontal Cortex*, 제4판 (London: Elsevier Academic Press, 2008).

18. 위 책을 참조할 것.

19. 위 책, pp. 189-190.

20. 다음 논문을 참조할 것. John Maltby, Liza Day, Diana G. Pinto, Rebecca A. Hogan, and Alex M. Woods, "Beliefs in Being Unlucky and Deficits in Executive Functioning", *Consciousness and Cognition* 22(2013), pp. 137-147.

21. 어쩌면 여러분은 이 대목에서 "닭이 먼저냐, 달걀이 먼저냐" 문제를 떠올렸을

기회의 심리학

지 모르겠다. 스스로 운 없다고 여겨서 자신의 인지 능력을 최대한 발휘하고자 하지 않는 걸까, 아니면 인지 능력을 최대한 발휘하지 않아 자꾸 실패해서 운이 없다고 여기는 걸까? 운 없다고 여기는 사람들 대다수는 '어차피 실패할 건데 노력해봐야 무슨 소용이냐'는 생각 때문에 시도조차 하지 않으려 든다. 여러분에게 다시 묻고 싶다. 인지 능력을 발휘하지 않아서 운이 없을까, 운이 없어서 인지 능력을 발휘하지 못할까? 어느 쪽이 우선적인 문제일까? 두말할 것도 없이 전자가 아닐까?

22. 다음 논문을 참조할 것. Liza Day and John Maltby, "With Good Luck: Belief in Good Luck and Cognitive Planning", *Personality and Individual Differences* 39(2005), pp. 1217-1226.

23. 다음 논문을 참조할 것. Jaime Martin del Campo Rios, Giorgio Fuggetta, and John Maltby, "Beliefs in Being Unlucky and Deficits in Executive Functioning: An ERP Study", *PeerJ* 3(2015), e1007, DOI 10.7717/peerj.1007.

24. 다음 논문을 참조할 것. Marie T. Banich, "Executive Function: The Search for an Integrated Account", *Current Directions in Psychological Science* 18, No. 2(2009), pp. 89-94.

제8장

1. 다음 논문을 참조할 것. Lysann Damisch, Barbara Stoberock, and Thomas Mussweiler, "Keep Your Fingers Crossed! How Superstition Improves Performance", *Psychological Science* 21(2010), pp. 1014-1020.

2. 다음 논문을 참조할 것. Robert J. Calin-Jageman and Tracy L. Caldwell, "Replication of the Superstition and Performance Study by Damisch, Stoberock, and Mussweiler, 2010", *Social Psychology* 45(2010), pp. 239–45.

3. 다음 논문에서 인용. R. Nicolas Carleton, "Fear of the Unknown: One Fear to Rule Them All?", Journal of Anxiety Disorders 41(2016), p. 5.

4. 다음 논문을 참조할 것. Celeste Kidd and Benjamin Y. Hayden, "The Psychology and Neuroscience of Curiosity", *Neuron* 88, No. 3(2015), pp. 449–460.

5. 다음 논문을 참조할 것. Matthew D. Liberman, Naomi I. Eisenberger, Molly J. Crockett, Sabrina M. Ton, Jennifer H. Pfeifer, and Baldwin M. Way, "Putting Feelings Into Words: Affect Labeling Disrupts Amygdala Activity in Response to Affective Stimuli", *Psychological Science* 18(2007), pp. 421–428.

6. 다음 책에서 인용. Nassim Nicolas Taleb, *Fooled by Randomness: The Hidden Role of Chance in Life and in the Markets*(New York: Random House, 2005), p. 248, p. 249.

7. 다음 책을 참조할 것. Elizabeth Pollard, Clifford Rosenberg, and Robert Tignor. Worlds Together, *Worlds Apart: A History of the World: From the Beginnings of Humankind to the Present*, 제1권(New York: Norton, 2015).

8. 다음 설명을 참조할 것. Tushar Vakil, "Good Luck, Bad Luck, Who

기회의 심리학

Knows?", December 14, 2018, https://www.yumpu.com/en/document/read/62279394/the-zen-story-good-luck-bad-luck-who-knows-and-the-lesson/.

제1장

- Austin, James. *Chase, Chance and Creativity: The Lucky Art of Novelty.* Cambridge, MA: MIT Press, 2003.

- Brugger, Peter. "From Haunted Brain to Haunted Science: A Cognitive Neuroscience View of Paranormal and Pseudoscientific Thought." In *Hauntings and Poltergeists: Multidisciplinary Perspectives*, ed. James Houran and Rense Lange. Jefferson, NC: McFarland, 2001.

- Gould, Stephen Jay. "Glow, Big Glowworm." In *Bully for Brontosaurus: Reflections in Natural History*, Chap. 17. New York: Norton, 2010. Kindle.

- Grisby, Loma., Champ Clark, and Ellen Tumposky. "Very Lucky and Very Alive. Hit by a Huge Wave, Rescued by a Tall Ship." *People* 65, No. 10(March 2006): p. 101.

- Hadjikhani, Nouchine, Kestutis Kveraga, Paulami Naik, and Seppo Ahlfors. "Early (M170) Activation of Face-Specific Cortex by Face-Like Objects." NeuroReport 20(2009): pp. 403–407. DOI: 10.1097/WNR.0b013e328325a8e1.

- Jung, Carl Gustav. *Synchronicity: An Acausal Connecting Principle.*

New York: Routledge, 2006. Kindle.

- Leslie, Stuart W. *Boss Kettering*. New York: Columbia University Press, 1985.

- "Louis Pasteur." Today in Science, accessed January 10, 2001. https:// todayinsci.com/P/Pasteur_Louis/PasteurLouis-Quotations.htm.

- Mlodinow, Leonard. *The Drunkard's Walk: How Randomness Rules Our Lives*. New York: Pantheon, 2009.

- Moore, David W. "One in Four Americans Superstitious: Younger People More Superstitious Than Older People." *Gallup*, October 13, 2000. http://www.gallup.com/poll/2440/One-Four-Americans-Superstitious.aspx.

- Neyman, Jerzy, and Egon S. Pearson. "On the Use and Interpretation of Certain Test Criteria for Purposes of Statistical Inference." *Biometrika* 20A(1928): pp. 175-240, pp. 263-294. DOI: 10.2307/2331945.

- "Puget Sound Citizens Believe in Luck O' the Irish: Residents Gear Up for Saint Patrick's Day and Hope for a Little Green." Ipsos MarketQuest Survey, 2013. https://www.ipsos.com/sites/default/files/news_and_polls/2013-03/6030rev.pdf.

- Rescher, Nicolas. *Luck: The Brilliant Randomness of Everyday Life*. Pittsburgh, PA: University of Pittsburgh Press, 1995.

- Rouse, Margaret. "Random Numbers." WhatIs.com, last modified September 2005. http://whatis.techtarget.com/definition/random-numbers.

- Shermer, Michael. "Agenticity." *Scientific American* 300, No. 6(June 2009): p. 36. DOI:10.2307/26001376.

- —. "Patternicity: Finding Meaningful Patterns in Meaningless Noise." *Scientific American*, December 2008. DOI: 10.2307/26000924. http://www.scientificamerican.com/article/patternicity-finding-meaningful-patterns/.

- Taylor, Humphrey. "What People Do and Do Not Believe In." Harris, poll 140, December 15, 2009. http://www.harrisinteractive.com/vault/Harris_Poll_2009_12_15.pdf.

- U.S. National Oceanic and Atmospheric Administration. "What Is a Rogue Wave?" Last modified April 9, 2020. http://oceanservice.noaa.gov/facts/roguewaves.html.

- Wagenaar, Wilhelm A. "Generation of Random Sequences by Human Subjects: A Critical Review." *Psychological Bulletin* 77(1972): pp. 65-72. doi.org/10.1037/h0032060.

제2장

- Atran, Scott, and Ara Norenzayan. "Religious Evolutionary Landscape: Counterintuition, Commitment, Compassion, Communion." *Behavioral and Brain Sciences* 27(2004): pp. 713-770.

- Bargdill, Richard W. "Fate and Destiny: Some Historical Distinctions

기회의 심리학

Between the Concepts." *Journal of Theoretical and Philosophical Psychology* 26(2006): pp. 205–220. DOI: 10.1037/h0091275.

- Barrett, Justin L. *Why Would Anyone Believe in God?* New York: Altamira Press, 2010.

- Beyers, Jaco. "What Is Religion? An African Understanding." *Theological Studies* 66, No. 1(2010): pp. 1–8. DOI: 10.4102/hts.v66i1.341.

- Bierce, Ambrose. "prayer." *The Devil's Dictionary*. London: Neale, 1911. http://www.gutenberg.org/ebooks/972.

- Clottes, Jean. "Paleolithic Cave Art in France." Bradshaw Foundation, accessed May 26, 2014. www.bradshawfoundation.com/clottes.

- Coe, Michael D., and Rex Koontz. *Mexico: From the Olmecs to the Aztecs*. New York: Thames and Hudson, 2002.

- Connelly, Richard. "Joan Ginther, Serial Lottery Winner: Lucky or a Genius Who Gamed the System?" *Houston Press*, August 9, 2011. http://blogs.houstonpress.com/hairballs/2011/08/texas_lottery_winner_genius.php.

- Editors of Encyclopaedia Britannica. "Caishen: Chinese Deity." September 16, 2019. https://www.britannica.com/topic/Caishen.

- —. "Fate: Greek and Roman Mythology." April 26, 2019. https://www.britannica.com/topic/Fate-Greek-and-Roman-mythology.

- Egyptian-Scarabs. "Weighing of the Heart Ceremony." 2008. http://www.egyptian-scarabs.co.uk/weighing_of_the_heart.htm.

- Falen, Douglas J. "Vodun, Spiritual Insecurity, and Religious Importation in Benin." *Journal of African Religion* 46(2016): pp. 453–483.

- Fan, Lizhu, and Chen Na. "Resurgence of Indigenous Religion in China." UC San Diego, 2011, pp. 1–9. http://fudan-uc.ucsd.edu/_files/201306_China_Watch_Fan_Chen.

- Fell, R. A. L. *Etruria and Rome*. New York: Cambridge University Press, 1924.

- Gill, N. S. "Who Was the Roman Goddess Fortuna?" ThoughtCo., last modified November 5, 2019. https://www.thoughtco.com//roman-goddess-fortuna-118378.

- Greek Gods and Goddesses. "Morai." October 23, 2019. https://Greekgod-sandgoddesses.net.

- —. "Tyche." September 13, 2018. https://greekgodsandgoddesses.net.

- Kay, Aaron C., Danielle Gaucher, Ian McGregor, and Kyle Nash. "Religious Belief as Compensatory Control." *Personality and Social Psychology Review* 14(2010): pp. 37–48. DOI: 10.1177/1088868309353750.

- Lendering, Jona. "Mural Crown." Livius.org, last modified September 24, 2020. https://www.livius.org/articles/concept/mural-crown/.

- Leonard, Tom. "She's the Maths Professor Who's Hit a Multi-Million Scratchcard Jackpot an Astonishing FOUR Times… Has This Woman

Worked Out How to Win the Lottery?" *Daily Mail*, August 12, 2011. http://www.dailymail.co.uk/femail/article-2025069/Joan-Ginther-Maths-professor-hits-multi-million-scratchcard-lottery-jackpot-4-times.html.

- Lewis-Williams, David J., and T. A. Dowson. "On Vision and Power in the Neolithic: Evidence from the Decorated Monuments." *Current Anthropology* 34(1993): pp. 55-65.

- Lewis-Williams, David J., and Jean Clottes. "The Mind in the Cave—the Cave in the Mind: Altered Consciousness in the Upper Paleolithic." *Anthropology of Consciousness* 9(1998): pp. 13-21.

- May, Rollo. *Freedom and Destiny*. New York: Norton, 1999.

- Merrin, Edward. "The Olmec World of Michael Coe." *Edward Merrin*(blog), November 10, 2011. http://www.edwardmerrin.com/2011/11/Olmec-world-of-michael-coe.html.

- Per Ankh Group. "Egyptian Art." 2005. http://www.perankhgroup.com/egyptian_art.htm.

- Pinch, Geraldine. *Handbook of Egyptian Mythology*. Santa Barbara, CA: ABC-CLIO, 2002.

- Quigley, Rachel. "'Lucky' Woman Who Won Lottery Four Times Outed as Stanford University Statistics PhD." *Daily Mail*, August 9, 2011. http://www.dailymail.co.uk/news/article-2023514/Joan-R-Ginther-won-lottery-4-times-Stanford-University-statistics-PhD.html.

- Rich, Nathanial. "The Luckiest Woman on Earth: Three Ways to Win the Lottery." *Harper's Magazine*, August 2011, pp. 58-64.

- Robinson, B. A. "Religions of the World. Vodun (a.k.a. Voodoo) and Related Religions." ReligiousTolerance.org, last modified February 7, 2010. http://www.religioustolerance.org/voodoo.htm.

- Singh, Upinder. *A History of Ancient and Early Medieval India: From the Stone Age to the 12th Century*. Uttar Pradesh, India: Pearson Education in South Asia, 2009.

- Smith, William, ed. Dictionary of Greek and Roman Antiquities, 2nd ed., pp. 1051-1052. Boston: Little Brown, 1859.

- Theobald, Ulrich. "Religions in China Fu Lu Shou Sanxing: The Three Stars of Wealth, Status and Longevity," China Knowledge, December 22, 2012. http://www.chinaknowledge.de/Literature/Religion/personssanxing.html.

- Trivett, Vincent. " 'Lucky' Woman Who Won Lottery Four Times Outed as Stanford University Statistics Ph.D." *Business Insider*, August 11, 2011. https://www.businessinsider.com/4-time-lottery-winner-not-exactly-lucky-2011-8.

- "Tsai Shen—God of Wealth and Prosperity." NationsOnline.org, 2016. https://www.nationsonline.org/oneworld/Chinese_Customs/Tsai_Shen.htm.

- University of Hawaii. "Grains of Sand on All the Beaches of the

기회의 심리학

Earth." Last modified June 22, 2014. http://web.archive.org/web/20080120012722/http://www.hawaii.edu.

- "U.S. National Debt, May 25, 2014 at 3:34:40 PM GMT." http://www.brillig.com/debt_clock.

- Weber, Paul. "Mystery Surrounds 4-Time Texas Lotto Winner." *NBC News*, July 13, 2010. https://www.nbcnews.com/id/wbna38229644.

제3장

- American Psychological Association. "Hindsight Bias—Not Just a Convenient Memory Enhancer but an Important Part of an Efficient Memory System". 2000. http://www.apa.org/news/press/releases/2000/05/hindsight.aspx.

- "Frano Selak—Truly the World's (Un)Luckiest Man." *Before It's News*, January 2, 2013. http://beforeitsnews.com/watercooler-topics/2013/01/frano-selak-truly-the-worlds-unluckiest-man-2431330.html.

- Goos, Hauke Von. "Stirb langsam: Wie ein kroatischer Musiklehrer sieben Unglucke uberlebte"[Die hard: How a Croatian music teacher outlived unlucky seven]. *Der Spiegel*, June 15, 2003. https://www.spiegel.de/panorama/stirb-langsam-a-f8cfd7e5-0002-0001-0000-000027390339.

- Heider, Fritz. *The Psychology of Interpersonal Relations*. New York:

Wiley, 1958.

- Hough, Andrew. "Frano Selak: 'World's Luckiest Man' Gives Away His Lottery Fortune." *Telegraph*, May 14, 2010. http://www.telegraph. co.uk/news/newstopics/howaboutthat/7721985/Frano-Selak-worlds-luckiest-man-gives-away-his-lottery-fortune.html.

- Isaac, Matthew S., and Aaron R. Brough. "Judging a Part by the Size of the Whole: The Category Size Bias in Probability Judgments." *Journal of Consumer Research* 41(2014): pp. 310-325.

- Jones, Edward E., and Victor A. Harris. "The Attribution of Attitudes." *Journal of Experimental Social Psychology* 3(1967): pp. 1-24.

- Kahneman, Daniel, and Dale Miller. "Norm Theory: Comparing Reality to Its Alternatives." *Psychological Review* 93(1986): p. 136.

- Kelley, Harold H. "The Process of Causal Attribution." *American Psychologist* 28(1973): pp. 107-128.

- Keren, Gideon B., and Willem A. Wagenaar. "On the Psychology of Playing Blackjack: Normative and Descriptive Considerations with Implications for Decision Theory." *Journal of Experimental Psychology: General* 114(1985): pp. 133-158.

- King, Laura A. "Social Psychology." In *The Science of Psychology: An Appreciative View*, Chap. 13. New York: McGraw-Hill Higher Education, 2008.

- McCabe, Joanne. "At 27 Foot Is This the World's Biggest Icicle?" *Metro*,

기회의 심리학

March 5, 2010. http://metro.co.uk/2010/03/05/is-27-foot-icicle-in-scotland-the-worlds-biggest-146526/.

- Miller, Dale T., and Saku Gunasegaram. "Temporal Order and the Perceived Mutability of Events: Implications for Blame Assignment." *Journal of Personality and Social Psychology* 59(1990): pp. 1111-1118.

- Rescher, Nicholas. *Luck, the Brilliant Randomness of Everyday Life*. Pittsburgh, PA: University of Pittsburgh Press, 1995.

- Roese, Neal J. "Counterfactual Thinking." *Psychological Bulletin* 12(1987): pp. 133-148.

- Sartre, Jean-Paul. "No Exit." In *No Exit and Three Other Plays*, trans. Stuart Gilbert, 45. New York: Vintage Books, 1989.

- Steinberg Michael S., and Kenneth A. Dodge. "Attributional Bias in Aggressive Adolescent Boys and Girls." *Journal of Social and Clinical Psychology* 1, No. 4(1983): pp. 312-321.

- Teigen, Karl Halvor. "How Good Is Good Luck? The Role of Counterfactual Thinking in the Perception of Lucky and Unlucky Events." *European Journal of Social Psychology* 25(1995): pp. 281-302.

- —. "Luck: The Art of the Near Miss." *Scandinavian Journal of Psychology* 37(1996): pp. 156-171.

- —. "When a Small Difference Makes a Big Difference: Counterfactual Thinking and Luck." In *The Psychology of Counterfactual Thinking*, ed. David R. Mandel, Denis J. Hilton, and Patrizia Castellani. London:

Routledge, 2005. Kindle.

- Teigen, Karl Halvor, Pia C. Evensen, Dimitrij K. Samoilow, and Karin B. Vatne. "Good Luck and Bad Luck: How to Tell the Difference." *European Journal of Social Psychology* 29(1999): p. 981.

- Tomasello, Michael. "The Ultra Social Animal." *European Journal of Social Psychology* 44(2014): pp. 187-194.

- Wagenaar, Willem A., and Gideon B. Keren. "Chance and Luck Are Not the Same." *Journal of Behavioral Decision Making* 1(1988): pp. 65-75.

- Weiner, Bernard. "An Attributional Theory of Achievement Motivation and Emotion." *Psychological Review* 92(1985): pp. 548-573.

- —. "The Development of an Attribution-Based Theory of Motivation: A History of Ideas." Educational Psychologist 45(2010): pp. 28-36.

제4장

- Aldhous, Peter. "Ten Sports Stars and Their Bizarre Pre-Game Rituals." *New Scientist*, May 19, 2009. https://www.newscientist.com/article/dn17158-ten-sports-stars-and-their-bizarre-pre-game-rituals/.

- Ambach, W., E. Ambach, W. Tributsch, R. Henn, and H. Unterdorfer. "Corpses Released from Glacier Ice: Glaciological and Forensic." *Journal of Wilderness Medicine* 3(1992): pp. 372-376.

- Bowman, Karlyn. "Are Americans Superstitious?" *Forbes*, May 8, 2009. http://www.forbes.com/2009/03/06/superstitious-ufo-alien-

기회의 심리학

conspiracy-opinions-columnists-superstition.html.

- "Bunkered Champions." *The Economist*, June 11, 1994, p. 92.

- Cullen, Bob. "Testimony from the Iceman." *Smithsonian* 33(2003): pp. 42-50.

- Damisch, Lysann, Barbara Stoberock, and Thomas Mussweiler. "Keep Your Fingers Crossed! How Superstition Improves Performance." *Psychological Science* 21(2010): pp. 1014-1020.

- Day, Liza, and John Maltby. "Belief in Good Luck and Psychological Well-Being: The Mediating Role of Optimism and Irrational Beliefs." *Journal of Psychology* 137(2003): pp. 99-110.

- Fowler, Brenda. *Iceman: Uncovering the Life and Times of a Prehistoric Man Found in an Alpine Glacier*. Chicago: University of Chicago Press, 2000.

- Frazer, James George. *The Golden Bough*. New York: Collier Books, 1963.

- Gallagher, Timothy J., and Jerry M. Lewis. "Rationalists, Fatalists, and the Modern Superstition: Test Taking in Introductory Sociology." *Sociological Inquiry* 71(2001): pp. 1-12.

- Gmelch, George. "Baseball Magic." *Elysian Fields Quarterly* 11, No. 3(2002): pp. 25-36.

- "Great Omar." Conservation OnLine(CoOL), accessed September 12, 2014. http://cool.conservation-us.org/don/dt/dt1633.html.

- Hutson, Matthew. *The Seven Laws of Magical Thinking: How Irrational Beliefs Keep Us Happy, Healthy, and Sane*. New York: Penguin Books, 2012.

- "Is There a Curse of Ötzi?" Magonia.com, December 10, 2020.

- Kay, Aaron C., Jennifer A. Whitson, Danielle Gaucher, and Adam D. Galinsky. "Compensatory Control: Achieving Order Through the Mind, Our Institutions, and the Heavens." *Current Directions in Psychological Science* 18, No. 5(2009): pp. 264–268.

- Kray, Laura J., Linda G. George, Katie A. Liljenquist, Adam D. Galinsky, Philip E. Tetlock, and Neal J. Roese. "From What Might Have Been to What Must Have Been: Counterfactual Thinking Creates Meaning." *Journal of Personality and Social Psychology* 98(2010): pp. 106–118.

- Langer, Ellen J. "The Illusion of Control." *Journal of Personality and Social Psychology* 32(1975): pp. 311–328.

- Leveille, David. "Researchers May Have Cracked the Case of How Ötzi the Iceman Died." *The World*, April 6, 2017. https://www.pri.org/stories/2017-04-06/researchers-may-have-cracked-case-how-tzi-iceman-died.

- Lin, Joseph. "Top Ten Sports Superstitions." *Time*, June 9, 2010. http://keepingscore.blogs.time.com/2011/10/19/top-10-sports-superstitions/slide/the-ritual/.

- Maltby, John, Liza Day, Diana G. Pinto, Rebecca A. Hogan, and

기회의 심리학

Alex M. Wood. "Beliefs in Being Unlucky and Deficits in Executive Functioning." *Consciousness and Cognition* 22(2013): pp. 137-147.

- Markman, Keith D., Matthew N. McMullen, and Ronald A. Elizaga. "Counterfactual Thinking, Persistence and Performance: A Test of the Reflection and Evaluation Model." *Journal of Experimental Social Psychology* 44(2008): pp. 421-428.

- Moore, David W. "One in Four Americans Superstitious: Younger People More Superstitious Than Older People." *Gallup*, October 13, 2000. http://www.gallup.com/poll/2440/One-Four-Americans-Superstitious.aspx.

- Pronin, Emily, Daniel Wegner, Kimberly McCarthy, and Sylvia Rodriguez. "Everyday Magical Powers: The Role of Apparent Mental Causation in the Overestimation of Personal Influence." *Journal of Personality and Social Psychology* 91(2006): pp. 218-231.

- *Psychological Dictionary.* "What Is Magical Thinking?" April 7, 2013. http://psychologydictionary.org/magical-thinking/.

- Rozin, Paul, Linda Millman, and Carol Nemeroff. "Operation of the Laws of Sympathetic Magic in Disgust and Other Domains." *Journal of Personality and Social Psychology* 50(1986): pp. 703-712.

- Rudski, Jeffrey M., and Ashleigh Edwards. "Malinowski Goes to College: Factors Influencing Students' Use of Ritual and Superstition." *Journal of General Psychology* 134(2007): pp. 389-403.

- Schippers, Michaela C., and Paul A. M. Van Lange. "The Psychological Benefits of Superstitious Rituals in Top Sport: A Study Among Top Sportspersons." *Journal of Applied Social Psychology* 36(2006): pp. 2532–2553.

- Skinner, B. F. "'Superstition' in the Pigeon." *Journal of Experimental Psychology* 38(1948): pp. 168–172.

- "Times Man Views Splendors of Tomb of Tutankhamen." *New York Times*, December 22, 1922.

- Tour Egypt. "Egypt: The Curse of the Mummy." Accessed September 27, 2014. http://www.touregypt.net/myths/curseof.htm.

- "Two Famous Diamonds." *Hawke's Bay Herald*, April 25, 1888.

- Vyse, Stuart. *Believing in Magic: The Psychology of Superstition*. New York: Oxford University Press, 2014.

- Whitson, Jennifer A., and Adam D. Galinsky. "Lacking Control Increases Illusory Pattern Perception." *Science* 322(2008): pp. 115–117.

- Wikipedia, "Curse of the Bambino." Last modified November 18, 2020. http://en.wikipedia.org/wiki/Curse_of_the_Bambino.

- ——. "Curse of the Billy Goat." Last modified November 26, 2020. http://en.wikipedia.org/wiki/Curse_of_the_Billy_Goat.

- ——. "Curse of the Pharaohs." Last modified December 2, 2020. http://en.wikipedia.org/wiki/Curse_of_the_pharaohs.

- ——. "Hope Diamond." Last modified November 28, 2020, http://

기회의 심리학

en.wikipedia.org/wiki/Hope_Diamond.

- ——. "Sports Related Curses." Last modified December 7, 2020. http://
en.wikipedia.org/wiki/Sports-related_curses.

- Winston, H. V. F. *Howard Carter and the Discovery of the Tomb of Tutankhamun*, rev. ed. London: Barzan, 2007.

- Wiseman, Richard. "UK Superstition Survey." 2003. http://www.
richardwiseman.com/resources/superstition_report.pdf.

제5장

- Abramson, Lyn Y., Gerald I. Metalsky, and Lauren B. Alloy. "Hopelessness Depression: A Theory-Based Subtype of Depression." *Psychological Review* 96(1989): pp. 358-372.

- Amzica, Florin, and Fernando H. Lopes da Silva. "Cellular Substrates of Brain Rhythms." In *Niedermeyer's Electroecephalography*, 7th ed. ed. Donald L. Schomer and Fernando H. Lopes da Silva, pp. 20-62. New York: Oxford University Press, 2018.

- Arns, Martijn C., Keith Conners, and Helena C. Kraemer. "A Decade of EEG Theta/Beta Ratio Research in ADHD: A Meta-Analysis." *Journal of Attention Disorders* 17(2013): pp. 374-383. DOI: 10.1177/1087054712460087.

- Barbey, Aron K., Frank Krueger, and Jordan Grafman. "Structured Event Complexes in the Medial Prefrontal Cortex Support

Counterfactual Representations for Future Planning." *Philosophical Transactional of the Royal* Society, B 364(2009): pp. 1291-1300.

- Bechara, Antoine, Antonio R. Damasio, Hanna Damasio, and Steven W. Anderson. "Insensitivity to Future Consequences Following Damage to Human Prefrontal Cortex." *Cognition* 50(1994): pp. 7-15.

- Bishop, Sonia J. "Trait Anxiety and Impoverished Prefrontal Control of Attention." *Nature Neuroscience* 12(2009): pp. 92-98.

- Cherry, Kendra. "What Is Personality?" Verywell Mind, last modified August 12, 2020. https://www.verywellmind.com/what-is-personality-2795416.

- "Cognitive Functions and Organization of the Cerebral Cortex." In *Neuroscience*, 6th ed., ed. Dale Purves, George J. Augustine, David Fitzpatrick, William C. Hall, Anthony-Samuel LaMantia, Richard D. Mooney, Michael L. Platt, and Leonard E. White, Chap. 27. New York: Oxford University Press, 2018.

- *Complete Dictionary of Scientific Biography.* "Berger, Hans." 2008. https://www.encyclopedia.com/people/history/historians-miscellaneous-biographies/hans-berger.

- Day, Liza, and John Maltby. "With Good Luck: Belief in Good Luck and Cognitive Planning." *Personality and Individual Differences* 39(2005): pp. 1217-1226.

- Fuster, Joaquin M. *The Prefrontal Cortex.* 4th ed. Amsterdam:

Academic Press, 2008.

- Jamieson, Graham A., and Adrian P. Burgess. "Hypnotic Induction Is Followed by State-Like Changes in the Organization of EEG Functional Connectivity in the Theta and Beta Frequency Bands in High-Hypnotically Susceptible Individuals." *Frontiers in Human Neuroscience* 8(2014): DOI: 10.3389/fnhum.2014.00528.

- Keren, Gideon B., and Willem A. Wagenaar. "On the Psychology of Playing Blackjack: Normative and Descriptive Considerations with Implications for Decision Theory." *Journal of Experimental Psychology: General* 114(1985): pp. 133-158.

- MacMillan, Malcom. *An Odd Kind of Fame: Stories of Phineas Gage.* Cambridge MA: MIT Press, 2002.

- —. "Phineas Gage—Unravelling the Myth." *The Psychologist* 21(2008): pp. 823-831.

- Massar, Stijn A.A., J. Leon Kenemans, and Dennis J. L. G. Schutter. "Resting-State EEG Theta Activity and Risk Learning: Sensitivity to Reward or Punishment?" *International Journal of Psychophysiology* 91(2014): pp. 172-177.

- Most, Steven B., Marvin M. Chun, and David M. Widders. "Attentional Rubbernecking: Cognitive Control and Personality in Emotion-Induced Blindness." *Psychonomic Bulletin and Review* 12(2005): pp. 654-661.

- nitum.wordpress.com. "Biography of Hans Berger." September 29, 2012. http://nitum.wordpress.com/2012/09/29/biography-of-hans-berger/.

- Nusslock, Robin, Alexander J. Shackman, Eddie Harmon-Jones, Lauren B. Alloy, James A. Coan, and Lyn Y. Abramson. "Cognitive Vulnerability and Frontal Brain Asymmetry: Common Predictors of First Prospective Depressive Episode." *Journal of Abnormal Psychology* 120(2011): pp. 497-503.

- Ogrim, Geir, Juri Kropotov, and Knut Hestad. "The Quantitative EEG Theta/Beta Ratio in Attention Deficit/Hyperactivity Disorder and Normal Controls: Sensitivity, Specificity and Behavioral Correlates. *Psychiatry Research* 198(2012): pp. 482-488.

- Putnam, Peter, Bart Verkuil, Elsa Arias-Garcia, Ioanna Pantazi, and Charlotte van Schie. "EEG Theta/Beta Ratio as a Potential Biomarker for Attentional Control and Resilience Against Deleterious Effects of Stress on Attention." *Cognitive, Affective and Behavioral Neuroscience* 14(2014): pp. 782-791.

- Ratiu, Peter, and Ion-Florin Talos. "The Tale of Phineas Gage, Digitally Remastered." *New England Journal of Medicine* 351(2004): e21. DOI: 10.1056/NEJMicm031024.

- Rose, F. Clifford. "Cerebral Localization in Antiquity." *Journal of the History of the Neurosciences* 18(2009): pp. 239-247.

기회의 심리학

- Savage-Rumbaugh, Susan, and Roger Lewin. *Kanzi: The Ape at the Brink of the Human Mind*. New York: Wiley, 1996.

- Walsh, Bob. "Why Are Some People More Hypnotizable?" January 30, 2009. http://ezinearticles.com/?Why-Are-Some-People-More-Hypnotizable?&id=1938666.

- Walter, W. Grey. *The Living Brain*. New York: Norton, 1963.

- Wikipedia. "Hans Berger." Last modified December 14, 2020. http://en.wikipedia.org/wiki/Hans_Berger.

제6장

- Amodio, David M., John T. Jost, Sarah L. Masters, and Cindy M. Yee. "Neurocognitive Correlates of Liberalism and Conservatism." *Nature Neuroscience Online*(2007): pp. 1246-1247. DOI: 10.1038/nn1979.

- Andre, Nathalie. "Good Fortune, Opportunity and Their Lack: How Do Agents Perceive Them?" *Personality and Individual Differences* 40(2006): pp. 1461-1472.

- Bush, George, Phan Luu, and Michael I. Posner. "Cognitive and Emotional Influences in Anterior Cingulate Cortex." *Trends in Cognitive Sciences* 4, No. 6(2000): pp. 215-222.

- Darwin, Charles. *The Descent of Man*. Digireads.com, June 2019.

- del Campo Rios, Jaime Martin, Giorgio Fuggetta, and John Maltby. "Beliefs in Being Unlucky and Deficits in Executive Functioning: An

ERP Study. *PeerJ* 3(June 2015): e1007. DOI: 10.7717/peerj.1007.

- di Pelligrino, G., L. Fadiga, L. Fogassi, V. Gallese, and G. Rizzolatti. "Understanding Motor Events: A Neurophysiological Study." *Experimental Brain Research* 91(1992): pp. 176-180.

- Gehring, William J., Brian Goss, Michael G. H. Coles, David E. Meyer, and Emanuel Donchin. "The Error Related Negativity." *Perspectives in Psychological Science* 13, No. 2(2017): pp. 200-204.

- Gehring, William J., Yanni Liu, Joseph M. Orr, and Joshua Carp. "The Error Related Negativity(ERN/Ne)." In *The Oxford Handbook of Event-Related Potential Components*, ed. Steven J. Luck and Emily S. Kappenman, 231-91. New York: Oxford University Press, 2012.

- Hauser, Marc. "Humaniqueness and the Illusion of Cultural Variation." In *The Seeds of Humanity*. Tanner Lectures on Human Values. Princeton University, November 12, 2008. https://tannerlectures.utah.edu/_resources/documents/a-to-z/h/Hauser_08.pdf.

- Hickok, Gregory. *The Myth of Motor Neurons: The Real Neuroscience of Communication and Cognition*. New York: Norton, 2014.

- Inzlicht, Michael, Ian McGregor, Jacob B. Hirsh, and Kyle Nash. "Neural Markers of Religious Conviction." *Psychological Science* 20(March 2009): pp. 385-392.

- Katsuki, Fumi, and Christos Constantinidis. "Bottom-Up and Top-Down Attention: Different Processes and Overlapping Neural System."

기회의 심리학

The Neuroscientist 20, No. 5(2014): pp. 509–521.

- Luck, Steven J. *An Introduction to the Event-Related Potential Technique*, 2nd ed. Cambridge, MA: MIT Press, 2014.

- Milner, Peter M. "The Discovery of Self-Stimulation and Other Stories." *Neuroscience & Biobehavioral Reviews* 13, No. 2–3(1989): p. 61. DOI:10.1016/S0149-7634(89)80013-2.

- Mukamel, Roy, Arne D. Ekstrom, Jonas Kaplan, Marco Iacoboni, and Itzhak Fried. "Single-Neuron Responses in Humans During Execution and Observation of Actions." *Current Biology* 20(2010): pp. 750–756.

- Muthukumaraswamy, Suresh D., and Krish D. Singh. "Modulation of the Human Mirror Neuron System During Cognitive Activity." *Psychophysiology* 45(2008): pp. 896–905.

- O'Keefe, Tim. "Epicurus(341-71 B.C.E)." *Internet Encyclopedia of Philosophy.* accessed March 16, 2016. https://www.iep.utm.edu/epicur/.

- Oztop, Erhan, and Michael A. Arbib. "Schema Design and Implementation of the Grasp-Related Mirror Neuron System." *Biological Cybernetics* 96(2007): pp. 9–38.

- Rizzolatti, G., R. Camarda, L. Fogassi, M. Gentilucci, G. Luppino, and M. Matelli. "Functional Organization of Inferior Area 6 in the Macaque Monkey. II. Area F5 and the Control of Distal Movements." *Experimental Brain Research* 71(1988): pp. 491–507.

- Sweet, William. "Jeremy Bentham(1748-832)." *Internet Encyclopedia of Philosophy*. accessed March 16, 2016. https://www.iep.utm.edu/bentham/.

- Thompson, Richard F. "James Olds." In *Biographical Memoirs*, Chap. 16. Washington, DC: National Academy Press, 1999. https://www.nap.edu/read/9681/chapter/16#262.

제7장

- Banich, Marie T. "Executive Function: The Search for an Integrated Account." *Current Directions in Psychological Science* 18, No. 2(2009): pp. 89-94.

- Darwin, Charles. *On the Origin of Species*. accessed May 1, 2019. http://darwin-online.org.uk/content/frameset?itemID=F373&viewtype=side&pageseq=1.

- Day, Liza, and John Maltby. "With Good Luck: Belief in Good Luck and Cognitive Planning." *Personality and Individual Differences* 39(2005): pp. 1217-1226.

- del Campo Rios, Jaime Martin, Giorgio Fuggetta, and John Maltby. "Beliefs in Being Unlucky and Deficits in Executive Functioning: An ERP Study." *PeerJ* 3(June 2015): e1007. doi 10.7717/peerj.1007.

- Eysenck, Michael W., Nazanin Derakshan, Rita Santos, and Manuel G. Calvo. "Anxiety and Cognitive Performance: Attentional Control

기회의 심리학

Theory." *Emotion* 7(2007): pp. 336-353.

- Fuster, Joaquin M. *The Prefrontal Cortex*, 4th ed. London: Elsevier Academic Press, 2008.

- Itti, Laurent. "Visual Salience." *Scholarpedia* 2, No. 9(2007): p. 3327. http://www.scholarpedia.org/article/Visual_salience.

- Katsuki, Fumi, and Christos Constantinidis. "Bottom-Up and Top-Down Attention: Different Processes and Overlapping Neural Systems." *The Neuroscientist* 20, No. 5(2004): pp. 509-521.

- Luu, Phan, Alexandra Geyer, Cali Fidopiastis, Gwendolyn Campbell, Tracey Wheelers, Joseph Cohn, and Don M. Tucker. "Reentrant Processing in Intuitive Perception." *PloS ONE* 5, No. 3(2010): e9523.

- Maltby, John, Liza Day, Diana G. Pinto, Rebecca A. Hogan, and Alex M. Woods. "Beliefs in Being Unlucky and Deficits in Executive Functioning." *Consciousness and Cognition* 22(2013): pp. 137-147.

- Miller, Earl K., and Timothy J. Buschman. "Cortical Circuits for the Control of Attention." *Current Opinion in Neurobiology* 23, No. 2(2013): pp. 216-222.

- Pfungst, Oskar. *Clever Hans: The Horse of Mr. Von Osten*, trans. Carl L. Rahn. New York: Henry Holt, 1911. Kindle.

- Rosenthal, Robert, and Kermit L. Fode. "The Effect of Experimenter Bias on the Performance of the Albino Rat." *Behavioral Science* 8(1963): pp. 183-189.

- Samhita, Laasya, and Hans J. Gross. " 'The Clever Hans Phenomenon' Revisited." *Communicative and Integrative Biology* 6, No. 6(2013): e27122-1-3.

- Teichert, Tobias, Dian Yu, and Vincent P. Ferrera. "Performance Monitoring in Monkey Frontal Eye Field." *Journal of Neuroscience* 34, No. 5(2014): pp. 1657-1671.

- Tryon, Robert C. "Genetic Differences in Maze-Learning Ability in Rats." *39th Yearbook, National Society for Studies in Education* 1(1040): pp. 111-119.

- Volz, Krrsten G., and D. Yves von Cramon. "What Neuroscience Can Tell About Intuitive Processes in the Context of Perceptual Discovery." *Journal of Cognitive Neuroscience* 18, No. 12(2006): pp. 2077-2087.

- Volz, Kirsten G., Rudolf Rubsamen, and D. Yves von Cramon. "Cortical Regions Activated by the Subjective Sense of Perceptual Coherence of Environmental Sounds: A Proposal for a Neuroscience of Intuition." *Cognitive, Affective and Behavioral Neuroscience* 8, No. 3(2008): pp. 318-328.

- Wiseman, Richard. *The Luck Factor.* London: Arrow Books, 2004.

제8장

- Calin-Jageman, Robert J., and Tracey L. Caldwell. "Replication of the Superstition and Performance Study by Damisch, Stoberock and

기회의 심리학

Mussweiler, 2010." *Social Psychology* 45(2010): pp. 239–245.

- Carleton, R. Nicolas. "Fear of the Unknown: One Fear to Rule them All?" *Journal of Anxiety Disorders* 41(2016): pp. 5–21.

- —. "Into the Unknown: A Review and Synthesis of Contemporary Models Involving Uncertainty." *Journal of Anxiety Disorders* 39(2016): pp. 30–43.

- amisch, Lysann, Barbara Stoberock, and Thomas Mussweiler. "Keep Your Fingers Crossed! How Superstition Improves Performance." *Psychological Science* 21(2010): pp. 1014–1020.

- Kidd, Celeste, and Benjamin Y. Hayden. "The Psychology and Neuroscience of Curiosity." *Neuron* 88, No. 3(2015): pp. 449–460.

- Lieberman, Matthew D., Naomi I. Eisenberger, Molly J. Crockett, Sabrina M. Ton, Jennifer H. Pfeifer, and Baldwin M. Way. "Putting Feelings Into Words: Affect Labeling Disrupts Amygdala Activity in Response to Affective Stimuli." *Psychological Science* 18(2007): pp. 421–428.

- Pollard, Elizabeth, Clifford Rosenberg, and Robert Tignor. *Worlds Together, Worlds Apart: A History of the World: From the Beginnings of Humankind to the Present*, vol. 1, concise ed. New York: Norton, 2015.

- Taleb, Nassim Nicolas. *Fooled by Randomness: The Hidden Role of Chance in Life and in the Markets*. New York: Random House, 2005.

- Tushar Vakil, "Good Luck, Bad Luck, Who Knows?", December 14, 2018, https://www.yumpu.com/en/document/read/62279394/the-zen-story-good-luck-bad-luck-who-knows-and-the-lesson/.

자료 출처

〈그림 1.1〉 Stephen Jay Gould, *Bully for Brontosaurus: Reflections in Natural History*(New York: Norton, 1991). Copyright © 1991 Stephen Jay Gould.

〈그림 2.1〉 J. D. Lewis-Williams and T. A. Dawson, "The Signs of All Times: Entoptic Phenomena in Upper Palaeolithic Art", *Current Anthropology* 29, no. 2(1988): pp. 201-245.

〈표 3.1〉 Karl Halvor Teigen, "How Good Is Good Luck? The Role of Counterfactual Thinking in the Perception of Lucky and Unlucky Events", *European Journal of Social Psychology* 25(1995): pp. 281-302.

〈표 3.2〉 Karl Halvor Teigen, "How Good Is Good Luck? The Role of Counterfactual Thinking in the Perception of Lucky and Unlucky Events", *European Journal of Social Psychology* 25(1995): pp. 281-302.

〈그림 5.1〉 Henry Vandyke Carter, "Lobes of the Brain", Wikimedia Commons, https://commons.wikimedia.org/wiki/File:Lobes_of_the_brain_NL.svg.

〈그림 5.2〉 "Principles of Animal Communication"(일러스트레이터 미상). Copyright © Oxford Publishing Limited.

〈사진 7.1〉 Karl Krall, *Denkende Tiere*(생각하는 동물), S. 362(1909), Wikimedia Commons, https://commons.wikimedia.org/w/index.php?curid=9007400.

기회의 심리학

기회의 심리학

기회의 심리학

기회의 심리학

옮긴이 권춘오

㈜네오넷코리아 대표. 동국대학교 사회학과를 졸업한 뒤 〈포린폴리시(Foreign Policy)〉 한국어판 편집국장 및 〈동아비즈니스리뷰〉 고정 칼럼니스트로 활동했으며, 〈매일경제신문〉 MK지식클럽을 운영했다. 옮긴 책으로 《세계사를 바꾼 49가지 실수》《공부하는 유대인》《역사를 바꾼 100가지 실수》《실험경제학》《세스 고딘 보고서》《타고난 승리자들》《의사결정 불변의 법칙》《새로운 시장의 리더》《유능한 관리자의 비밀 노트》 등이 있다.

기회의 심리학

사소한 우연도 놓치지 않는 기회 감지력

초판 1쇄 발행 2023년 8월 17일
초판 2쇄 발행 2023년 9월 15일

지은이 바버라 블래츨리
옮긴이 권춘오
펴낸이 조민호

펴낸곳 안타레스 유한회사
출판등록 2020년 1월 3일 제390−251002020000005호
주소 경기도 광명시 양지로 21, 유플래닛 티타워 2315호
전화 070-8064-4675 팩스 02-6499-9629
이메일 antares@antaresbook.com
블로그 blog.naver.com/antaresbook 포스트 post.naver.com/antaresbook
페이스북 facebook.com/antaresbooks 인스타그램 instagram.com/antares_book

한국어판 출판권 ⓒ 안타레스 유한회사, 2023
ISBN 979-11-91742-17-6 03180

기회의
심리학